申丹 总主编

"北京大学人文学科文库"编委会

顾问：袁行霈

主任：申　丹

副主任：阎步克　张旭东　李四龙

编委：（以姓氏拼音为序）

曹文轩　褚　敏　丁宏为

付志明　韩水法　李道新

李四龙　刘元满　彭　锋

彭小瑜　漆永祥　秦海鹰

荣新江　申　丹　孙　华

孙庆伟　王一丹　王中江

阎步克　袁毓林　张旭东

北大外国哲学研究丛书

舍斯托夫论西方哲学
Lev Shestov on
Western Philosophy

徐凤林 著

北京大学出版社
PEKING UNIVERSITY PRESS

图书在版编目(CIP)数据

舍斯托夫论西方哲学 / 徐凤林著. —北京：北京大学出版社，2020.7
（北京大学人文学科文库·北大外国哲学研究丛书）
ISBN 978-7-301-31376-3

Ⅰ.①舍… Ⅱ.①徐… Ⅲ.①西方哲学—文集 Ⅳ.①B5-53

中国版本图书馆CIP数据核字(2020)第104477号

书　　名	舍斯托夫论西方哲学 SHESITUOFU LUN XIFANG ZHEXUE
著作责任者	徐凤林　著
责任编辑	田　炜
标准书号	ISBN 978-7-301-31376-3
出版发行	北京大学出版社
地　　址	北京市海淀区成府路205号　100871
网　　址	http://www.pup.cn　新浪微博：@北京大学出版社
电子信箱	pkuwsz@126.com
电　　话	邮购部 010-62752015　发行部 010-62750672 编辑部 010-62750577
印　刷　者	三河市北燕印装有限公司
经　销　者	新华书店
	720毫米×1020毫米　16开本　16.5印张　247千字 2020年7月第1版　2020年7月第1次印刷
定　　价	52.00元

未经许可，不得以任何方式复制或抄袭本书之部分或全部内容。
版权所有，侵权必究
举报电话：010-62752024　电子信箱：fd@pup.pku.edu.cn
图书如有印装质量问题，请与出版部联系，电话：010-62756370

总 序
袁行霈

  人文学科是北京大学的传统优势学科。早在京师大学堂建立之初，就设立了经学科、文学科，预科学生必须在5种外语中选修一种。京师大学堂于1912年改为现名，1917年，蔡元培先生出任北京大学校长，他"循思想自由原则，取兼容并包主义"，促进了思想解放和学术繁荣。1921年北大成立了四个全校性的研究所，下设自然科学、社会科学、国学和外国文学四门，人文学科仍然居于重要地位，广受社会的关注。这个传统一直沿袭下来，中华人民共和国成立后，1952年北京大学与清华大学、燕京大学三校的文、理科合并为现在的北京大学，大师云集，人文荟萃，成果斐然。改革开放后，北京大学的历史翻开了新的一页。

  近十几年来，人文学科在学科建设、人才培养、师资队伍建设、教学科研等各方面改善了条件，取得了显著成绩。北大的人文学科门类齐全，在国内整体上居于优势地位，在世界上也占有引人瞩目的地位，相继出版了《中华文明史》《世界文明史》《世界现代化历程》《中国儒学史》《中国美学通史》《欧洲文学史》等高水平的著作，并主持了许多重大的考古项目，这些成果发挥着引领学术前进的作用。目前北大还承担着《儒藏》《中华文明探源》《北京大学藏西汉竹书》的整理与研究工作，以及《新编新注十三经》等重要项目。

  与此同时，我们也清醒地看到，北大人文学科整体的绝对优势正在减弱，有的学科只具备相对优势了；有的成果规模优势明显，高度优势还有待提升。北大出了许多成果，但还要出思想，要产生影响人类命运和前途的思想理论。我们距离理想的目标还有相当长的距离，需要人文学科的老师和同学们加倍努力。

我曾经说过：与自然科学或社会科学相比，人文学科的成果，难以直接转化为生产力，给社会带来财富，人们或以为无用。其实，人文学科力求揭示人生的意义和价值、塑造理想的人格，指点人生趋向完美的境地。它能丰富人的精神，美化人的心灵，提升人的品德，协调人和自然的关系以及人和人的关系，促使人把自己掌握的知识和技术用到造福于人类的正道上来，这是人文无用之大用！试想，如果我们的心灵中没有诗意，我们的记忆中没有历史，我们的思考中没有哲理，我们的生活将成为什么样子？国家的强盛与否，将来不仅要看经济实力、国防实力，也要看国民的精神世界是否丰富，活得充实不充实，愉快不愉快，自在不自在，美不美。

一个民族，如果从根本上丧失了对人文学科的热情，丧失了对人文精神的追求和坚守，这个民族就丧失了进步的精神源泉。文化是一个民族的标志，是一个民族的根，在经济全球化的大趋势中，拥有几千年文化传统的中华民族，必须自觉维护自己的根，并以开放的态度吸取世界上其他民族的优秀文化，以跟上世界的潮流。站在这样的高度看待人文学科，我们深感责任之重大与紧迫。

北大人文学科的老师们蕴藏着巨大的潜力和创造性。我相信，只要使老师们的潜力充分发挥出来，北大人文学科便能克服种种障碍，在国内外开辟出一片新天地。

人文学科的研究主要是著书立说，以个体撰写著作为一大特点。除了需要协同研究的集体大项目外，我们还希望为教师独立探索，撰写、出版专著搭建平台，形成既具个体思想，又汇聚集体智慧的系列研究成果。为此，北京大学人文学部决定编辑出版"北京大学人文学科文库"，旨在汇集新时代北大人文学科的优秀成果，弘扬北大人文学科的学术传统，展示北大人文学科的整体实力和研究特色，为推动北大世界一流大学建设、促进人文学术发展做出贡献。

我们需要努力营造宽松的学术环境、浓厚的研究气氛。既要提倡教师根据国家的需要选择研究课题，集中人力物力进行研究，也鼓励教师按照自己的兴趣自由地选择课题。鼓励自由选题是"北京大学人文学科文库"的一个特点。

我们不可满足于泛泛的议论，也不可追求热闹，而应沉潜下来，认真钻研，将切实的成果贡献给社会。学术质量是"北京大学人文学科文库"的一大追求。文库的撰稿者会力求通过自己潜心研究、多年积累而成的优秀成果，来展示自己的学术水平。

我们要保持优良的学风，进一步突出北大的个性与特色。北大人要有大志气、大眼光、大手笔、大格局、大气象，做一些符合北大地位的事，做一些开风气之先的事。北大不能随波逐流，不能甘于平庸，不能跟在别人后面小打小闹。北大的学者要有与北大相称的气质、气节、气派、气势、气宇、气度、气韵和气象。北大的学者要致力于弘扬民族精神和时代精神，以提升国民的人文素质为己任。而承担这样的使命，首先要有谦逊的态度，向人民群众学习，向兄弟院校学习。切不可妄自尊大，目空一切。这也是"北京大学人文学科文库"力求展现的北大的人文素质。

这个文库目前有以下17套丛书：

"北大中国文学研究丛书"　　　　　　　（陈平原　主编）
"北大中国语言学研究丛书"　　　　　　（王洪君　郭锐　主编）
"北大比较文学与世界文学研究丛书"　　（张辉　主编）
"北大中国史研究丛书"　　　　　　　　（荣新江　张帆　主编）
"北大世界史研究丛书"　　　　　　　　（高毅　主编）
"北大考古学研究丛书"　　　　　　　　（赵辉　主编）
"北大马克思主义哲学研究丛书"　　　　（丰子义　主编）
"北大中国哲学研究丛书"　　　　　　　（王博　主编）
"北大外国哲学研究丛书"　　　　　　　（韩水法　主编）
"北大东方文学研究丛书"　　　　　　　（王邦维　主编）
"北大欧美文学研究丛书"　　　　　　　（申丹　主编）

"北大外国语言学研究丛书"	（宁琦 高一虹 主编）
"北大艺术学研究丛书"	（彭锋 主编）
"北大对外汉语研究丛书"	（赵杨 主编）
"北大古典学研究丛书"	（李四龙、彭小瑜、廖可斌 主编）
"北大古今融通研究丛书"	（陈晓明、彭锋 主编）
"北大人文跨学科研究丛书"	（申丹、李四龙、王奇生、廖可斌 主编）[1]

这 17 套丛书仅收入学术新作，涵盖了北大人文学科的多个领域，它们的推出有利于读者整体了解当下北大人文学者的科研动态、学术实力和研究特色。这一文库将持续编辑出版，我们相信通过老中青学者的不断努力，其影响会越来越大，并将对北大人文学科的建设和北大创建世界一流大学起到积极作用，进而引起国际学术界的瞩目。

2020 年 3 月修订

---

[1] 本文库中获得国家社科基金后期资助或入选国家社科基金成果文库的专著，因出版设计另有要求，因此加星号注标，在文库中存目。

"北大外国哲学研究丛书"序言

北京大学是中国最早系统开设外国哲学课程，从事外国哲学研究的教育和学术机构。而在近代最早向中国引进和介绍外国哲学的先辈中，北大学者乃属中坚力量。自北大开校以来一百二十多年的历史中，名家辈出，成绩斐然，不仅有功于神州的外国哲学及其他思想的研究，而且也有助于中国现代社会的变迁。自20世纪80年代以降，北大外国哲学研究进入了一个新时期，学术领域不断拓展，学术视野日趋开阔，不同观点百家争鸣，学术风气趋向自由。巨大的转变，以及身处这个时代的学者的探索与努力带来了相应的成果。一大批学术论文、著作和译著陆续面世，开创了新局面，形成了新趋势。

本世纪初，在上述历史成就的背景之下，有鉴于北大外国哲学研究新作迭出，新人推浪，成果丰富，水平愈高，我们决定出版"北京大学外国哲学研究丛书"，计划陆续推出北大外国哲学研究领域有价值、有影响和有意义的著作，既展现学者辛勤劳作的成果，亦使读者方便获得，并有利于与国内外同行交流。

中国的外国哲学研究是一项巨大的学术事业，国内许多大学和科学院的哲学机构都大力支持和促进这项事业的发展，使之在纵深和高度上同时并进。而在今天，中国的外国哲学研究亦越来越国际化，许多一流的国际学者被请至国内各大学开设课程，做讲演，参加各种会议和工作坊。因此，研究人才的水平迅速提高，研究成果的质量日益升华。在这样一个局面之下,北京大学的外国哲学研究虽然依然保持领先地位,但要维持这个地位并且更上层楼,就要从各个方面加倍努力,本套丛书正是努力的一个体现。

北京大学外国哲学研究丛书第一辑在商务印书馆出版,发行之后,颇得学界肯定。第二辑移至北京大学出版社出版,亦得到学界好评。此套丛书只是展现了北大外国哲学研究的一个侧面,因为它所收录的只是北京大学外国哲学研究者的部分著作,许多著作因为各种原因未能收入其中。当时的计划是通过持续的努力,将更多的研究著作汇入丛书,以成大观。

北京大学人文学部于2016年启动了"北京大学人文学科文库","北京大学外国哲学研究丛书"被纳入了这个文库之中,进入了它第三辑的周期。与前二辑不同,按照"北京大学人文学科文库"的准则,本辑只收录著作,而不包括论文集。我们希望,通过这个文库,有更多的外国哲学研究的优秀著作在这个丛书中出版,并在各个方面都更上层楼,而为北京大学的外国哲学研究踵事增华。

韩水法

2019年6月1日

目 录

前　言 ·· 1

第一章　俄罗斯哲学的两个特点 ·· 1
　第一节　人中心论 ·· 2
　第二节　本体主义 ·· 7

第二章　舍斯托夫哲学的根本问题 ·· 15
　第一节　从生命哲学到宗教哲学 ·· 15
　第二节　"悲剧哲学"的问题与方法 ·· 21
　第三节　"圣经哲学"的含义与宗旨 ·· 30

第三章　善的理念与真的生活——论苏格拉底 ···································· 39
　第一节　从诸神决定到善的本体——苏格拉底的历史贡献 ························ 40
　第二节　真理与说教——批评善的理念 ·· 45
　第三节　苏格拉底的社会影响和历史形象 ·· 49

第四章　为什么需要另一个世界？——论柏拉图 ·································· 55
　第一节　超验世界 ·· 56
　第二节　洞穴比喻 ·· 59
　第三节　精神视力与死亡练习 ·· 63
　第四节　理念与个体 ·· 66

第五章 "必然性不听劝说"——论亚里士多德 … 69
- 第一节 是教导还是叹息 … 69
- 第二节 自然世界观与受造世界观 … 72
- 第三节 普遍知识与偶然存在 … 75
- 第四节 宗教哲学与理性主义 … 78

第六章 时代之子的困惑——论笛卡尔 … 81
- 第一节 受造真理 … 81
- 第二节 "上帝不能骗人" … 84
- 第三节 "我思故我在"的另类解释 … 88
- 第四节 笛卡尔与帕斯卡尔 … 90

第七章 "哭、笑、诅咒"与"理解"——论斯宾诺莎 … 93
- 第一节 上帝与自然 … 94
- 第二节 自由与必然 … 96
- 第三节 外传哲学与秘传哲学 … 100
- 第四节 真与好 … 103

第八章 对道德理性的存在哲学反思——论康德 … 110
- 第一节 哲学的问题、任务与方法 … 111
- 第二节 理性自律的局限 … 115
- 第三节 实践理性的证明 … 119
- 第四节 道德行为来自理性还是情感 … 123

第九章 上帝如何成为绝对精神——论黑格尔 … 128
- 第一节 上帝与精神 … 128
- 第二节 哲学与宗教 … 130
- 第三节 个人与时代 … 133
- 第四节 逻辑与生命 … 135

第十章　哲学是争取不可能之物的斗争——论克尔凯郭尔 …… 139
- 第一节　哲学如何是"斗争" …… 140
- 第二节　存在哲学如何反对思辨哲学 …… 143
- 第三节　自由如何是可能性 …… 148

第十一章　善的哲学与悲剧哲学——论尼采 …… 154
- 第一节　尼采与俄国新宗教意识 …… 155
- 第二节　论述尼采的著作与方法 …… 161
- 第三节　善的哲学与善的布道 …… 166
- 第四节　个人反抗世界 …… 173

第十二章　舍斯托夫与胡塞尔 …… 180
- 第一节　纪念伟大的哲学家胡塞尔 …… 180
- 第二节　莫斯科：哲学与"严格的科学" …… 183
- 第三节　阿姆斯特丹：知识与明见性 …… 193
- 第四节　弗赖堡：观念与现实 …… 199
- 第五节　巴黎：理性与生命 …… 206
- 第六节　哲学做什么：证明与批判 …… 209

附录　尼·别尔嘉耶夫：悲剧与日常性
——舍斯托夫《悲剧哲学》与《无根据颂》书评 …… 216

人名索引 …… 243

前　言

在纽约地铁博物馆，收藏了一幅旅居巴黎的俄国画家萨维利·索林（С.Сорин）为哲学家列夫·舍斯托夫（Лев Шестов）画的肖像，作于1922年10月。半个多世纪过后，这幅肖像仍然令一位德国研究者深深震撼："这幅肖像常常令我感觉到，他是俄罗斯大地上精神之火的生动体现——因为这副面容就像是圣徒、苦修者，甚至是在旷野中布道的先知。肖像中的面容让我无法忘记。"[1]

正如这幅肖像的神韵一样，舍斯托夫的哲学思想和评论以其深刻的洞见和生动的表达，体现了俄罗斯精神的独特风格。奥地利作家斯蒂芬·茨威格（Stefan Zweig）在论述俄罗斯精神特质时写道："在我们心中已化作冰冷概念的所有问题却还在他们的血液中燃烧……在俄国，人们怀着一种未被滥用的好奇心再次向无限提出生命的所有问题，这是俄国人对欧洲做出的难以言述的贡献。"[2]

19世纪到20世纪初的俄罗斯文学和哲学对西方思想产生了深刻影响，在世界思想史上具有重要意义。舍斯托夫就是这一时期俄罗斯哲学

---

[1] 摘自德国研究者席姆尼（Лео Зимни）1977年4月20日给舍斯托夫女儿娜塔莎（Наташа）的信。参见 Баранова-Шестова Н. Жизнь Льва Шестова. По переписке и воспоминаниям современников, Paris: La Presse Libre, 1983. T.1, C.240.

[2] 斯蒂芬·茨威格：《三大师：巴尔扎克、狄更斯、陀斯妥耶夫斯基》，姜丽、史行果译，北京：西苑出版社，1998年，第105—106页。

的杰出代表人物之一，在东西方世界与弗拉基米尔·索洛维约夫（Вл. Соловьёв）、尼古拉·别尔嘉耶夫（Н.Бердяев）、谢尔盖·布尔加科夫（С.Булгаков）等人齐名。虽然俄罗斯精神本身具有多面性、复杂性，但毫无疑问的是，舍斯托夫关于理性、信仰、自由和真理等问题的思想，是与陀思妥耶夫斯基之后的俄罗斯哲学精神传统一脉相承的。

相对而言，无论在俄罗斯还是在西方，对舍斯托夫的研究比较少。在他哲学著述写作的盛年以及他刚刚去世的时候，有俄国哲学家写过几篇评论文章，大都非常简短；后来的俄国哲学史著作关于他的章节也都不长，比如，在500多页的洛斯基（Н. Лосский）《俄国哲学史》中只占半页篇幅[1]（别尔嘉耶夫则占21页）。这主要与他观点的偏激性和思想表述方式的特殊性有关。他的极端非理性主义、怀疑主义令许多人难以理解和接受；他的哲学写作风格与通常的学院哲学相去甚远，没有条理分明的理论体系，而有许多格言、短论，常在对其他文学家、哲学家和神学家的评论中表达自己的观点，加之解释的随意性和反讽手法，使人难以明确区分哪些是他自己的真实思想。

我国在20世纪60年代就翻译发表过舍斯托夫的文章《纪念伟大的哲学家胡塞尔》[2]，但未引起广泛注意。到80年代末和90年代，随着我国学界对俄罗斯白银时代文学和哲学的关注，舍斯托夫的名字在我国哲学界已不再陌生，他的大部分主要著作陆续出版了中译本，如《在约伯的天平上》（1989年）、《旷野呼告——克尔凯郭尔与存在哲学》（1991年）、《开端与终结》（1998年）、《无根据颂》（其中包括《托尔斯泰与尼采学说中的善》，1999年）、《雅典和耶路撒冷》（1999年），以及收录了上述已出版译著和新翻译著作的五卷本《舍斯托夫文集》（2004—2005年）。但其中的翻译错误在一定程度上妨碍了中文读者的深入理解。国内学者对舍斯托夫哲学的研究和评论寥寥无几，除刘小枫的早期著作《走向十字架上的真》（1995年）一书第一章和甘远璠的《绝望与抗争——舍斯托夫悲剧哲学研究》（2012年）之外，只限于中文译者的前言后记。

---

[1] 尼古拉·洛斯基：《俄国哲学史》，贾泽林等译，杭州：浙江人民出版社，1999年，第415页。
[2] 载《哲学译丛》1963年第10期。

舍斯托夫对西方哲学和宗教思想有自己的独到理解和阐发，对从古代到现代的几乎所有西方大哲学家都有过或多或少的研究和评论，在这些评论中体现出他对许多哲学家和哲学问题的深刻领悟。研究舍斯托夫与西方哲学的关系，其学术价值和理论意义可以归结为三个方面。

第一，对哲学重要问题的研究。贯穿舍斯托夫全部哲学思想的核心问题是真理问题和自由问题。传统哲学把真理看作是主观与客观的符合，看作是普遍必然性的知识，舍斯托夫则把人的最高需要作为真理标准，认为如果把真理绝对化，就是把人的存在相对化；如果真理强迫人而不是令人信服，这样的真理就无权作为真理。他把理性主义哲学家讨论的真理与具体个人的真实生命对立起来，认为哲学史上占主导地位的哲学所追求的真理——绝对理念、逻辑法则、普遍性、必然性，都不能给人的生存提供可靠根基和最终满足。于是就有知识真理与生命真理之分，永恒真理与受造真理之分。受造真理是向宗教思维敞开的，它的宗旨是使人的命运不受现有事实的决定。

同样，在舍斯托夫那里，自由也划分为理性的自由和神性的自由。在西方传统哲学中，自由在理性限度内，与道德责任相联系。而在舍斯托夫看来，哲学家所证明的自由不是自由，有限的凡人在经验领域是无自由的。真正的自由不在经验世界，而来自信仰之域。这样，舍斯托夫通过对西方理性主义哲学的批评，为真理问题和自由问题的研究本身，提出了新的视域和维度。

此外，舍斯托夫还多次论述了哲学与宗教、科学的关系、知识的本质、道德的本质等问题。本书将运用文本解读、观点对比、问题分析的研究方法，为这些问题的进一步研究提供了某种新观点新思路。

第二，对存在哲学流派的认识。我国学界对西方存在主义哲学和文学了解较多，对俄国存在哲学则知之甚少。而20世纪的西方存在主义思想曾经受到俄国存在哲学的一定影响。陀思妥耶夫斯基、舍斯托夫、别尔嘉耶夫都是俄国存在哲学的杰出代表，其中舍斯托夫是表达最彻底和最尖锐的一个。他强调认识过程与人的整个命运的密切联系，认为存在的奥秘只有在个体人的生存中才能认识。对舍斯托夫来说，人的悲剧、人生苦难和恐惧、绝望的体验，是哲学的源泉。有研究者指出，舍斯托夫思想才堪称存在哲学传统在 20 世纪的先声和经典。从我们今天来看，这种存在哲学对人的生命的现代思考以及后现代思考都具有启发意义。

第三，对俄罗斯和西方精神文化研究的意义。俄罗斯精神文化以其独特风格为世界所瞩目。舍斯托夫对西方哲学家的批判源自他独特的生命体验，他的哲学探索在一定程度上反映了俄罗斯宗教文化传统的某些特点。对舍斯托夫思想的研究有助于对俄罗斯精神文化的认识。同时，由于俄罗斯也和中国一样经历了自身传统文化与西方文化的冲突与交融的历史过程，因此，透过俄国哲学家舍斯托夫对西方哲学的揭露和批评这一中介，也有利于我们从另一个角度更全面、更深入地理解西方文化。

本书所引用的舍斯托夫语句，多为本书作者从舍斯托夫俄文原著中重新翻译，与我国现有中译本的译文有所不同。为了方便中文读者，大部分脚注中标出了现有中译本的相应出处。

第一章　俄罗斯哲学的两个特点

我们考察舍斯托夫对西方哲学的评论，首先要了解舍斯托夫的基本立场，而这一基本立场，涉及一个更宽泛的思想背景，亦即俄罗斯哲学区别于西方哲学的一般特点。

俄罗斯哲学属于广义的西方哲学或欧洲哲学范畴，但又有其独特性。近现代俄罗斯哲学的思想宗旨和根本特点，用洛斯基（Н.Лосский）的话来说，是在重新解释的基督教-东正教精神基础上，以俄罗斯式的思维方式来回应西方近代理性主义所遇到的现代问题，力图把这两种真理结合为一个活生生的思想或完整知识。俄罗斯哲学既有不同风格的哲学家和思想流派，又呈现出不同于西方哲学的某些共同倾向。俄罗斯哲学史家对俄罗斯哲学的特点和主题做过许多概括总结，比如宗教性、人中心论、道德主义、有机论世界观、本体主义等。我们认为，如果从一般哲学的视角来看，在这些特点中最具有代表性的是俄罗斯哲学的"人中心论"和"本体主义"，其他特点也可以从这两个特点中得到解释。

第一节　人中心论

俄国哲学相对于其他国家的哲学而言，具有自己独特的传统主题和思维特点。津科夫斯基（В. В. Зенковский）在他的名著《俄国哲学史》一书中说："俄国哲学不是以神为中心的（虽然它的相当多的代表人物具有深刻且重要的宗教性），不是宇宙中心论的（虽然自然哲学问题很早就引起了俄国哲学家的注意），它最为关注的是关于人的题目，关于人的命运与道路、历史的意义与目的的题目。"津科夫斯基把俄国哲学的特点概括为"人中心论"（антропоцентризм）[1]，并指出了这一特点的三种表现：（1）唯道德主义，在任何地方都把道德目标摆在首要位置；（2）俄罗斯思想全都带有历史哲学倾向，关注历史的意义以及历史的终结问题；（3）俄国哲学家们寻求的正是整体性，正是现实的一切方面和人的精神的一切活动的综合统一。

世界哲学史上对人的问题的关注有多个方面，多个角度。我们认为，俄国哲学对人的问题的关注有一个共同的焦点——不是抽象意义上的人，而是有生命的个人，个人的自由、价值与意义。津科夫斯基所说的俄国哲学"人中心论"的三个表现，都体现了俄国哲学家对个人自由与价值的关注。俄国哲学的唯道德主义、历史哲学倾向、整体性思维，都围绕着同一个核心问题：个人的自由、价值与意义。

俄国思想家特别关注和强调个人自由与价值，与西方思想的差异表现为两点：第一，当西方近代启蒙主义思想凸显个人理性对抗教会权威的时候，俄国思想家则保留着某些基督教[2]的人性论观念；第二，虽然西方近代关于人的自由与权利的思想中包含着某些基督教思想观念，但东正教思想中人的自由要比西方基督教思想更大。

关于第一点，西方启蒙哲学把人理性化，笛卡尔的思维理性、康德的自律理性、黑格尔的绝对理念，都突出理性的普遍标准和统治地位。但这

---

[1] Зеньковский В. В. История русской философии в 2-х томах. Ростов-на-Дону: Издательство «Феникс», 1999. Том1, С.18.
[2] 本书中"基督教"一词该指基督宗教各派系，包括天主教、基督新教和东正教。

样的理性具有抽象普遍性，与个人的自由和价值有可能发生矛盾冲突。每当冲突发生的时候，哲学家们总是为理性辩护，劝说个人服从。当然，启蒙哲学也讲个人自由与权利、个人价值与尊严，康德的名言说人是目的而不是手段。但脱离了基督教信仰之后，在自在自主中的个人自由、价值与尊严就变得不那么神圣和可靠了。在基督教文化背景下，个人自由与价值来自人的上帝形象，来自上帝对人的生命自由的设定与应许。如果脱离了这个上帝维度，个人的自由与价值就变得不那么必不可少和神圣不可侵犯了，为了社会和谐、历史进步、国家利益，都可以牺牲个人自由、价值与尊严。这也正是启蒙主义历史进步观的思想，而俄国思想家之所以能够对这一思想进行批判，正是因为他们有另外的思想背景和出发点，也就是东正教人性论思想。

关于第二点，我们认为，西方启蒙主义所说的理性也不完全是无宗教的世俗理性，而是在一定程度上内在地包含着基督教思想的基础。理性的至高地位、人的自然权利、人权的神圣不可侵犯等，都有基督教思想背景。但东正教神学中人的自由大于西方神学中人的自由。别尔嘉耶夫在评论霍米亚科夫（А. С. Хомяков）时说：“俄罗斯民族的深处具有比自由和文明的西方民族更大的精神自由。东正教深处具有比天主教更大的自由。”[1] 这表现在两个方面：一是在信仰起点上，东方教父强调人的意志选择的必要性，西方神学则在原罪观前提下突出上帝恩典的决定性；二是在灵修神学中，东方教父苦修神学认为灵修的本质是个人博取上帝恩典，西方灵修神学则认为灵修是灵修者体验自己的罪过并效仿基督对上帝意志的服从。

总之，我们认为，俄国哲学的"人中心论"思想对世界哲学思想史的主要贡献，是对个人在社会和历史中的自由与价值的维护。所谓"维护"不是主动建立，而是面对某种威胁而展开的批判与反抗。具体体现在五个方面：反抗形而上学的统一性对个人自由的限制，反抗历史进程的必然性

---

[1] 别尔嘉耶夫：《俄罗斯思想》，雷永生、邱守娟译，北京：生活·读书·新知三联书店，2004年，第45页。本书中所引用的中译本文献，笔者均据舍斯托夫的俄文叙述作了一些微调，与所引中译本不完全一致。下同，不另说明。

对个人自由的消解，反抗思辨理性对个人自由的决定，反抗社会对个人自由的淹没，反抗道德律对个人自由的压抑。以如下五个哲学家的讨论为例。

霍米亚科夫对"聚和性"（соборность）概念的阐述。他用这一概念来表达对自由问题的独特思考和体验。对通常的经验存在来说，自由与统一是对立的、不相容的。经验现实中的自由是个人的自我确认，只有在利益相投的时候才能形成暂时的、有条件的统一。要使每个人都有自由，就不可能有统一；要统一就必然限制自由。而霍米亚科夫"聚和性"原则中的自由不仅不破坏统一性，而且产生统一性。这样的"聚和性"的统一体是"自由的成果的表现"。这种自由是人"在真理中的自我实现"。

赫尔岑（А. Герцен）对历史意义的思考。赫尔岑认为，应当透过人的现实存在和个体生命的观点来评价历史的意义。从这一评价标准来看，历史并无目的，历史亦无进步；历史进程中最重要的东西是当下，是人的现实生命。布尔加科夫也有对"进步论"的批判。

陀思妥耶夫斯基的非理性自由。如果说人是趋利避害的，那么自由却不在利益的统计表里面。自由与利益不在同一个层面上。地下室人敢于以头撞墙，敢于反抗二二得四，就是为了证明，按照自己的意志生活是个人的最高权利，哪怕是愚蠢的意志，只要是自己的意志。在地下室世界，个人的自由愿望是第一位的，人可以故意地、有意识地去向往哪怕是对自己有害的、愚蠢的、甚至是最愚蠢的东西。

别尔嘉耶夫的人格主义。人格问题不是社会学问题。关于人的社会学说只知道表层的、客体化的人。真正的关于人格之人的学说，只有靠存在哲学才能建立，而不能靠社会哲学。从存在哲学观点看，社会是人格的一部分，是人格的社会方面，而非人格是社会的一部分。

舍斯托夫"超越善恶"的悲剧哲学。舍斯托夫在对尼采的解释中揭示了，在善的背后，往往包含着行善者的内心痛苦。他赞同尼采出于对每个人的权利、自由与快乐，出于更高的善、更高的良心而反抗旧的"善"和表面的"良心"。当一个人"最后的希望破灭的时候，从他身上就会突然卸下他对他人、人类、未来、文明和进步等等的一切沉重义务，替代这一切而出现的,是一个关于微不足道的自己个人的问题"[1]。

俄罗斯哲学有不同阶段和不同流派,所探讨的哲学问题也多种多样各不相同。我认为,在这方面,19-20世纪上半叶的俄罗斯哲学所关注的问题最具有代表性。这些问题也充分体现了俄国哲学的人中心论特点。这就是人、真理和自由问题。这些问题显然是超越民族性的哲学问题,俄罗斯哲学家对它们的探讨无疑具有一般哲学意义。

俄罗斯哲学家对人的关注和研究,其问题意识主要不是来自他们本土的问题,而是来自近现代西方哲学的问题,也是现代性的问题。古代和中世纪,当人与上帝的世界未明确划分的时候,人的问题不可能激烈地提出。正是从笛卡尔的"我思"和康德的"先验自我"开始,人的问题才在哲学意识中变得十分尖锐。人本身是什么?人是不是外部经验中的他自己,还是比自己更大的精神世界?这个自我又是什么?这个问题仿佛是全部哲学思维的出发点和最终根基,从笛卡尔、康德,到胡塞尔、萨特,都试图用人的理性思维来无限追问、把握和论证这个问题。而俄罗斯哲学家则走另一条道路(与西方神秘主义者的观念类似),他们感到这个原初的自我是思想所永远捕捉不到的,因为第一,这个自我是不可能被对象化的;第二,这个自我不是知识的、认识论的出发点,而是生存本身;第三,甚至可以说这个自我根本就是不存在的,因为纯粹的人本身是不存在的,或者说是"存在的孔洞",是"性空",是无形的、无边界的,仿佛数学的"点",只有在神人性这条"线"上才是现实存在,这条神人性之"线"正是俄罗斯哲学家所说的"人的生命之路"。也如数学上的"线"只有在面中才是现实存在一样,这条神人性之"线"只有在神的世界或精神世界这个"面"上才具有现实存在。

俄罗斯哲学家所思考的"真理",不是对象的"本质",不是世界的本真状态。俄罗斯哲学家关注的不是经验的现实世界,而是理想的世界、应有的世界。他们往往不是着眼于经验现实,以此作为出发点和归宿,而是

---

[1] Шестов Л. *Сочинения в двух томах*. Т.1. Томск: Издательство «Водолей», 1996, С.396-397. 舍斯托夫:《悲剧的哲学——陀思妥耶夫斯基与尼采》第十七章。所引译文为笔者从俄文原著翻译,与中文版略有不同。参见《思辨与启示》,方珊等译,上海:上海人民出版社,2005年,第276页。

从存在的终极意义的高度、从未来的"应有状态"看待世界。俄罗斯哲学贯穿着对世界的"应有状态"的追求：存在具有自己的完善状态，它相对于经验存在来说被认为是第一性的，不是在时间上先在，而是在某种意义维度上优先。对完整的、完善的存在的直觉，成为俄罗斯哲学思维的第一基础。这一现实与应有的关系问题用一个哲学概念来说就是，真理不是服从于外部标准，而是服从于内在标准。这就是舍斯托夫所提出的真理与人的关系，真与好的关系问题：什么是"真"？什么是"好"？是"真"应当向"好"看齐，还是相反，"好"应当向"真"看齐？谁有权决定"真"和"好"之间的关系？[1]舍斯托夫说，"把真理绝对化，就意味着把人相对化"[2]。

个人自由问题在西方哲学家那里常常处于理性、普遍性和必然性的背景下，而在俄国哲学家那里，这个问题则经常处于与法律、道德、情感和良知的纠葛中。在社会生活的人际关系中，法律和道德律一方面是对个人自由的保护，但另一方面也是对个人自由的限制。俄罗斯哲学家告诉人们，人应当是自由的、有无限可能性的存在物，是世界的中心和主宰，因此应当不断地去争取、斗争。从这个意义上说，个人的最大自由在于向法律和道德律底线的无限接近。但底线在哪里，能否越过，这个判断是在人的非理性的情感和良知中进行的，往往使人陷入矛盾和纠结。怎样解决这一矛盾和纠结，是俄国哲学家讨论的问题。当一个人的自然愿望和情感试图超越法律和道德底线的时候，也就是争取最大的个人自由的时候，他在斯宾诺莎、康德、黑格尔那里似乎找不到支持，只能得到普遍必然性或道德律的严格禁令。但在陀思妥耶夫斯基的小说人物那里，在别尔嘉耶夫的人格主义那里，在舍斯托夫的悲剧哲学那里，这种"任性"甚至能找到某种共鸣和安慰。当然这不是说俄国哲学家支持个人犯罪和违背道德，而是说，他们对普遍理性和道德律提出质疑，是试图为个人生命开辟更大的自由空间，这同样具有哲学意义。

为什么这样说？难道俄国哲学家们不懂得，现实的人必须服从法律、

---

[1] Шестов Л.: Что такое истина? (Об этике и онтологии) // Сочинения в 2-х томах. Т. 2. Москва: Издательство «Наука», 1993, C.370.

[2] 舍斯托夫:《雅典和耶路撒冷：宗教哲学论》，徐凤林译，杭州：浙江人民出版社，2000年，第135页。

道德、理性和必然规律吗？显然不是。既然懂得，他们为什么又有上述那么多的批判和反抗？我们认为这与他们所追求的哲学的宗旨有关。几千年的哲学史表明，任何一种哲学理论都不可能一劳永逸地给所有人以真正的安慰，使人得到永远的精神安宁。俄国哲学家的哲学思考，与其说是追求精神安慰的结果，不如说是精神努力的过程。通过精神努力为个人生命的无限可能性开辟道路。俄国哲学家的思想宗旨本来就不是为现实世界的人提供某种忠告，因为首先，俄罗斯哲学不是活在现实世界，而是活在理想世界，不是在此找到现实生活道路的指南，而是当下正在进行的精神努力；其次，在俄罗斯哲学的世界里根本就不存在现实的"人"，他们所说的人是处于与上帝关系中的人或"神人"，就是理念的人或生成中的人，它所提供的是对人的理想生存状态的直接描述，是生命的真理，或者确切地说，是"真"，而不是"理"，不是超越真实之上的理性指导。他们要表达一种对人的终极理想境界的追求。这种追求不受制于静态的理性反思，而着眼于动态的当下努力，不在"常理"面前止步，而是依靠精神的努力为可能性开辟道路。

别尔嘉耶夫说："真正的哲学家都固有对超越世界界限的、对彼岸世界的兴趣，他不以此岸世界为满足。"[1]

舍斯托夫说："哲学是伟大的、最后的斗争。"[2]

这种关于人的生存处境的存在哲学，从形而上学角度来看，具有本体主义特征。

第二节　本体主义

"本体主义"（онтологизм）这个词在此不同于我们熟知的"本体论"（онтология），本体论是西方传统哲学学说的一个重要组成部分，即关于存在的学说，习惯上将其与"认识论"相并列；而俄罗斯哲学的"本

---

[1] Бердяев Н.А. *Философия свободного духа.* Москва: Издательство «Республика», 1994, C.232.
[2] Шестов Л. Памяти великого философа(Эдмунд Гуссерль) // *Вопросы философии.*1989.№1, C.147.

体主义",则是指一种思想方针、思维定式。大多数俄罗斯哲学家在一般哲学思考旨趣和具体哲学论题中,不习惯于或不满足于将某种哲学学说或理论仅仅建立在纯粹认识、纯粹思维基础上,而总是寻求和力图达到认识和思维背后的存在本身或真实存在。这就是俄罗斯哲学之本体主义特点的含义。这种思维定式是与俄罗斯文化传统中的宗教精神密切相关的。这个"本体"的实质是俄罗斯哲学家在东正教精神氛围中对人的生命所依赖的终极存在及其真实性的直觉-信仰。

俄罗斯哲学思维的本体主义倾向是相对于西方的"认识主义"而言的。俄国哲学史家津科夫斯基写道:"俄罗斯哲学在解决认识论问题时十分偏好本体主义,也就是倾向于认为,认识不是人的第一的和决定性的要素。"[1] 这后一句话所指的是,西方哲学正是把认识看作是人的第一的和决定性的要素,把全部世界观和真理的标准建立在人的认识、思维基础上。这就是俄罗斯哲学家所批评的西方哲学的认识主义。在别尔嘉耶夫看来,"全部欧洲哲学的最新成果都有反实在论、与存在隔绝的弊病。形形色色的批判主义和经验主义都同样不能把握存在。哲学渴望认识存在、认清世界,却取消了自己的客体,承认自己的目的是幻想。即使主体找到了客体,但找到的只是没有内容、仅有空洞形式的自己。思维力图关注于存在,却只限于其自身状态。知识重视活生生的东西,可是找到的却是僵死的间接的东西……近代欧洲理性主义哲学局限于这样的思维领域,这种思维脱离了自己的活的根源,自觉地脱离了存在。哲学家企图通过向主体的沉入,在抽象思维的沙漠里参透世界的奥秘"[2]。

西方哲学认识论通常这样来表达自己的问题:思维对存在的关系,认识着的主体对被认识的客体的关系。俄罗斯哲学家认为,这种提法本身已经把主体和客体割裂开来了,思维已经被抽象于生命存在。而主体和客体的划分本身就是理性之抽象性和思维之局限性的结果。使"思维"脱离存在,进入按自身规律生存的、封闭的、独立自主的领域。但在俄罗斯哲学

---

[1] Зеньковский В. В. *История русской философии в 2-х томах*. Ростов-на-Дону: Издательство «Феникс», 1999. Том1, С.17.

[2] Бердяев Н.А. *Философия свободы // Сочинения*. Москва: Издательство «Правда». 1989, С.98.

家看来，脱离了整体生命和与整体生命相对立的领域，就没有任何生命了。认识的奥秘与存在的奥秘在根本上是同一个奥秘。在西方近代哲学中，思维与存在的分离，知识与世界的脱离，成了全部哲学的前提。哲学家们把这种脱离看作是哲学反思的全部骄傲，看作是哲学思维对朴素思维的全部优越性。抽象理性主义哲学家认为哲学应当从主体、思维，从某种无生命的形式和空洞的东西开始。但在抽象的、被剥离了存在的思维里，除了空洞的无生命的形式之外什么也找不到，这里没有生命，没有存在。哲学思考应当从活的东西开始，从先于一切理性反思和理性分解的东西开始，从有机的思维开始，从作为生命之功能的、与自己的存在根源相统一的思维开始，从尚未被理性化的意识的直接材料开始。

俄罗斯哲学特别注重的不是认识的系统概念，而是完整的生活真理。较之西欧哲学而言，俄罗斯哲学在更大程度上正是一种世界观理论，其实质与基本目的不在于纯理论上的认识世界，而是对生命的解说。从笛卡尔和洛克的时代开始，西方哲学中第一性的、直接的、自明的东西就不是存在，而是意识或知识。绝对意义上的存在或者为意识所不能企及，在意识中为它的现象学形式所取代，或者只有通过转变成知识，亦即通过意识才能表现出来。在笛卡尔很有代表性的著名公式"我思故我在"中，包含了唯一的无可争议的存在——我自身的存在，但它仅仅是我的思维的结论。近代西欧人感到自己正是个体的思维着的意识，而其他一切只是为这种意识所给定的或通过意识来感知的。他没有感到自己根源于存在，仍然处于存在之中，没有把自己的生命感受为存在本身的表现，而感受为另一种与存在相对立的实体，也就是说，他感到与存在相离异，只有通过曲折的思想认识之路才能达到它。

俄罗斯世界观中所表现出的完全是另外一种生命感受，因此俄罗斯世界观所追求的完全是另一种哲学理论。弗兰克（С. Л. Франк）在《俄罗斯世界观》一文中指出，对俄罗斯精神来说，从"我思"到"我在"的道路是不合理的，真正的认识道路应当恰恰相反：从"我在"到"我思"。直接明确显现的东西不应当先通过什么别的东西来表现和理解；只有以自身为根据并通过自身来表现的东西才是存在本身。存在不是通过意识来给定的，不是意识的对象性内容；相反，正因为我们的"自我"、我们的"意识"不是别的，可以说正是存在的分支和表现，所以这种存在才在我们之中完全直接地表现自身。为了深入到存在之中，没有必要首先"认识"，实现认识活动；相反，为了认识什么，必须首先"存在"。正是通过完全直接的第一性的存在，才能最终认识全部存在。可以说，人归根结底能够进行认识，正是由于他自己存在，他认识存在不仅仅是以观念的方式通过意识和思维，而是他首先应当更加真实地扎根于存在之中，这样才能使认识成为可能。由此可见，作为知识基础的生命经验概念是同本体主义相联系的，因为生命正是"自我"与存在之间的现实联系，而"思维"只是它们之间的观念联系。[1]

从索洛维约夫开始的俄罗斯哲学认识论学说，都是由这个本体主义方针决定的。索洛维约夫在批判西方哲学抽象原理基础上具体论证了"完整知识"（цельное знание）观念。所谓完整知识，既不是仅以抽象理性为基础的知识，也不是仅以片面经验为基础的知识。在西方占统治地位的这两种知识，都是脱离了活的真实存在本身的"抽象原理"（отвлечённое начало）。完整知识是理性知识、经验知识与神秘知识的有机综合，以神秘知识为基础。无论是感性认识的内容，还是理性认识的内容，都不能使我们真正地走近存在、走近现实。感觉材料只有在其自身存在和被感知的时候，也就是在纯粹主观意义上，才是确定无疑的；相反，思想或理性思维的一般概念又具有假设的意义。无论是感觉材料还是思维内容，都被我们看作是客观的、不依赖于我们的认识的存在，并当作存在的内容来认识。实际上它们并不是存在本身。经验主义和理性主义都错误地解释了认识的主要本质，因为无论通过经验还是通过思想，都不能走近存在本身。应当有一种对存在的内在证明，这种内在证明不是通过感性，也不是通过理性，而是通过信仰——对存在之确定性的直接相信，对存在本身的神秘洞见。这样，索洛维约夫的认识论的潜在基础是对存在的信仰。在"完整知识"中，只有神秘知识是关于事物及其生命之内部秩序的知识，是通过内在信

---

[1] Франк С. Л.. *Духовные основы общества*. Москва: Издательство «Республика». 1992.С.459-460.

仰而获得的关于事物内在本原的知识。内在信仰，是克服主体与客体的分离、知识与存在的矛盾和解决真理问题的必要途径。

如果说索洛维约夫在19世纪末主要通过对西方理性主义的批判而指出了对存在本体的神秘体验和信仰的必要性，那么，尼·洛斯基和弗兰克在20世纪初则创立了力图克服西方哲学"认识主义"之局限性的俄罗斯直觉主义认识论体系，其中具体论证了知识的本体论基础问题。洛斯基直觉主义所说的直觉，不是指天才所拥有的超人洞察力，不是指某一时刻偶尔突现的"顿悟"，也不是反理性主义的"理智交融"（柏格森语），而是说："我们的全部可靠知识，都是对真实对象的直接观照。"这种直觉主义的核心思想在于确立这样一种观念："客体是按照它的原有样子被认识的，进入意识之中的不是被认识之物的摹本、符号或现象，而是该物的真身"[1]，这是洛斯基全部认识论的基础。他后来总结说："我把对客体真身的直接观照行为叫作直觉。按照我1903年开始制定的知识论，我们的全部可靠知识正是通过对客体真身的直接观照。因此我把自己的知识论叫作直觉主义。"[2] 这种观点的宗旨是试图超越近现代哲学在知识论上所陷入的唯我论困境，从而为解决认识与客观对象的符合问题寻找一条新出路。那么，直觉的认识是如何发生的呢？洛斯基提出了"实体活动者"和"认识论协调"理论。认识活动不是主体与客体两个领域之间的关系，而是"构成世界的超时空的'实体活动者'之间的相互联系"[3]，这种联系就是"认识论协调"，它使一种实体活动者不仅表现为自身而存在，而且为整个世界的其他所有实体活动者而存在。这样，认识主体对认识客体的直觉观照，其本质被归结为在有机统一的世界中"实体活动者"之间的协调，于是认识论被归结为本体论。

弗兰克在《知识对象》（1915）中提出了"绝对存在"（абсолютное бытие）概念，这个绝对存在处于主体和客体的对立之外，是对立双方

---

[1] Лосский Н. О. *Обоснование интуитивизма*. 3-е издание, Берлин: Обелиск. 1924, C.67.

[2] Лосский Н. О. *Учение о перевоплощение; Интуитивизм*. Москва: Издательская группа "Прогресс". 1992, C.137.

[3] Зеньковский В. В. *История русской философии в 2-х томах*. Ростов-на-Дону: Издательство «Феникс», 1999. Том2, C.211.

的根据，它是第一性的自明的存在。弗兰克通过对知识对象的认识论分析指出，我们知识的最终基础是"元逻辑的统一"（металогическое единство）。他说："实际上我们拥有不止一种知识，而是两种知识——在概念和判断中表达的关于客体的抽象知识——这总是第二序列的知识，和在对象的元逻辑完整性和连续性中对客体的直觉——第一性的知识，前一种知识是在后一种知识之基础上并从此之中产生出来的。"[1] 从一个概念推演出另一个概念的问题，在逻辑范围内是无法解决的，应当有某种先于概念的基础，这种原初的统一性不同于各部分之间的共性，它"完全具有另一种逻辑规则"，是一种"元逻辑的统一"。那么，这种"元逻辑的统一"，这个作为知识基础和出发点的本原是什么呢？从认识论上讲，弗兰克把它称之为"不可知物"（непостижимое）。其含义是，人对世界的认识绝非能为理性概念、判断、推理所穷尽。世界并非如笛卡尔所说可以被概念所"清楚明白"地认识。在可知世界的四周，包围着不可知物的黑暗深渊。"在我们面前，仿佛有某种不可知的东西，它显然不同于已知的、可以为明确概念所把握的东西。在被我们的冷静意识称之为'现实'的全部客体世界背后，我们可以感到不可知物的实在，它较之逻辑上可知的客体世界显然具有某种完全不同的存在尺度。该尺度之内容与表现仿佛为我们所不可理解，离我们无限遥远，同时又潜藏于我们个性的内心深处。"[2] 弗兰克这里所说的不可知物不是指某种为我们的经验意识或理性认识所不可企及的存在之域。这种"不可知"不表示对一般认识可能性的否定，而是对逻辑理性之霸权的否定，同时是对人对世界之知的深层揭示。清楚明白的理性之知并非全知，而对不可知的深刻洞察才能走向真知。可见，弗兰克试图通过这一概念来反对欧洲近代思想中的理性至上论，表现人类认识之路的辩证性——通过深刻洞见存在的超理性、不可知性或不可解释性，来达到最高的真知。

俄罗斯哲学的本体主义特点不仅表现在认识论方面，而且表现在真理观和伦理观上。大多数俄国哲学家所寻求的"真理"不是作为传统的西方

---

[1] Франк С. Л. *Сочинения*. Москва: Издательство «Правда». 1990, С.229.

[2] Франк С. Л. *Сочинения*. Москва: Издательство «Правда». 1990, С.192-193.

认识论概念的真理，即作为观念与对象之符合的真理（истина），而是作为真理与正义之统一的真理（правда）。这一真理不仅是对世界和生命的理解，而且是存在的精神本质。它不是对世界的纯粹认识和不动情的理解，与斯宾诺莎所说的"勿哭，勿笑，只要理解"格格不入。从俄罗斯哲学观点看，无论是对对象的感觉，还是符合逻辑的纯粹思想理解，都不能揭示存在的终极真理。认识终极真理的最好方法是人的生命对存在的直觉体验。伦理问题也是俄罗斯哲学的主题之一。但这种伦理的最高境界，即绝对的善，不是与本体论和认识论相并列的抽象道德规范，这个善是与真理等同的正义，也是世界的本体主义本质。

为什么俄罗斯哲学具有本体主义特征呢？我们认为这是由于俄罗斯哲学具有东正教世界观的背景。本体主义的前提是一种信念，即相信真正的形而上的存在终究是向人敞开的，意识不仅可以达到存在，而且其本身就是存在的不可分割的部分。而这一信念正是根源于东正教的人论。在东正教传统中，人不是一个自主的存在物，而是本来就在神之中的。只有神才是人的基础和确证。人本身是一种未定型的存在物，是向上帝开放的、走向上帝的存在物，人处于从自然的不完善状态到超自然的完善状态的路上。这一宗教世界观的文化背景造成了许多俄国哲学家的两种深层观念，一是对人与终极实在的内在关系的确信，二是对人的意识、观念、思维、理性之独立自主性的不确信。从以上的描述我们不难看出，这两种观念正是俄罗斯哲学本体主义倾向的内在根据。相比之下，在奥古斯丁之后的西方基督教神学中，人已经是有一定自然本性的自主存在了，人与神的关系是外在关系。这一观念与希腊哲学相适应，由此发展出了关于人的思维和理性的自主地位观念，这是西方近现代哲学中认识与存在相脱离的认识主义倾向的内在根据。

20世纪初，西方哲学和俄罗斯哲学都有克服主观主义、达到知识客观性的意向和努力，但二者走向了不同方向。西方继续沿着思想和理性自主的道路，走向了分析哲学和现象学：前者把真理的客观存在问题归结为对语言表达的分析；后者用意识和所指不可分的意向性理论克服意识与对象的割裂。俄罗斯哲学则最终不能离开对存在本身和完整存在的信仰，它在经过了索洛维约夫、尼·洛斯基、弗兰克等的直觉主义认识论阶段之后,进一步背离了西方古典哲学传统,出现了向东正教传统的回归和对东正教思想的进一步阐发,这就是弗洛连斯基(Л. А. Фгоренский)和卡尔萨文(Г.Л.Карсавин)的东正教神学哲学,以及晚辈哲学家弗·洛斯基(Вл. Н. Лосский)和格·弗洛罗夫斯基(Г. В. Флоровский)的新教父学综合哲学。

第二章　舍斯托夫哲学的根本问题

在哲学史流派的定位上，舍斯托夫常常被归入存在哲学家之列。但他的思想表达方式不是经典的学院式的，而是通过思想史的评论提出其哲学的根本问题。从生命哲学到宗教哲学，从悲剧哲学到圣经哲学，舍斯托夫纵横穿梭于哲学史和基督教思想的各个领域，所提出的根本问题是个人与自由问题，也就是揭示个人在由物质和观念铸造的必然性世界中的生命状态。

第一节　从生命哲学到宗教哲学

列夫·舍斯托夫，原名列夫·以撒科维奇·施瓦茨曼（Лев Исаакович Шварцман），1866年（旧历）1月31日生于基辅一个富有的犹太人家庭。其父以撒·摩西耶维奇·施瓦茨曼（Исаак Моисеевич Шварцман）是一个出色的工场主和大商人。舍斯托夫早年就读于基辅第三中学，后到莫斯科上学，1884年中学毕业进入莫斯科大学物理-数学系，后转入法律系。曾在柏林大学学习一学期。在莫斯科大学期间，由于和一位著名学监发生争执而离开莫大，转入基辅大学法律系，1889年毕业。他关于俄国工人状况的学位论文由于具有革命性质而被当局查封。

大学毕业后，舍斯托夫志愿参军，然后在莫斯科短暂工作，做律师助手。但很快（1891年）就不得不回到基辅料理父亲的家庭企业，直到1896年。这期间他除了从事商务活动外，继续研究经济和金融问题，并开始大量阅读文学和哲学著作。

年轻的舍斯托夫曾企图成为歌唱家、作家、诗人，但这些尝试都没有成功，他最终转向了哲学。"那段时间（大约1892—1894年）我读康德、莎士比亚和《圣经》。但我现在感到自己是康德的反对者。而莎士比亚使我如此转变，乃至失眠。"[1] 舍斯托夫晚年在纪念胡塞尔的文章中这样描述自己的哲学历程："别人可能感到奇怪，我的第一个哲学老师竟是莎士比亚。我从他那里听到了那句神秘的、不可知的、威严的、令人不安的话：时代脱离了自己的轨道。面对脱轨的时代，面对在和时代一起被抛离轨道的人（莎士比亚）面前展现出来的那些存在的恐惧，我们可以做些什么呢？我从莎士比亚奔向康德，因为康德以其《实践理性批判》的无与伦比的技巧及其著名的公设，试图弥补（也确实弥补了几百年）由他自己的《纯粹理性批判》所揭示出来的存在的裂缝。但康德不能回答我的问题。于是我的目光转向另一个方向——《圣经》。"[2]

料理家业毕竟不符合舍斯托夫的天性和志趣，他把大量精力用在了文学和哲学上。1895年年底，他终因疲劳过度而患了严重的神经衰弱症，于1896年春到国外治病，此举也为了能够更多地从事自己所喜欢的文学和哲学。在国外为找到适合的医生和气候而辗转于维也纳、柏林、巴黎等地，1897年在罗马小住时结识了医学院的大学生安娜·叶莉扎罗夫娜·别列佐夫斯卡娅（Анна Елизаровна Березовская）并与她结婚。由于安娜是东正教徒，舍斯托夫不得不对笃信犹太教的父母长期隐瞒自己的婚姻。这也是他长期旅居国外的原因之一。就在这期间，1895—1898年，舍斯托夫发

---

[1] Баранова-Шестова Н. *Жизнь Льва Шестова. По переписке и воспоминаниям современников*, Paris: La Presse Libre, 1983. T.1, C.26.

[2] Шестов Л. Памяти великого философа(Эдмунд Гуссерль) // Вопросы философии.1989.№1, C.146-147.

表了自己的第一部哲学著作《莎士比亚及其批评者勃兰兑斯》。他在这本书里为了理想主义和高尚道德而反对泰恩的实证主义和勃兰兑斯的怀疑主义。他后来在致友人的信中写道："在我的《莎士比亚及其批评者勃兰兑斯》一书中我还站在道德的观点上，不久后我抛弃了这一观点……您还记得哈姆雷特的格言：时代脱离了自己的轨道。我当时试图把时代放回自己的轨道。只是稍后我才明白，应当让时代留在它的轨道之外，让时代四处纷飞吧。"[1] 这一思想在舍斯托夫1924年写给别尔嘉耶夫的信中有另一种表达："任何东西都没有像统一性理念那样给世界带来最激烈的敌对。"[2]

这第一部著作就已经勾画了贯穿他后来全部哲学创作的问题的基本轮廓：科学认识作为人间指南的有限和不足；对普遍性（压制多样性）的思想、体系和世界观的不信任；把具体的人生及其悲剧放在首位，等等。如一位美国研究者肯特·希尔（Kent Hill）所说："舍斯托夫对实证主义的攻击……和他为回答生命的基本问题而作的不懈探索——成熟时期的舍斯托夫的这些基本问题在他的第一本著作中就已经出现了。"[3]

1898—1914年间，舍斯托夫主要居住在瑞士，此时适逢俄国思想文化的繁荣时期，即所谓俄罗斯文学的"白银时代"，也被称作"俄国宗教哲学复兴运动"。舍斯托夫经常回国，参加彼得堡、莫斯科和基辅的宗教哲学学会活动，结识了别尔嘉耶夫、布尔加科夫、梅烈日科夫斯基（Д.С.Мережковский）等人。这期间他出版了三部重要哲学著作：《托尔斯泰与尼采学说中的善》（1900）、《悲剧的哲学——陀思妥耶夫斯基与尼采》（1903）、《无根据颂》（1905）。在《托尔斯泰与尼采学说中的善》中，舍斯托夫已同道德理想主义彻底决裂。他把尼采的超越善恶与托尔斯泰的道德至上对立起来。这本书的结尾充分体现了他全部哲学的一个基本思想："我们现在从尼采的经验中得知，善——兄弟之爱——不是上帝。那些仁爱的人——在他们那里没有比同情更高的东西了——是不幸的。尼采开辟

---

[1] Баранова-Шестова Н. *Жизнь Льва Шестова. По переписке и воспоминаниям современников*, Paris: La Presse Libre, 1983. T.1, C.27.

[2] Баранова-Шестова Н. *Жизнь Льва Шестова. По переписке и воспоминаниям современников*, Paris: La Presse Libre, 1983. T.1, C.288.

[3] Kent R. Hill. *The Early Life and Thought of Lev Shestov. Master of Arts Thesis*. Washington, 1976, p.7.

了道路。应当寻找比同情、善更高的东西。应当寻找上帝。"[1]

在《悲剧的哲学——陀思妥耶夫斯基与尼采》一书中，舍斯托夫强调生命第一性，把生命与先验理念世界对立起来，批判传统的理性主义哲学总是以理性所构造的观念世界来取代人的生存世界，认为这种取代终究是要被推翻的。陀思妥耶夫斯基和尼采的个人悲剧命运决定了他们的"悲剧哲学"思考。

> 当观念论经受不住现实的压迫，当一个人由于命运的安排而直面真正的生命，他突然恐惧地看到全部美妙的先验判断都是虚假的时候，——只有在这时候，他才第一次被这样一种无法遏制的怀疑所控制，这怀疑在一瞬间摧毁了那些旧的貌似坚固的空中楼阁。苏格拉底、柏拉图、善、人道、理念——从前那些保护纯朴的人心不受怀疑主义和悲观主义恶魔攻击的所有天使和圣徒，都消失得无影无踪了，人面对最可怕的敌人有生以来第一次感到了一种只靠忠诚和慈爱的心不可能摆脱的可怕的孤独。悲剧哲学就是从这里开始的。[2]

《无根据颂》的出版成为当时俄罗斯文化界引人注目的事件，尤其是书中对理性和哲学的否定。当时的诗人明斯基（Н. М. Минский）在把这本刚刚出版的著作带给一位远方的友人时评论道："在我国哲学中舍斯托夫占有独特地位：他是一位否定哲学的哲学家。现如今画家否定素描和透视，作曲家否定曲调和和声，诗人否定格律和韵调，为什么不可以有哲学家否定理性呢？实际上，近百年来所有著名的哲学家都只在做一件事，就是否定理性的首要地位——叔本华为了意志，爱德华·哈特曼（Edward von Hartmann）为了无意识，尼采为了本能，柏格森为了直觉，美国的实用主义者为了宗教经验。但这些哲学家在为了某种另外的原则而同理性

---

[1] Шестов Л. *Сочинения в двух томах*. Т.1. Томск: Издательство «Водолей», 1996, с.316. 参见舍斯托夫：《无根据颂》，张冰译，北京：华夏出版社，1999年，第302页。

[2] Шестов Л. *Сочинения в двух томах*. Т.1. Томск: Издательство «Водолей», 1996, C.369. 舍斯托夫：《悲剧的哲学：陀思妥耶夫斯基与尼采》，第11章。参见《思辨与启示》，方珊等译，上海：上海人民出版社，2005年，第245页。

主义斗争的时候,每个人都在先前的形而上学的位置上建立了自己的体系。舍斯托夫却什么也没有建立!他勇敢而富有天才地攻击可怜的哲学家们。"[1] 这也许就是"无根据"的意义。

舍斯托夫之所以否定思辨哲学的体系,是因为他确信生活本身、心灵本身,不可归结为体系和哲学学说。这是《无根据颂》的基本思想:我们周围的现实是无限丰富多彩的;生活本身比我们关于它的表象丰富百倍;我们企图理解生活,就是在削足适履——削生活之足以适我们所制造的认识图表之履——这种企图是绝对站不住脚的,它只能限制我们的个人经验和思想视野。只有未被"科学世界观"的神话所催眠的、愿意按照生活的原样(包括生活的全部美好和悲剧)来接受生活的个人思维,才能帮助孤独的人的个性不在生存的重负中丧失自身。"对日常生活实践来说,完善性照旧是不变的信条。的确,没有屋顶的房屋是毫不中用的……然而,像生活本身那样的思维,未完善的、无序的、不指向理性预先提出的目标的、有矛盾的思维,——难道这样的思维不比体系、即便是伟大的体系更接近我们的心灵吗?"[2]

一般认为,舍斯托夫的思想和创作可以大致划分为两个时期:至此(1914年以前),他的上述作品都属于生命哲学和寻神论时期;1914年以后的作品属于宗教存在哲学时期。

1914年一战爆发后,舍斯托夫回到俄国生活,先在莫斯科,后来在基辅人民大学开设希腊哲学课。1920年再次离开俄国流亡国外,此后一直定居巴黎。在索邦大学斯拉夫研究院和巴黎大学任教,开设俄国宗教哲学等课程,也曾在法国电台举办哲学讲座,经常在杂志上发表文章,与胡塞尔、马克斯·舍勒(Max Scheler)、海德格尔、马丁·布伯(Martin Buber)、安德烈·纪德(Andre Gide)等西方著名哲学家和作家相识并有通信往来。1938年11月20日,舍斯托夫在巴黎去世。

舍斯托夫后期主要著作有《钥匙的统治》(柏林,1923年出版,作于

---

[1] Баранова-Шестова Н. *Жизнь Льва Шестова. По переписке и воспоминаниям современников*, Paris: La Presse Libre, 1983. T.1, C.69-70.

[2] Шестов Л. *Сочинения в двух томах*. Т.2. Томск: Издательство «Водолей», 1996, С.6. 参见舍斯托夫:《无根据颂》,张冰译,北京:华夏出版社,1999年,第5页。

1915年)、《在约伯的天平上》(巴黎，1929)、《雅典和耶路撒冷》(1938)、以及他去世后出版的《旷野呼告——克尔凯郭尔与存在哲学》(1939)、《思辨与启示》(巴黎，1964)、《Sola fide——只凭信仰(希腊哲学与中世纪哲学，路德与教会)》(巴黎，1966，写于1911—1914年)。舍斯托夫这一时期更多地诉诸基督教-《圣经》思想资源来阐述自己的基本思想。

然而，把舍斯托夫的全部哲学创作划分为两个时期是相对的。实际上舍斯托夫的一生没有发生根本的思想"断裂"，没有如某些哲学家(如维特根斯坦、海德格尔)那样的前期和后期的明显差别，而是贯穿着同一个基本主题。弗兰克写道："舍斯托夫在许多书里叙述了自己的世界观，这种世界观在他的全部创作中一直未变。"[1]布尔加科夫在自己的评述文章中也作了类似的论断："舍斯托夫的许多著作涉及许多论题，但在这五花八门的论题中不难找到一定的统一性，甚至是千篇一律。舍斯托夫属于那类思想专一的人，他没有思想的演进。他的思想宗旨在早期作品中就已确定。"[2]

舍斯托夫之所以始终专注于一个主题，正是由于这个问题对人的生存的重要性。用他自己的话说，需要反复呼喊以便把人们从思辨理性的统治下唤醒。他在自己的最后一部著作中对说他"千篇一律"的指责作了如下回答：

> 人们生我的气，因为似乎我总在说老一套。人们也曾为此生苏格拉底的气[3]。仿佛别人就不说老一套似的。显然，人们生气是由于某种别的缘故。假如我说了老一套，但这种老一套是大家所习惯的，易于接受的，因此是大家所能理解的和令大家愉快的，那么人们就不会生我的气了，也不会觉得我说的是"老一套"，即总是同样地不像人们想听到的东西。因为，亚里士多德之后已经几千年了，大家都总是

---

[1] Франк С.Л. *Из истории русской философской мысли конца 19-го и начала 20-го века. Анталогия.* Washington-New-York: Издательство "Inter-Language Literary Associates." 1965, C.157.

[2] Булгаков С.Н. Некоторые черты религиозного мировоззрения Л.И. Шестова, *Сочинения в 2 т.* Т. I. Москва: Издательство «Наука», 1993, C.522.

[3] 卡利克勒曾反驳苏格拉底："你永远都是重复老一套，苏格拉底！"(柏拉图：《高尔吉亚篇》490e)。类似的话又参见色诺芬：《回忆苏格拉底》，吴永泉译，北京：商务印书馆，1986年，第162页。

在反反复复地说，矛盾律是最不可动摇的原则，科学是自由研究，即便上帝自己也不能使曾经发生过一次的事情成为不曾发生的，人的使命是战胜自私，万物统一是最高理想，等等。这样也毫无关系：谁也没有生气，大家都很满意，大家都认为很新。但如果你说矛盾律根本就不是规律，自明性是欺骗，科学惧怕自由，——那么，大家不仅不让你重复两三遍，而且从第一遍开始大家就会生气。大家所以生气，大概就像一个睡着的人被推醒时他就会生气一样。他想睡觉，却有人老缠着他叫：醒醒。[1]

那么，舍斯托夫所一直关注和反复重申的根本问题是什么呢？简而言之就是：理性主义哲学所论证和追求的真理——绝对理念、逻辑法则、普遍性、必然性，能够给人的生存提供可靠根基和最终满足吗？具体来说，这一问题通过"悲剧哲学""圣经哲学"等观念和主题表达出来。

第二节 "悲剧哲学"的问题与方法

舍斯托夫把自己研究陀思妥耶夫斯基和尼采的著作命名为"悲剧哲学"。他通过追溯和分析两位思想家的生活与创作历程，揭示了他们的作品和"学说"背后的真实思想，提出和展现了"悲剧哲学"的领域和问题。但与通常理论研究著作的表述方法不同，舍斯托夫在书中并没有对"悲剧哲学"具有怎样的内涵和特点，做出清晰的系统论述，只是在前言中提出了"悲剧哲学"是否可能的问题："陀思妥耶夫斯基和尼采的作品所包含的不是答案，而是问题。这个问题就是：那些被科学和道德所拒绝的人们还有没有希望？也就是说，悲剧哲学是不是可能的？"[2] 在该书的最后一章他指出了"悲剧哲学"的创作来源："悲剧哲学是与日常的哲学

---

[1] 舍斯托夫：《雅典和耶路撒冷：宗教哲学论》，徐凤林译，杭州：浙江人民出版社，2000年，第279页。
[2] Шестов Л. *Сочинения в двух томах*. Т.1. Томск: Издательство «Водолей», 1996, С.328. 舍斯托夫：《悲剧的哲学——陀思妥耶夫斯基与尼采》，前言。参见《思辨与启示》，方珊等译，上海：上海人民出版社，2005年，第197页。

根本对立的。在日常生活宣告'终结'和转身的地方，尼采和陀思妥耶夫斯基看到了开端并继续寻找。"[1]

但我们可以通过对书中的"悲剧哲学"主题思想加以分析，尝试从中说明"悲剧哲学"作为一种哲学世界观和思维类型具有何种形而上学前提，以及它怎样在"日常哲学"结束的地方揭示出生存的意义。

一、超越的形而上学

人们常常认为，哲学家是在用概念推理体系证明自己的世界观，实际上往往相反，哲学家是在力图以理性-知识形式表达自己早已获得的超理性的直觉－感悟。这就是哲学学说的世界观前提。舍斯托夫"悲剧哲学"的出发点不是世界的存在及其普遍规律，而是人的生命及其最高意义。这里存在着两种哲学观的对立。对此，可以用一个具体例子来说明。一个走在大街上的人被楼檐上掉下的砖头砸伤了，如何看待这样的悲剧事件呢？有两种不同的观点。从自然存在的观点看，这是完全符合世界物质运动规律的现象。虽然砖头的掉落是偶然的，我们也许不能确切地知道其具体原因，但我们相信这一定是有原因的。或许是因为固定砖头的水泥脱落了，或许是因为砖头本来就不牢固，被风吹掉了，等等。总之，对这一现象完全可以进行合理的解释。石头下落是必然的，知道了这一必然性，人的理性就应当得到满足，如斯宾诺莎所说："自我满足可以起于理性，且唯有起于理性的自我满足，才是最高的满足。"[2] 至于这个人的遭遇，只能说他很倒霉，遇到了这样偶然的不幸事件。但这也仅仅能引起人们的一时惋惜，因为毕竟石头下落是自然界的必然规律，是第一性的，而人的生命则是无始无终的存在链条上的一个微小环节，是要服从这个自然规律的。人的内在世界受外部世界规律的统治，人的快乐和痛苦只是派生现象，不具有必然的永恒的真理意义。这是理性主义哲学家的观点，也是大多数现代

---

[1] Шестов Л. *Сочинения в двух томах*. Т.1. Томск: Издательство «Водолей», 1996, С.462. 舍斯托夫：《悲剧的哲学——陀思妥耶夫斯基与尼采》，第29章。参见《思辨与启示》，方珊等译，上海：上海人民出版社，2005年，第347页。

[2] 斯宾诺莎：《伦理学》，贺麟译，北京：商务印书馆，1983年，第210页。

人所接受的科学世界观。

但是，还有另外一种观点：人的生命与死亡、痛苦与快乐，人的愿望、情感、信念、梦想才是更重要的，石头下落则是附属现象；人的生命及其内在意义才是第一性的，是看待一切存在和事件的出发点、背景和标准，而石头下落以及其他一切对人的命运的外部干预，都是些偶然的状况，是人的生命意义和价值借以显现的外部环境。这些自然规律对人的强迫和制约，人在这些外部状况中产生的痛苦和悲剧，人的不满与抗争，正映衬了人的内在生命的丰富和走向完满。这就是舍斯托夫在他的第一部著作中就确立的观点："在外部世界中作为因果联系和独立存在的关系所表现出来的一切，对于人的命运、人的生长和发展来说，都是偶然事件。"[1]

当然，这种观点不是主张人应当脱离外部世界的状况。我们说，对自然规律的认识是为了更好地利用其为人类服务，或避开其危害。人会被石头砸伤，这是客观现象，我们认识石头下落的规律，或寻求石头下落的原因，是为了把石头更加坚实地固定在楼檐上使它不会掉落，或我们自己远离楼檐附近的危险区域。换言之，对于石头的规律，人是必须服从的。这样的科学常识舍斯托夫不可能不懂。但他认为哲学思考恰恰不应当停留或局限于常识，而要进一步追问更深层的东西。他的问题在于：第一，造成人的生命悲剧的普遍必然性只是强迫人服从，以威胁惩罚的暴力手段来使人服从，而不是用严谨的逻辑证明来令人信服。简言之，事实真理强迫人，而不是令人信服。那么，理性主义哲学家为什么说真理"令人信服"，为什么要颂扬这样的真理，为什么要求人快乐地服从真理呢？第二，对世间规律和必然性的认识和服从不能解决生死问题。传说第一位希腊哲学家泰勒斯只顾思考所看见的天上之物却未看脚下的路，结果掉进了井里，遭到色雷斯妇人的嘲笑。但舍斯托夫问，难道认清世间规律的人就不会遭到惩罚吗？当然，人可以躲避下落的石头，可以绕开脚下的井，但舍斯托夫所思考的是终极问题：谁也无法逃脱必有一死的命运。"忽视健全理智和科学不可能不受惩罚——这是人们的'日常经验'告诉他们的。但也有另外

---

[1] Шестов Л. *Сочинения в двух томах*. Т.1. Томск: Издательство «Водолей», 1996, С.9.

的经验——它说明了另外的东西。它说明，相信健全理智和科学也同样不可能'不受惩罚'，无论是相信的人还是忽视的人，都同样面临'惩罚'。那个嘲笑泰勒斯的色雷斯妇人，死亡的深渊放过她了吗？"[1]

人的外部生活可能陷入悲剧的深渊，但这不是对人的命运的最后判决，不是人的内在精神的终极状态，悲剧是外部事实和意识的直接材料，"悲剧哲学"则意味着在深渊中向最高力量的诉求。这样的诉求是可能和有效的吗？在理性主义看来是不可能的和无效的，但按照圣经思维则是可能的和有效的。舍斯托夫的"悲剧哲学"力图超越理性主义给人带来的绝望，而用"圣经思维"方式求助于最高存在物：圣经先知大卫"在自己人性卑微的深处求告救主，他的全部思维、他所取得的真理，不仅取决于现有的、既成的、可见的东西；而且取决于最高存在物，这时，那些现有的、既成的、可见的东西尽管是无疑的现实，但毕竟是从属于这个最高存在物的。因此，《诗篇》歌者所寻求的东西不仅限于意识的直接材料：事实、现实、经验对他来说不是区别真理和谬误的最后标准"[2]。这样的圣经思维没有设定可能性与不可能性的界限，即便在客观条件决定了不可能性的深处，也能看到来自另外世界的希望。

这样，"悲剧哲学"不是此世的认识论，不是日常的哲学，而是一种超越的形而上学。它既不同于普通人日常的悲剧感受，又不同于对悲剧体验的心理学描述，也不同于理性主义哲学与悲剧的和解；而是揭示出悲剧背后所包含的人的生命与超越本原的内在联系。按照别尔嘉耶夫的概括，可以根据对待悲剧的态度来划分两类哲学流派，日常的哲学和超越的形而上学。"一切来自悲剧和考虑到悲剧的哲学，都必然是超越的和形而上学的，而一切忽视悲剧和不理解悲剧的哲学必然是实证主义的，虽然它可能自称为唯心主义……一切类型和形态的实证主义都是日常的哲学，它总是企图为人的认识和人的生命建立牢固的基础，但悲剧的存在这一事实本身就已经推翻了实证主义，面对这一悲剧它的一切设想都崩溃了……唯心主

---

[1] Шестов Л. *Сочинения в 2-х томах*. Т. 2. Москва: Издательство «Наука», 1993, С.20. 参见舍斯托夫：《在约伯的天平上》，董友等译，北京：生活·读书·新知三联书店，1989年，第18页。

[2] 舍斯托夫：《雅典和耶路撒冷：宗教哲学论》，徐凤林译，杭州：浙江人民出版社，2000年，第14页。

义建立了理性观念和规范体系，这些观念和规范的任务是巩固生活秩序，实现日常的高尚……超验的形而上学——悲剧哲学——否定人的意图和体验的任何界限，否定彻底安慰和彻底稳定的任何体系。"[1]

对舍斯托夫来说，悲剧的存在不仅是一种自然现象，而且关联着人的生命的形而上学意义。可以说，悲剧以自己存在的事实，突破了自然存在的自足领域，揭开了永恒之幕的一角，射入了彼岸世界之光。用雅斯贝尔斯的话说，这种悲剧处境是人的"临界境遇"（Grenzsituation）[2]。

二、临界境遇

人的心理、精神有不同状态，有日常的平和、轻松，也有发生危机时的紧张、激动。所谓"临界境遇"就是人的生存达到边界时的处境，包括死亡、受苦、罪孽等。按照雅斯贝尔斯的观点，人的生存在这些边界处境之外什么也看不见，它们仿佛是人撞上又没有撞开的墙。但是，它们却与人的存在紧密相连，因为正是这种临界境遇具体表现了人的超越本质。这也正是"悲剧哲学"的关注领域不是日常生活及其规范，而是人的"临界境遇"的一个根本原因。

对于人必有一死这个古老的普遍真理，这一最大悲剧事实，没有人会快乐地接受和服从。拒绝接受这一事实的心理就是"悲剧哲学"的思维出发点。这种拒绝说明了人有更高的诉求。那么，这个诉求是不是合理合法的？还有没有一个可以上诉的最高法庭？哲学家对此有三种不同回答。一种回答是这样的更高诉求是不合理的幻想，人陷入死亡深渊里是无法得救的，"你的命运完全依赖于偶然事件给你提供的条件。你可以在一定程度上适应这些条件。譬如说，你可以通过劳动为自己制作面包，或抢夺他人的面包，以便把自己的尘世生命延长若干时间。但只能是延长——任何人都不能逃避死亡。"[3] 因此，在死亡的悲剧面前，人的思维应当止步。

---

[1] Бердяев Н.А. Трагедия и обыденность // Шестов Л. И. *Сочинения в двух томах*. Т. 1. Томск: Издательство «Водолей», 1996, C.481.
[2] 叶秀山主编：《西方哲学史》（学术版）第七卷（上），南京：江苏人民出版社，2005年，第573页。
[3] 舍斯托夫：《雅典和耶路撒冷：宗教哲学论》，徐凤林译，杭州：浙江人民出版社，2000年，第11页。

第二种态度是回避死亡悲剧的问题。伊壁鸠鲁说:"一切恶中最可怕的——死亡——对于我们是无足轻重的,因为当我们存在时,死亡对于我们还没有来,而当死亡时,我们已经不存在了。因此死对于生者和死者都不相干。"[1] 或者如斯宾诺莎所说:"自由的人绝少想到死;他的智慧不是死的默念,而是生的沉思。"[2] 这两者就是人面对死亡悲剧的全部回答吗?仿佛如此,但严格地说,这只是服从理性的人的回答。具有健全理智的人都知道,任何人都无法超出可能性与不可能性的界限之外。但问题在于,这个思维界限正是理性所设定的。对非理性的人来说不存在这样的思维界限,而且在人的现实生命活动中,思想、观念和愿望也常常突破理性思维的界限。因为"生命的基本特征是勇敢、敢想敢为(τόλμα)"[3]。

因此,这里还应当有第三种回答,也即宗教哲学的回答:即使面对死亡悲剧,人也不是完全绝望的,还有一个最高存在者可以诉求。这并不是说,宗教的人就能够超验现实的可能性界限,达到不死,而是说他们可以通过诉求所信仰的上帝,得到更大的精神安慰——灵魂永生、天堂幸福和最后的肉体复活。

另一个"临界境遇"是受苦,受苦也具有深刻的存在哲学意义。陀思妥耶夫斯基笔下的"地下室人"深知此理。他说:"痛苦——要知道,这是产生意识的唯一原因。"[4] 当人处于怡然自得的所谓幸福状态中的时候,他对此可能无知无觉,只有痛苦才能让人对自己的状态有所意识,对自己的生命有所思考。在此,意识具有创造存在的意义。奥地利文学家茨威格在评论陀思妥耶夫斯基的人物时说:"他们全都热爱痛苦,因为他们在其中那样热烈地感受到了自己所热爱的生活……他们以'我痛故我在'替代了'我思故我在',这是他们最有力的生存证明。"[5] 这样,受苦不仅是意

---

[1] 永毅、晓华编:《死亡论》,广州:广州文化出版社,1988年,第15页。
[2] 斯宾诺莎:《伦理学》,贺麟译,北京:商务印书馆,1983年,第222页。
[3] Шестов Л. *Сочинения в 2-х томах*. Т. 2. Москва: Издательство «Наука», 1993, С.168. 参见舍斯托夫:《在约伯的天平上》,董友等译,北京:生活·读书·新知三联书店,1989年,第172页。
[4] 陀思妥耶夫斯基:《双重人格 地下室手记》,臧仲伦译,南京:译林出版社,2004年,第207—208页。
[5] 茨威格:《三大师:巴尔扎克、狄更斯、陀思妥耶夫斯基》,姜丽、史行果译,北京:西苑出版社,1998年,第108—109页。

识的原因,而且具有揭示人的内在生存的意义。或者说,对存在哲学家来说,受苦的感受与生存本身是同一的,对受苦的思考具有生成存在本身的创造意义。

"悲剧哲学"是与受苦相联系的。"已经到了不否定痛苦的时代了,不把痛苦作为这样一种虚假的现实来否认,就好像用一句'它不应该存在'的咒语就可以避免,而应该接受痛苦,承认它,也许彻底理解它。"[1] 舍斯托夫在对作为机体反应的痛苦与快乐进行生物学解释的背后,深刻地洞见了受苦的生存论意义。"与'自然'解释的习惯给我们提供的、作为自明之物的外部表现相反,不总是、远不总是如此——痛苦证明人面临危险,而快乐保证人安全。相反,对生命存在——无论是心灵还是肉体——构成彻底毁灭性危险的东西,正是快乐。因此,一切深刻的哲学体系都非常厌恶和不信任快乐主义甚至功利主义。禁欲主义的意义就在于此……对大多数人来说,快乐是睡眠,换言之,是心灵的死亡,是向非存在的复归。痛苦、受苦则是觉醒的开始。愉快的、安宁的、稳定的生活杀死人身上全部人性的东西,使人回到植物式的苟活状态,回到那种虚无状态,某种神秘力量曾将他从这种虚无中神秘地拉出来。如果一个人的生命能够轻松流逝,以轻松的、快乐的死来结束,那么,他就真的是朝生暮死的存在物了。"[2]

在面临死亡恐惧的和受苦的处境下,人能够进行怎样的活动呢?无论哭诉还是求告,都可以归结为反抗的思维。立陶宛宗教哲学家马齐纳(A. Мацейна)指出,人在这种状态下的思维,也就是他的存在本身。"在临界境遇下,思维与存在是同一的。只是在日常状态下,这两种行为才是分离的,因为当我们落入世界以后,我们就开始了不真实的存在,不为自己,因此没有思维……当痛苦消除了他在世界中的存在,把他抛到了野外的垃圾堆,他就开始说话和思考,因为他想以这种方法找回他的存在中所失去

---

[1] Шестов Л. *Сочинения в двух томах*. Т.1. Томск: Издательство «Водолей», 1996, C.461. 舍斯托夫:《悲剧的哲学——陀思妥耶夫斯基与尼采》,第29章。参见《思辨与启示》,方珊等译,上海:上海人民出版社,2005年,第346页。

[2] Шестов Л. *Сочинения в 2-х томах*. Т. 2. Москва: Издательство «Наука», 1993, C.163-164. 参见舍斯托夫:《在约伯的天平上》,董友等译,北京:生活·读书·新知三联书店,1989年,第168页。

的东西。思维是存在的呼唤，它从存在中产生，也指向存在。因此思维在本质上不是逻辑性的，而是本体论的；不是理论的，而是生存的。"[1]

"悲剧哲学"关注"临界境遇"，还有另一个原因，这就是，在"悲剧哲学"的形而上学思维中，有其特定的真实-真理-现实与虚假-谎言-说教的对立观念和价值标准：从终极观点看，平凡的此世的日常生活不是最后的真实，而是虚伪和梦境，被思辨理性绝对化了的日常规范和道德安慰则是谎言和说教；而在悲剧体验中对普遍性和必然性的反抗才是生命的真实，在反抗中走向最高存在物的努力，才是对真理的探求。

俄国批评家米海洛夫斯基（Н.К.Михайловский）认为，陀思妥耶夫斯基的死刑和苦役经验损坏了他的人道主义世界观。舍斯托夫说，从个人经验来解释他的世界观是对的，"但问题在于，这样的经验真的妨碍人们看见'真理'吗？不是相反吗？也许日常人的日常生活给出的是日常的哲学！谁来担保说，人们所需要的正是这样的哲学呢？也许，为了获得真理，应当首先摆脱一切日常性？因此苦役不但不能推翻'信念'，而且能够证明信念；真正的哲学是苦役哲学"[2]。在舍斯托夫看来，真理、真正的哲学不是在日常经验中获得的，而是在非常状态下达到的。

舍斯托夫通过陀思妥耶夫斯基的小说，揭示了人的内心世界中存在着两个领域，一个领域是"理性与良心"，另一个领域是"心理"。在传统学说中，这两个领域不是并列平等的，而是保持着等级关系。其中"理性与良心"具有最高立法权，它们决定着什么是应有的和什么是不应有的，而"心理"只占从属地位，其任务是告知人"心里"所发生的事情。这两个领域的直接对抗在此之前没有任何人公开承认。从苏格拉底到康德和托尔斯泰，一直保持着理性与道德的统治。正是从陀思妥耶夫斯基开始，这两个领域发生了激烈的对抗，从此，"'理性与良心'的千年王国结束了，

---

[1] Мацейна А. Драма Иова. СПб.: Издательство «Алетейя», 2000, С.81,83.
[2] Шестов Л. *Сочинения в двух томах*. Т.1. Томск: Издательство «Водолей», 1996, С.372. 舍斯托夫：《悲剧的哲学——陀思妥耶夫斯基与尼采》，第11章。参见《思辨与启示》，方珊等译，上海：上海人民出版社，2005年，第248页。

开始了新的时代——'心理学'的时代"[1]。在这个新时代，一直潜藏在理性与良心背后的灵魂需要，这片幽暗的天地，开始显露出来，并且与理性和良心发生冲突，要求自己的合法权利。

舍斯托夫为什么把理性的教导看作是虚假之物，而把其背后的心理领域看作是生命的真实呢？因为当一个人在死亡威胁、极度痛苦的压迫下，会突然恐惧地看到全部美妙的先验判断都是虚假的，在这样的境遇下，"苏格拉底、柏拉图、善、人道、理想——从前那些保护无辜的人心不受怀疑主义和悲观主义恶魔攻击的所有天使和圣徒，都消失得无影无踪了，人面对最可怕的敌人有生以来第一次感到了一种只靠忠诚和慈爱的心不可能摆脱的可怕的孤独。在此就开始了悲剧哲学。希望永远破灭了，而生活还在，许多生活还在前面"[2]。在这个悲剧领域里也许找不到任何一种美，也许除了丑的东西之外一无所有，但"无疑的只有一点：这里有现实，新的、闻所未闻的、见所未见的，或者说得更确切些，至今没有被展现出来的现实"[3]。对于存在和思维都深陷于自然世界的人来说，最后的现实-真实往往是非常可怕的。哲学家为什么要把它说出来呢？像苏格拉底和斯宾诺莎那样的道德学说不是更好吗？

我们应当注意到，舍斯托夫把这个潜在的"心理"领域看作真实，把"理性与良心"的教导看作虚假，并不是普遍的和绝对的，而是有一定条件限制的。首先，这不是对所有人，而是对少数人：被科学和道德所拒绝的人，没有世间希望的人，因生命恐惧而疯狂的人，"尚未拒绝一种正在死去的希望——希望在世界上找到某种在统计学和必然性之外的东西"的人。其次，这样的真伪观念不是在平常状态下，而是在"临界境遇"中显现出来的。

---

[1] Шестов Л. *Сочинения в двух томах*. Т.1. Томск: Издательство «Водолей», 1996, С.352. 舍斯托夫：《悲剧的哲学——陀思妥耶夫斯基与尼采》，第 7 章。参见《思辨与启示》，方珊等译，上海：上海人民出版社，2005 年，第 225 页。

[2] Шестов Л. *Сочинения в двух томах*. Т.1. Томск: Издательство «Водолей», 1996, С.369. 舍斯托夫：《悲剧的哲学——陀思妥耶夫斯基与尼采》，第 11 章。参见《思辨与启示》，方珊等译，上海：上海人民出版社，2005 年，第 245 页。

[3] Шестов Л. *Сочинения в двух томах*. Т.1. Томск: Издательство «Водолей», 1996, С.370. 舍斯托夫：《悲剧的哲学——陀思妥耶夫斯基与尼采》，第 11 章。参见《思辨与启示》，方珊等译，上海：上海人民出版社，2005 年，第 246 页。

即便是少数人，也不是自愿进入这样的精神境地。

人们只是不得已来到这里。这也就是悲剧领域。来到这里的人，其思考、感觉和愿望都开始与众不同。那些所有人都喜欢和亲近的东西，对他来说成为不需要的和非自己的。当然，他还在一定程度上与先前生活有联系。在他身上还保留着某些他儿时就被灌输的信念，他还怀有从前的恐惧和希望。也许他不止一次地意识到自己现在的可怕地位并力图回到自己安静的从前。但从前已回不去了，船已被烧毁，退路已被截断，应当朝前走向未知之地和永远可怕的未来。人在走着，几乎已经不询问等待他的将是什么。年轻时不可企及的梦想对他来说成为虚假的、骗人的、反自然的。他带着痛恨和残酷从自己身上抛弃了一切自己曾经信仰和爱过的东西。他试图向人们讲述自己的新希望，但所有人都以恐惧和疑惑的目光看着他。在他那张被忧虑的思考所折磨的脸上，在他那双燃烧着陌生的光芒的眼里，人们想看到疯狂的特征，以便获得弃绝他的理由。[1]

这仿佛是"地下室人"或查拉图斯特拉的生动形象。他是一个疯狂的人，还是一位孤独的真理探索者？也许真理的探索者往往是孤独而疯狂的人，但正是他们能达到常人所达不到的心灵境地，因此对他们灵魂的追溯具有深刻的认识意义。

第三节 "圣经哲学"的含义与宗旨

舍斯托夫认为，哲学按其本性是应当给人以自由真理的。而理性主义哲学显然不能担此重任。但有没有一种哲学能够把人引向自由真理呢？舍斯托夫认为应当有，这种"真正的哲学"就是他所理解的宗教哲学，基督

---

[1] Шестов Л. *Сочинения в двух томах*. Т.1. Томск: Издательство «Водолей», 1996, C.327. 舍斯托夫：《悲剧的哲学——陀思妥耶夫斯基与尼采》，前言。参见《思辨与启示》，方珊等译，上海：上海人民出版社，2005年，第196—197页。

教哲学，或借用法国哲学家吉尔松（Henry Gilson）的术语，就是"犹太-基督教哲学"。"被思辨思维改造成'解围之神'的'最高存在物'（用帕斯卡尔的话来说，这是亚伯拉罕的上帝、以撒的上帝、雅各的上帝，而不是哲学家的上帝）并不意味着哲学的终结，而是意味着，它能够给人的存在赋予内容和意义，或许能够带来真正的哲学。"[1]这种哲学的根本问题正是对那些被理性主义哲学当作终极之物和自明之物来接受的东西——思辨理性及其永恒真理——加以重新审查。它要进一步追问：理性及真理统治人和存在的权力从何而来？这种权力给人们带来了什么？

宗教哲学依靠圣经启示和上帝的全能来满足人的需要：圣经启示不在人的理性和知识范围内，它的无比神奇和不可思议，已超出了人的全部认识界限。但这并不意味着理性之外的事只是人的非分企图或空洞幻想，而是如克尔凯郭尔借用《圣经》上的话说，上帝知道，没有任何不可能的。[2]尽管斯宾诺莎代表哲学家向人宣布了认识的诫命："勿哭，勿笑，只要理解"，但人最终还是只渴望主对他许诺的"你们没有一件不能做的事"（太17：20；可9：23；路17：6），[3]还是为此而呼求上帝。

宗教哲学便从这里开始。宗教哲学不是寻求永恒存在，不是寻求存在的不变结构和秩序，不是反思（Besinnung），也不是认识善恶之别（这种认识向受苦受难的人类许诺虚假骗人的安宁）。宗教哲学是在无比紧张的状态中诞生的，它通过对知识的拒斥，通过信仰，克服了人在无拘无束的造物主意志面前的虚假恐惧（这种恐惧是诱惑者给我们始祖造成的，并传达给了我们大家）。换言之，宗教哲学是伟大的和最后的斗争，为的是争取原初的自由和包含在这种自由中的神的

---

[1] 舍斯托夫：《雅典和耶路撒冷：宗教哲学论》，徐凤林译，杭州：浙江人民出版社，2000年，第19页。
[2] 克尔凯郭尔写道："……对上帝来说一切都是可能的。这就是信仰斗争：争取可能性的疯狂斗争。只有可能性才能打开拯救之路……归根结底还是一条：对上帝来说一切都是可能的……上帝就意味着一切都是可能的，一切都是可能的就意味着上帝。"参见 Kierkegaard S. Gesammelte Werke, Hrsg. v. H. Gottsched und Ch, Schrempf, Bd. I-XII, Jena, Eug, Diederichs Verlag, 1909-1912, VIII, S.35. 转译自 Шестов Л. *Сочинения в 2-х томах*. Т. 2. Москва: Издательство «Наука», 1993, комментарий составителя.
[3] 本书中所引用的《圣经》文字，主要参考了中文合和本，少数几处笔者根据俄文主教公会版做了调整。下同，不另注。

"至善"。[1]

实际上,这种真正哲学的思想在哲学史上也是存在的,只不过不可能在哲学史上占主导地位的大哲学家的思想中找到,而是要到某些不入哲学主流的孤独思想家那里去寻找,诸如帕斯卡尔、克尔凯郭尔、尼采、陀思妥耶夫斯基。

可见,正因为一般哲学、理性主义哲学或思辨哲学不能解决人的存在的根本问题,舍斯托夫才诉诸《圣经》思想。"圣经哲学"概念便由此而来。

舍斯托夫至少在两个地方用了"圣经哲学"这一概念:(1)《在约伯的天平上》之《时代之子和继子(斯宾诺莎的历史命运)》第二章:"上帝按照自己的形象和样式创造了人并在创造之后赐福于人,这是圣经的灵魂,或许可以说,这是圣经哲学的本质。"(2)《雅典和耶路撒冷:宗教哲学论》的前言:"这里我们所说的是这样一种东西,它使圣经哲学、圣经思想,或确切地说是圣经思维,在根本上不同于以人类历史上几乎所有大哲学家为代表的思辨思维。"[2]

显然,舍斯托夫所说的"圣经哲学"不是对《圣经》文本的哲学研究和系统诠释,他只摘取了《圣经》中的某些思想,并给出了自己的解释。主要包括:人和万物皆为上帝所造;太初的至善无恶;知识是堕落;亚伯拉罕和约伯的信仰主义;上帝救人(有时向人让步);启示不可理解,等等。"圣经哲学"主要是指这些思想中所包含的哲学世界观和哲学思维。圣经哲学的基本观念只有通过与理性主义或思辨哲学的对立才能充分体现出来。这种对立表现如下:

一、信仰的安慰与哲学的说教

舍斯托夫把"上帝造人并赐福于人"看作是圣经的灵魂和圣经哲学的

---

[1] 舍斯托夫:《雅典和耶路撒冷:宗教哲学论》,徐凤林译,杭州:浙江人民出版社,2000年,第22页。
[2] Шестов Л. *Сочинения в 2-х томах.* Москва: Издательство «Наука», 1993, T. 2, C.258; T.1, C.326. 参见《在约伯的天平上》,董友等译,北京:生活·读书·新知三联书店,1989年,第263页;《雅典和耶路撒冷:宗教哲学论》,徐凤林译,杭州:浙江人民出版社,2000年,第11页。

本质。其含义在于，圣经上帝能给人终极安慰；理性主义哲学的任务则是说教，教人服从必然性。上帝愿意和能够拯救人，只有圣经上帝和对上帝的信仰才能给人终极安慰。在圣经人（具有圣经思维的人或虔诚信仰的人，如圣经的先知和使徒等）的思维中，有上帝这样一个维度。当他遭到不幸，堕入深渊的时候，他还有希望，还能诉求。如《圣经·诗篇》中所唱，"主啊，我从深处向你求告"（诗130：1）。因为他知道还有一个全能的上帝关心他的命运并能够拯救他。这个拯救的源泉对人自己来说就是信仰。《福音书》中说："照着你们的信德，给你们成全了吧。"（太9：29）上帝能够保证有信之人如愿以偿，这是一种思维维度。在这一维度下，真理快乐地、毫无痛苦地服从于造物主的自由支配：愿你的意志降临（太6：10）。也就是造物主的意志，他能够威严无畏地使信徒重新获得丧失了的力量："凡你们祷告祈求的，无论是什么，只要信是得着的，就必得着。"（可11：24）。对因原罪而堕落的人来说，那个曾被理性永远破坏了的奇迹的、幻想的和神话的领域，就是从这里开始的。

然而，"唯理性是从"（qui sola ratione ducitur）的人则确信，从深处中求告上帝是无济于事的：求告不会有任何结果。倘若坠入深渊——你就尽你所能自己上来吧。倘若自己不能上来，也就没有希望了。因为你的命运完全依赖于偶然事件给你提供的条件。你可以在一定程度上适应这些条件。譬如说，你可以通过劳动为自己制作面包，或抢夺他人的面包，以便把自己的尘世生命延长若干时间。但只能是延长——任何人也不能逃避死亡。因为无法越过的永恒真理已经宣布：凡有始者皆有终。因此，舍斯托夫断言，尽管在"理性的界限"之内可以创造出科学、高尚的道德，甚至宗教，但在理性范围内不能解决生存的痛苦和悲剧，无法找到个体存在的根基。

这就是说，理性主义哲学不关心人的痛苦和悲剧，不关心人的喜怒哀乐，它有另外的任务。在舍斯托夫看来，苏格拉底之后，真理对人们来说就和"普遍必然的判断"等同了。大家都确信，认清了现象的普遍联系，也就实现了哲学的最高任务。至于对现实的关系，哲学家也和所有人一样不得不接受现实，在现实面前，哲学家也像常人一样孤苦无助、无能为力；哲学所能够、因而也应当做的唯一事情，就是教会人怎样在这个无处可醒的噩梦现实中生活。这就意味着，哲学的任务不是生命真理，而是说教，换言之，不是生命树的果实，而是知善恶树的果实。苏格拉底在古代是这样理解哲学的任务的，斯宾诺莎乃至康德在近代也是这样认为的。

圣经信仰和哲学真理两者相比，哪个更好呢？也许人更易于接受哲学真理，而认为宗教启示是不可思议的。然而问题在于，人，活生生的人，不可能仅仅为理性所穷尽。现实的人应当服从理性，但这并不意味着服从理性就是人生的全部。舍斯托夫所关心的是在服从理性背后的东西，那里也许没有真"理"，但那里有人的真实生命。他确信，对人的真实生命来说，理性真理不能总令人信服。莱布尼茨所说的真理"令人信服"只是一个伪善的假象，其背后隐藏的是真理的"强制"。《雅典和耶路撒冷：宗教哲学论》第四部分的许多短论都试图表明：理性真理也许能"迫使我们接受"，但它们远远不是总能"令我们信服"，与此相应，"笑、哭和诅咒"以及由此产生的 flere（哭诉）不仅不能在 intelligere（理解）中得到解决和在理解面前让步，而且，当它们达到了应有强度的时候，就会同"理解"进行最后的、不顾一切的斗争，有时会推翻和消灭"理解"。

二、原初的"至善"与哲学的认知

舍斯托夫之所以反对理性主义哲学，一个重要原因是理性主义哲学容许或无法根除恶的存在。只有在"圣经哲学"中，通过无所不能的上帝才能达到（回到）"至善"。

从理性主义哲学的观点看，在受必然性支配的世界，恶的存在和善一样是无法消除的事实。在这个世界上，人的使命和理性存在物的唯一目的就是履行义务——服从必然性，无论善恶。恶是不可消除的，只能进行解释，比如说恶是"善的缺乏"。但得到解释的恶并非不再是恶。这种容许恶的必然性就是人心灵的终极归宿吗？这个问题令舍斯托夫不安，他从《圣经》中寻求解决。在《圣经》中，对恶完全是另一种态度：不是想解释恶，而是要消除恶，要把恶从存在中根除：在《圣经》的上帝面前，恶变成了虚无。

《圣经·创世记》中说，上帝在创造天地万物时，每天所创造的东西，上帝看着都是好的（创1：4；10；12；18；21；25），最后，在创造的第六天,"上帝看着一切所造的都甚好"(创1:31)。俄文《圣经》此句可直译为"上帝看见自己所造的一切,这一切都是至善(добро зело)的"。舍斯托夫把这句话解释为:创世之初世界万物完全是善的,没有恶。在上帝所造的存在中没有恶,就是说恶是虚无;此时恶还没有进入世界。恶是由于人抛弃了上帝的世界并自以为是地服从人自己的认识-理性而进入世界的。"知善恶树是上帝栽在生命树旁边的,但不是为了让人吃它的果实。善恶对立本身,确切地说,恶的出现,不应认为是在创造世界的时候——那时只有'至善'——而应认为是在我们始祖堕落的时候。在此之前不仅神的自由,而且人的自由都是无任何局限的:一切都是好的,因为这是神所为,一切都是好的,因为这是照神的形象被造且与神相似的人所为:这就是令我们费解的圣经中的'добро зело'(至善)的实质。"[1]

舍斯托夫认为,在《圣经·创世记》的故事中第一次出现了对"纯粹理性"的批判,对纯粹理性所带来的知识的批判。这就是:知带来死,而信带来生命树。而对哲学家来说,知识高于信仰或信仰只是不完善的知识,这一真理正是永恒真理。知识正是理性主义哲学的出发点,如黑格尔所正确断言的,"那令人识别善恶的知识之树上的果实,是来自自身的知识,也就是理性——这是往后一切时代的哲学的普遍原则"[2]。按圣经观念,信仰拯救人和使人摆脱罪孽;按哲学家的理解,信仰则把人引向纯粹任性之域,人的思维在此无从辨向,无所依托,这是令哲学家恐惧的境界。

圣经思维不把知识看作是人的最终目的,"知识不证明存在,其自身却应从存在中得到证明。人愿在他所生活于其中的范畴中思考,而不愿在他所习惯于在其中思考的范畴中生活:知识树不再摧残生命树"[3]。

圣经思维是创造性的 fiat(Да будет,要有)[4],人作为"神的形象和样式",本具有参与创造性的"要有"的权利。知识思维或理性思维则使

---

[1] 舍斯托夫:《雅典和耶路撒冷:宗教哲学论》,徐凤林译,杭州:浙江人民出版社,2000年,第248页。
[2] 黑格尔:《哲学史讲演录》第二卷,贺麟、王太庆译,北京:商务印书馆,1960年,第44—45页。
[3] 舍斯托夫:《雅典和耶路撒冷:宗教哲学论》,徐凤林译,杭州:浙江人民出版社,2000年,第18页。
[4] "要有":指创造世界的话,基督教认为上帝之言就是创造行为:神说"要有光",就有了光……"要有空气",神就造出空气……(参见《创世记》第一章)

人失去了这种宝贵的天赋和权利，把我们的思维压缩成为平面而死板的 est（实有）。

三、受造真理与永恒真理

"受造"本是专门的基督教术语，指世界的非原生性，而是上帝所造。"真理"则是通行的哲学概念，而且具有正面意义。再加上"永恒"这一定语，就获得了更高的哲学地位。但舍斯托夫在《圣经》先知和使徒的观点中提炼出了"受造真理"这一概念，把它与哲学家的"永恒真理"对立起来，而且认为在个人生命悲剧处境的最深处，来自圣经思维的"受造真理"胜于哲学家们提供的"永恒真理"。

舍斯托夫从人的心灵生活的两个基本事实出发说明理性主义哲学与圣经哲学的不同。一个基本事实是，人的内心愿望与不可克服的现实之间的矛盾使人焦虑不安，这样的焦虑不安一直存在于人们心里；另一个基本事实是，人在世界上最怕焦虑不安，并竭尽全力地要在自己身上消灭它。理性主义哲学为此提供的方法是对必然性-永恒真理的服从。"由于某种永远不能克服的东西和不必克服的东西，就接受随便任何事物，甚至物质、惯性以及对所有人都冷漠无情的定律，——只是为了不再焦虑不安，不再斗争，'不再哭泣和诅咒'，——这就是希腊哲学的理想，希腊哲学从来未曾决意越此雷池半步。"相反，"《圣经》则把不依赖于创造者的永恒真理只看作是不祥的欺骗、怂恿和迷惑，如果第一人和他之后的我们大家已经不愿脱离这些真理，那么，这种现象也根本不能使我们有理由把这些真理看作是某种终极的、因而是令人安慰的、甚至是神秘的东西"[1]。

理性主义哲学所追求的是永恒真理。永恒真理就意味着必然性，无论事实真理还是理性真理都是必然性，虽然任何一个哲学家都不曾回答事实真理如何变成永恒真理的问题。圣经哲学给人提供的是受造真理。受造真理的意义在于：真理是上帝所造，而对上帝来说没有任何不可能的事，因此"事实""现实"不能统治人，不能决定人的命运，无论现在、将来还

---

[1] 舍斯托夫:《雅典和耶路撒冷：宗教哲学论》，徐凤林译，杭州：浙江人民出版社，2000年，第258页。

是过去。

《创世记》的形而上学拒绝把"现有的事实"看作是不可否定的现实。这种形而上学以自己的方式提出了关于什么是"事实",什么是"现有",什么是"现实"的问题。按照舍斯托夫所说,这就是《圣经》给人类启示了希腊人所不知的受造真理概念:真理不是必然的、永恒的,而是上帝所造的。上帝不听从冷漠无情的必然真理,受造真理本身就是上帝所造,上帝也可以消灭这些真理,上帝倾听具有自己形象和样式的活人的祈求,不限制人的自由,以自己的全能令人如愿以偿。这就重新提出了人与真理的关系问题:不是真理审判人,决定人的命运,而是人支配真理。不是人适应和服从事物,而是事物适应和服从人——正如《圣经》上所说,人怎样称呼它,它就叫什么名字(创 2:19)一样;"人子宣布自己是安息日之主","安息日是为了人设立的,人不是为了安息日设立的"(可 2:28)。在上帝所造的世界上没有可能性与不可能性之间的界限,因为对上帝来说一切都是可能的。

得到"受造真理"之启示的《圣经》先知和使徒与理性主义哲学家完全不同。塞内卡和西塞罗说:Fata volentem ducunt,noleutem trahunt(服从命运的人,命运领着他走,不服从命运的人,命运拖着他走)。理性首先告诉人,什么东西是可能的,什么东西是不可能的,"不归我们管辖的";然后劝诫他,只能寻求可能的东西,图谋不可能之物是愚拙。由此得出结论:最高幸福是只有通过履行理性的全部命令和弃绝个人意志才能达到的内心安宁。即便当哲学家感到被异己的和敌对的力量强行拖着走的时候,他也认为自己应当作出一副自愿前行的样子。舍斯托夫说,这就是希腊智慧的最终奥秘。人"知道"命运是不可克服的,抗争是无意义的。剩下的只有一件事:服从命运,适应命运,如此重塑自我,改造自己的意志,以便把必然之物当作应有的、如愿的、好的东西来接受。这就是智慧,否则就是愚拙。

舍斯托夫把先知和使徒与哲学家对立起来。先知和使徒从来不知晓安宁,他们不能容忍满足,似乎在安宁和满足中感到了毁灭和死亡的开端。对哲学家来说,先有真理,然后有上帝,在希腊人看来,世界是由永恒不变的规律来主宰的，这些规律可以研究，但不能与之交谈，不能劝服它们，只能服从它们；对希伯来先知来说，则是先有上帝，然后才有真理。先知首先感到的是自己之上有一个活的上帝，他是全能的，他创造了人，创造了天地，上帝赐福于人，拯救人。"我必救赎他们脱离阴间，救赎他们脱离死亡。死亡啊，你的灾害在哪里呢？阴间哪，你的毁灭在哪里呢？"（何13：14）。哲学家服从阴间，服从死亡，并在这种"自愿"服从中找到了最高幸福。先知则起来同阴间和死亡进行可怕的、最后的斗争。假如对使徒说，"在这个世界上，恶是事实和不可否定的现实，这是永恒真理"，——那么他会用《诗篇》里的一句话来回答："愚顽人心里说，'没有上帝'。"（诗14：1；53：1）因为在使徒看来，事实和现实之中完全没有限制上帝全能的力量：他们相信"上帝看见一切所造的都至善"（创1：31），上帝的"至善"既否定事实，也否定全部"现实"。

当然，舍斯托夫并不是完全否定哲学家的意义，而是批评理性主义哲学观念对个人生命真实状态的掩盖和压抑。这一点明确表现在他对古希腊哲学家苏格拉底的评论中。

第三章 善的理念与真的生活
——论苏格拉底

苏格拉底的最大思想贡献在于提出了"善的理念"。这一思想把天道和人道结合起来,一方面使人性之善上升到世界万物最高本体的地位,另一方面又用道德本体赋予了世界万物以秩序性和目的性,从而克服了古希腊命运观的盲目性和逻各斯的外部自然性。但舍斯托夫认为苏格拉底哲学中存在着两种混淆和偷换:以人性善恶混淆和偷换自然好坏,用完善的理念混淆和偷换现实的理念,这样是用抽象理念代替了真实生活,使哲学成为说教。因而,存在着苏格拉底的双重形象,历史学家记述的苏格拉底与真实的苏格拉底。

苏格拉底的哲学思想与生活悲剧,是历代哲学家和哲学史家都在研究和评述的论题。舍斯托夫的论述与批评可谓别具一格。他围绕苏格拉底的道德唯心主义——善的理念这一核心话题,一方面承认苏格拉底把"天道"与"人道"结合起来创造最高道德价值——善的理念的伟大历史功绩;另一方面,又从以基督教世界观为基础的存在哲学立场出发,揭示出善的理念与生命真实之间的矛盾,批评苏格拉底的抽象道德观念论和理性主义原则,进而提出了"历史学家记述的苏格拉底与真实的苏格拉底之不同"的问题,以及"哲学的本质是求真还是说教"的问题。

第一节 从诸神决定到善的本体——苏格拉底的历史贡献

苏格拉底之所以对后世哲学具有突出贡献,首先在于他在古希腊哲学中实现的伟大变革。舍斯托夫首先简要追溯了古希腊哲学中从诸神决定论到逻各斯命运观,再到道德本体观的演变,指出苏格拉底的独到之处在于,他突破了诸神决定的宿命论,吸收爱利亚学派的逻各斯思想,创造出既是伦理学范畴又是本体论范畴的"善的理念",这是苏格拉底的理论功绩和对希腊哲学的巨大变革,也奠定了西方理性主义传统的开端。

当希腊人带着"惊奇"感与求知愿望探究万物本原的时候,便开始产生了希腊哲学。于是出现了把水、火、气等自然物作为万物本原的观点。当然,在希腊哲学家探究世界本原的时候,已经具有了希腊神话世界观的思想背景,即诸神决定人的生活与命运的观念。他们不能不在这一背景下进一步探索人生奥秘。希腊人努力在变化不定的生命现象中寻求恒常不变的东西,从而揭示生命的奥秘。"还在远古时代,希腊哲人开始试图参透生命的终极奥秘。他们立刻就感觉到,只有在生命中有某种牢固的不可动摇的秩序的情况下,才能完成这一任务。"[1]希腊神话中的诸神显然无法作为生命的可靠根基,因为希腊诸神数量众多,且像人一样,是些不恒常的、任性的、易冲动的生物,受情欲控制,总在彼此争吵。古希腊人害怕把人和世界奥秘托付给诸神,因为这意味着容许把不受任何决定的任性作为生命的本原,因此需要寻找另外的东西。

实际上,在古希腊悲剧中早已有命运观。命运具有高于诸神和人的一般性和神秘性。正如古希腊历史学家后来所总结的:"即便神也不可能逃脱命运的预先决定。"[2]但"命运"是什么?这是古希腊哲学家要追问和

---

[1] Шестов Л. *Сочинения в 2-х томах*. Т. 1. Москва: Издательство «Наука», 1993, С.39. 参见舍斯托夫:《钥匙的统治》,张冰译,上海:上海人民出版社,2004年,第23页。

[2] 希罗多德:《历史》第一卷,第91页。转引自舍斯托夫:《钥匙的统治》,张冰译,上海:上海人民出版社,2004年,第23页。

解决的问题。赫拉克利特最先提出用逻各斯来解释命运，改造了古希腊传统的神控"命运"观。他说："万物服从命运，命运就是必然性"；"命运的实质即是贯穿宇宙物体的逻各斯。命运是以太性的物体播撒生产万物的种子和周期运行的尺度"[1]。那么逻各斯又是什么呢？在赫拉克利特那里，逻各斯是支配万物运动、变化、生灭的普遍必然法则；是人们必须共同理解与遵从的，也就是依靠"健全的思想"来认识的；它体现在自然、人与社会的各领域。[2]

苏格拉底则进一步克服了诸神的多变性、命运的盲目性、逻各斯的外部自然性，提出人和世界万物的普遍本原和终极目的是"善的理念"，这是一个伟大的思想创造和发现。舍斯托夫甚至认为，"苏格拉底所做的工作显然已经达到了人类成就的极限。至少迄今为止，一切企图摆脱苏格拉底遗训的尝试都被人类认为是对最珍贵的圣物的亵渎"[3]。在苏格拉底那里，明眼的"善"已经取代了盲目的"命运"。所谓明眼，就是有理性来指导。这样，人接受善不是出于外部必然性的强迫，而是自愿的，出于理性的自由选择。命运在苏格拉底那里变成了自觉的理性，这理性是诸神和众人共有的。人已不屈从于必然命运，命运已无法以自己的铁命令破坏人的生活。相反，理性为人插上翅膀，理性是他力量的主要的和唯一的源泉。无论人有什么和做什么，只要没有理性的批准，这一切就都毫无价值。理性是善的源泉，无论有死的众人还是不死的诸神，都以善为生。

善的理念所实现的思想变革和创新主要体现在两个方面。第一，善是纯粹的精神实体，是不依赖于任何他物而独立存在的最高理念。柏拉图在《高尔吉亚篇》中讲述了苏格拉底与卡利克勒的争论。卡利克勒主张务实的强力原则，苏格拉底则主张服从最高道德理念。卡利克勒问，做一个非正义的人和忍受非正义，哪一个更好？苏格拉底毫不犹豫地确认，如果必须选择，那么当然是忍受非正义比自己成为非正义的人更好。那么，忍

---

[1] 转引自叶秀山主编：《西方哲学史》（学术版）第二卷（上），南京：江苏人民出版社，2004年，第144—145页。
[2] 转引自叶秀山主编：《西方哲学史》（学术版）第二卷（上），南京：江苏人民出版社，2004年，第143页。
[3] Шестов Л. *Сочинения в 2-х томах*. Т. 1. Москва: Издательство «Наука», 1993, С.39-40. 参见舍斯托夫：《钥匙的统治》，张冰译，上海：上海人民出版社，2004年，第24页。

受非正义之苦是依靠什么来支撑呢？显然是善的道德理想和精神力量。人能够独善其身，能够依靠理性而不服从于世间万物的统治，善的精神拥有超越痛苦与不幸的力量。卡利克勒则坚持强力意志的观点，"他为苏格拉底为了虚幻的'善'而向暴力让步这种奴性愿望感到愤怒。卡利克勒不能容许这样的思想，即软弱的、被战胜的人能感到满足。被战胜者是可怜的——世界上没有一种护身符可以把被战胜者、被毁坏者的丑变成美"[1]。但无论卡利克勒多么热情和勇敢，历史上的胜利都不属于他。柏拉图在自己的多篇对话中只有一次——也就是在《高尔吉亚篇》中——给了卡利克勒的思想体系以完全的表达。在柏拉图的其他著作中，则为苏格拉底的思想表达提供了完满的空间。苏格拉底的任何一个对话者也没有说出维护卡利克勒思想的重要话语。苏格拉底独自吸引了柏拉图及后来读者的注意。[2]

善的理念之所以影响如此重大，其原因在于它符合人类本性所追求的超验价值。按照舍斯托夫的说法，卡利克勒的强力意志原则是从现成材料中创造的。他为了自己的目的所利用的是在他之前人们就已掌握的东西。苏格拉底则不同，他的善的理念是"从虚无中创造的"。苏格拉底出现于在他之前所有东西都被不留痕迹地完全消灭的地方。并且，如果找到了某些先前存在的痕迹和残余，他在进入自己的事业之前就会完成他先前的消灭。他寻找这样的"善"，其中没有一个原子是来自卡利克勒所颂扬并赖以生存的人类价值。那些令卡利克勒不安、快乐和忧伤的东西，苏格拉底都完全漠不关心：这些东西对苏格拉底而言简直就不存在。在奥斯卡·王尔德的剧本《莎乐美》中，多神教徒说犹太人：这些人信他们看不见的东西，不信他们看得见的东西。也可以这样说苏格拉底，他深信看不见的善的理念，不信看得见的世界万物。可见，在苏格拉底的善中完全包含着柏拉图的理念——完全包含，直到把理念实体化。

第二，善的理念把天道和人道结合起来，一方面使人性之善上升到世界万物最高本体的地位，另一方面，又用道德本体赋予了世界万物以秩序

---

[1] Шестов Л. *Сочинения в 2-х томах*. Т. 1. Москва: Издательство «Наука», 1993, C.41. 参见舍斯托夫：《钥匙的统治》，张冰译，上海：上海人民出版社，2004年，第25页。
[2] 直到现当代才有人注意到卡利克勒讲话中所包含的政治哲学思想，即自然正义论。

和目的。在苏格拉底之前,毕达哥拉学派已经具有了宇宙和谐结构论,认为宇宙秩序就是"具有数学意义上的完善性","几何学上的对称性在神和人中都有极为重要的意义"[1],但这种完善性只在于自然世界;阿那克萨戈拉提出"努斯"(心智)对宇宙进行有序安排的思想,但"努斯"主要具有知性思维的自然心理特点,不具有伦理内涵。苏格拉底对这两种思想进行了创造性的综合,提出善是宇宙最好的普遍秩序的思想。"任何事物的优良品性都是一种有规则、有秩序的安排,所以正是这种适合于该事物的秩序的出现才能使任何事物成为善的。"[2]这样,就对自然宇宙赋予了人性目的和道德意义。善也不仅是伦理范畴,而且是本体论范畴,适用于一切存在。善不仅是伦理道德意义上的实践理性,也是安排世界万物合理有序的目的性的宇宙理性,宇宙万物的终极目的因。

  这种善的理念不是主观的空洞词句,不是抽象的普遍概念,而是真实的观念实在,是苏格拉底竭尽自己的全部生命力量创造的。舍斯托夫认为,把苏格拉底看作主要是辩证法学说的导师和一般概念的创造者是不对的。他的生命事业在于为自己和人类寻找活水和死水的源泉。按照舍斯托夫的形象描述:可以说,苏格拉底喝自己的善,就像普通人喝泉水一样。他用精神之手触摸善,用精神之眼看见善。善对他来说是现实存在,就像外部对象对其他人来说一样。他的力量不在于,他善于用巧妙的辩证法迫使每个人必须对他的问题给出他认为正确的答案。有人讲述苏格拉底在一个地方站立一昼夜,思考他百思不解的问题。假如我们以为此间他是在"和自己交谈",那我们就完全错了。更可信的是,他在这 24 小时里内心也在沉默,就像外表沉默一样。他不是在寻找词句,也不是在构思如何反对可能的论敌。他必须有这样绝对的、长时间不间断的孤独,以便用内心绷紧的力量呼唤出新的、世界上从来不曾有的本质。如果他也自言自语地说了什么话,那也只能是咒语:让新世界、善的世界到来吧,让旧世界、感性世

---

[1] 柏拉图:《高尔吉亚篇》507E。转引自叶秀山主编:《西方哲学史》(学术版)第二卷(上),南京:江苏人民出版社,2004 年,第 487 页。

[2] 柏拉图:《高尔吉亚篇》505C-E。转引自叶秀山主编:《西方哲学史》(学术版)第二卷(上),南京:江苏人民出版社,2004 年,第 486 页。

界消失吧！[1]

苏格拉底为人谦虚，很不讲究，与工匠、奴隶、儿童交谈，穿着破旧，生活贫穷，把财富和荣誉让给别人。他抛弃了人们赖以生活的一切，抛弃了一切感性福利。他毫不犹豫地确认，忍受非正义比自己成为非正义的人更好。而且他说到做到了，经常忍辱负重。那么，苏格拉底抛弃了自己的所有一切之后靠什么生活呢？他自己给自己创造了精神食粮——人的生活不靠面包，不靠荣誉和其他感性快乐，而靠对自己正义性的意识。人可以为了总能感觉到自己是正义者而生活，当他感觉到自己是正义者的时候，他就再不需要任何东西了。苏格拉底教导说，全部哲学不是别的，正是净化。所谓净化，就是清除外物影响和外部需要，只追求内心正义理念和道德理想。

在舍斯托夫看来，苏格拉底的这一思想和事业成为全部希腊哲学的基础，也是全部人类智慧的基础。苏格拉底之后的欧洲人直到现代都不能脱离这一思想。人们已经无法弃绝苏格拉底了！他所创造的"善"现在对人们来说的确比全部其他价值都更加可爱，更加实在。只是在人类历史的某些时候，我们才发现与苏格拉底的统治作斗争的个别情况，但都是暂时现象。一种情况是，当年在雅典，"大众"把苏格拉底看作是最危险的人而判处死刑。可没过多久，苏格拉底就被归入圣徒之列。另一种情况是现代，当尼采试图起来反对苏格拉底的时候，招来了普遍愤怒和谴责。他大胆提出的"在善恶彼岸"令世界战栗。不仅如此，即便对尼采来说，当他想到必须弃绝苏格拉底的世界时，他自己都感到无比可怕，他体验到了第一人被上帝逐出伊甸园时应体验到的感觉。可见苏格拉底的道德思想在人类心灵中根深蒂固。

但是，舍斯托夫又从基督教存在哲学观点批评苏格拉底的善是用抽象理念偷换生活现实，是混淆了外部自然的真与内心道德的善，是道德说教而不是探索真理；指出在苏格拉底对其他人的道德教导中包含着理性主义的傲慢。

---

[1] Шестов Л. *Сочинения в 2-х томах*. Т. 1. Москва: Издательство «Наука», 1993, С.43. 参见舍斯托夫：《钥匙的统治》，张冰译，上海：上海人民出版社，2004年，第26页。

第二节　真理与说教——批评善的理念

基督教-东正教世界观之下的性善论与非宗教的性善论，虽然都主张人性善，却具有根本区别。基督教认为世界万物皆为上帝所造，人性的根本亦在于神性。因此人性之善来自上帝的恩典和对上帝的信仰，是个性化的，也只有来自上帝的善才是真实的，才能有效地体现于个人生活现实之中。相反，非来自上帝恩典和信念的、由人的思维和理性所创造的善的理念，则是抽象理论，建立在这一基础上的道德学说，不是真理，而是说教。

舍斯托夫认为，在苏格拉底哲学中存在着两种混淆和偷换。一是人性善恶与自然好坏的混淆，或把善恶偷换成好坏。在苏格拉底之前的希腊自然哲学中，自然事物的好与坏，也就是宇宙万物的有序与混乱，这是与人性的善恶无关的。苏格拉底最先把"好的东西"（世界的秩序、和谐与完善）和"善的东西"（人心的善良品质和愿望）相提并论和混淆在一起，把"坏的东西"（自然事物的混乱与无序）和"恶的东西"（人心之恶）相提并论和混淆在一起。从苏格拉底开始，向另一个领域的神秘非法"跳跃"（μεταβασις εις αλλο γενος）在哲学中就开始司空见惯了，这种跳跃就是把"好的东西和坏的东西"同"善的东西和恶的东西"相提并论，也就是从自然领域跳跃到道德领域。人在说起坏的东西的时候，常常不费任何力气地、不用蓄谋地、自己和他人都不知不觉地，就变成了说恶的东西，或者，人也常常完全不是被迫地、仿佛正应当如此地，把好的偷换成善的或把善的偷换成好的。[1]

另一种混淆和偷换是把完善与现实混淆和等同起来，或者说，用完善的理念偷换现实的理念。苏格拉底所庄严宣告的"我不认为坏人能够危害好人"[2]，也就是用善的理想和愿望偷换了现实状况。舍斯托夫认为，全部后苏格拉底哲学都是建立在这一原则之上的，这不是一个实践的经验结

---

[1] 舍斯托夫：《雅典和耶路撒冷：宗教哲学论》，徐凤林译，杭州：浙江人民出版社，2000年，第77页。
[2] 柏拉图：《申辩篇》30d。参见北京大学哲学系外国哲学史教研室编译：《古希腊罗马哲学》，北京：商务印书馆，1961年，第147页。

论，而是一种理念-理想-理论。因此可以说，那种认为古代哲学给自己提出的任务在更大程度上是实践任务而不是理论任务的观点，是完全不正确的。"坏人不能危害好人"这句话详尽无遗地表达了希腊思想的基本意图，但无论如何不能像色诺芬那样理解或解释它。对第一个表达善的理念思想的苏格拉底来说，对在自己的对话中坚持和发展了这一思想的柏拉图来说，对把这一思想贯彻于自己的著作和生活之中的斯多葛派和普罗提诺来说，实践性的问题总是退居次要地位。的确，难道"坏人不能伤害好人"的"真理"在实际生活中对什么东西有益吗？或者，难道我们有理由认为，古人没有像斯宾诺莎一样看见幸运与不幸同样会落到虔敬者和不虔敬者头上吗？我们无论如何都不能断言苏格拉底如此天真。他知道，非常清楚地知道，幸运与不幸同样会落到虔敬者和不虔敬者头上，他还知道许多类似的东西，但仍然确信，确切地说，正因为如此他才确信，坏人不能伤害好人。[1] 正是因为真正的现实中存在着许多恶，苏格拉底才宣布和教导超越现实的善的理念。

这种超越现实的善的理念被后来的阐释者规定为"理性神"。这最高的神是普遍的、无所不在的理性，它使宇宙万物的安排合理而有序。按照通常的评价，苏格拉底对理性神的确立是思想史的进步，具有积极意义。"他将本体论意义的善等同于这种唯一的理性新神，使理性神思想和对存在的普遍本质的哲学思辨密切结合起来，使希腊哲学得以深入渗透宗教，并在哲学理论的层次上改造宗教……使理性神具有浓烈的伦理道德内涵，理性神不是超越出世的，而是入世的，介入人的伦理生活实践。"[2] 但是，按照舍斯托夫的犹太-基督教哲学观，理性神的确立是把人的理性抬高到神的地位，是对原初基督教信仰的背离，是理性主义原则的确立，是与有上帝信仰的耶路撒冷精神相对立的理性主义的雅典精神的确立。

把人的有限理性加以神化，是"神圣的傲慢"。"苏格拉底想要效仿上帝，甚至超越上帝。上帝创造了宇宙，苏格拉底创造了善，善是比全世

---

[1] Шестов Л. *Сочинения в 2-х томах*. Т. 2. Москва: Издательство «Наука», 1993, С.374. 参见舍斯托夫：《在约伯的天平上》，董友等译，北京：生活·读书·新知三联书店，1989年，第393页。
[2] 转引自叶秀山主编：《西方哲学史》（学术版）第二卷（上），南京：江苏人民出版社，2004年，第487页。

界和整个宇宙更珍贵的东西。从苏格拉底时代起，一切理性存在物，有死的和不死的，都开始在善中寻找存在的源泉……后人把第欧根尼叫作发疯的苏格拉底当然是对的。还有比想要超过上帝本身更发疯的吗？！要知道即便想要与上帝比肩已经是大胆妄为了！"[1]

　　的确，如果没有超越理性存在物的最高存在者，苏格拉底居高临下的教导就是可疑的。苏格拉底在教导人的时候，赋予自己的话语以普遍真理的形式。他询问所有人，总是力图说服所有人，他们可以依靠他自己赖以生活的东西生活，就像他自己如此生活一样。他确认，那些与他自己的生活不一样的人，都处在迷失和无知中。在把自己和他人相比的时候，他感到自己具有无比的优越性，这个优越性使他有权把邻人看作不是与自己平等的，而是弱势的，尚不完善的。他自己已经无所不知，已经发展到了最高的完善，他人则还有待发展。柏拉图《申辩篇》中的苏格拉底如此蔑视那些诗人、卜卦者和预言家：他们做事"不按照理性，而遵循本性或在忘乎所以的状态下"，苏格拉底最后说，"因此我就离开了他们，心里想着我是比他们好一些，理由就正像我比那些政治人物好一些一样"[2]。苏格拉底看到，他与伯利克里、阿尔基比亚德、安尼图斯、美立都[3]等人之间有巨大差别，仿佛是用不同实体做成的。他们处在低级发展阶段，因此需要提高、发展，达到苏格拉底的水平——不，他们需要重生，根本改变。可苏格拉底自己呢？他自己还需要或能够提高吗？换言之，宇宙中还有没有什么理性存在物高于苏格拉底，像苏格拉底高于安尼图斯和美立都一样呢？进而，在这一理性存在物之上还能不能找到更高的存在物呢？苏格拉底自己没有给自己提出这样的问题，柏拉图及其后来的所有学生也没有提出这样的问题。主要是因为，这样的问题他们不可能给自己提出。他们所有人都认为，这样一种真理已经向他们敞开，在此真理之后已经不可能有

---

[1] Шестов Л. *Сочинения в 2-х томах*. Т. 1. Москва: Издательство «Наука», 1993, С.44. 参见舍斯托夫：《钥匙的统治》，张冰译，上海：上海人民出版社，2004 年，第 28 页。

[2] 柏拉图：《申辩篇》22c。参见北京大学哲学系外国哲学史教研室编译：《古希腊罗马哲学》，北京：商务印书馆，1961 年，第 147 页。

[3] 审判苏格拉底的雅典法官。

任何完全未意料到和预见到的东西了。[1]

苏格拉底容许别人转变，他认为阿尔基比亚德和伯利克里可以成为另外的人。他把自己的辩证法叫作助产术，就是帮助人精神上重生。苏格拉底也可能重生，也就是拒绝善，正如他拒绝母乳一样，而提出某种新东西。但苏格拉底绝对不容许这种可能性。他认为自己已经彻底诞生于世界了。在他身上已经长成了这样的真理，此真理赋予他审判众人和诸神的最高权力。因为苏格拉底教导说，诸神不是随意选择爱的对象的；他们必须爱善恨恶：善不是因为诸神的爱才是善，相反，善因为是善才为诸神所爱（柏拉图：《欧绪弗洛篇》）。

正因为如此，苏格拉底哲学的宗旨和内容是道德说教，而不是寻求真理。黑格尔在《精神现象学》序言中写道："但是，哲学应当竭力避免训导性。"[2] 正如在黑格尔那里经常发生的那样，他的这句话只是在重复斯宾诺莎，斯宾诺莎确认，他认为自己的哲学不是"好的哲学"，而是"真的哲学"。一般而论，在舍斯托夫看来，理性主义哲学的本质就在于说教性，只不过通过混淆"真"与"好"的概念来掩盖这种说教性，这种混淆从苏格拉底就开始了。在苏格拉底之后，没有哪一位大哲学家不是在训导和教训自己的读者和听众。而那些坚持教导和说教的人，大部分都像黑格尔一样，天真地确信他们的任务完全在于寻求真理，唯有寻求真理。舍斯托夫甚至不认为，在这个意义上苏格拉底本人是个例外，虽然，众所周知，他丝毫不掩饰他想纠正人们。只是他如此巧妙地把探求真理和说教交织在一起，以至于他在说教的时候，好似在探求真理，反之亦然，当他在探求真理的时候，实际上是在说教。[3]

舍斯托夫发现，在黑格尔关于"哲学应当避免训导"这句话中，也如同在斯宾诺莎关于"真的哲学"和"好的哲学"的说法中一样，隐藏着

---

[1] Шестов Л. *Сочинения в 2-х томах*. Т. 1. Москва: Издательство «Наука», 1993, С.176-177. 参见舍斯托夫：《钥匙的统治》，张冰译，上海：上海人民出版社，2004年，第139页。

[2] 此句根据舍斯托夫的俄译文。德语原文是 Die Philosophie aber muss sich huten erbaulich sein zu wollen. 比照黑格尔《精神现象学》第6页："但哲学必须竭力避免想成为有启示性的东西。"（贺麟、王玖兴译，上卷，北京：商务印书馆，1979年）

[3] 舍斯托夫：《雅典和耶路撒冷：宗教哲学论》，徐凤林译，杭州：浙江人民出版社，2000年，第77页。

一个值得深思的巨大的谜。无论涉及什么问题,我们都会看到苏格拉底所公开容许的概念混淆,即把知识与美德等同起来。后来那些不赞同苏格拉底思维之基本前提的哲学家,也不能够、甚至或许不愿意避开这种混淆。为什么如此呢?因为这种概念混淆仿佛是"哲学生存还是毁灭所依赖的关键",如果哲学拒绝这种偷换,那么哲学就将失去自己"存在的理由",或者——这一点也许更可怕——哲学承认自己正是以这种偷换为生的。虽然在现实生活中谁也不会决意追随苏格拉底,确认知识与美德是一回事。最愚蠢的人都确实知道,可以做一个有知识而无德性的人,正如可以做一个无知的使徒一样。然而,舍斯托夫问道:"对通常的健全理智来说是敞开的东西,对苏格拉底反而是遮蔽的,这怎么可能呢?谁也不愿追问这个问题。更不愿追究如下问题:如果明白知识不是美德的愚蠢人是对的,而宣布知识即美德的最智慧的人之一倒是错的,那么,哲学还会继续生存下去吗?"[1] 舍斯托夫把黑格尔的唯心主义归结到斯宾诺莎,又追溯到苏格拉底的道德理念,揭示出这条理性主义哲学和道德理想主义学说中潜藏的问题。

第三节 苏格拉底的社会影响和历史形象

苏格拉底的时代距今已近两千五百年了。苏格拉底给我们当今世界留下了怎样的精神遗产?他的思想有什么社会影响?他在后世研究者中具有怎样的历史形象?

苏格拉底留给我们的,除了前面讲过的影响深远的理性主义和道德学说之外,还有他当年被审判处死之谜。舍斯托夫对此有独特的现代式解释。他认为在苏格拉底被审判处死这一案件中,一切都不像历史学家所解释的那样,一切都一方面更简单得多,另一方面更神秘莫解。更简单——因为苏格拉底的确有两项罪名,就是他教导青年人生活腐化(酗酒和游手好闲等)和实际上不承认希腊人所崇敬的诸神,因而被追究。苏格拉底在

---

[1] 舍斯托夫:《雅典和耶路撒冷:宗教哲学论》,徐凤林译,杭州:浙江人民出版社,2000年,第77—78页。

辩护发言中丝毫没有就这两项罪名为自己进行辩解；审判官安尼图斯和美立都也认同这两项罪名，没有说出任何别的东西。从这些地方看，这个案件是非常简单的。但另一方面，这个案件又更加神秘莫解——因为这两项罪名都不足以构成死罪。舍斯托夫认为，这两项罪名之所以如此严重，是因为在其背后暗示着更大罪过——教导人内心不安和探求非此世的神秘力量。教导人内心不安，这是比酗酒和游手好闲更有害的"腐化"类型。苏格拉底自称是牛虻，认为自己的任务"不是使人得安宁，而是不断地叮咬人，在人们心里种下无法消除的不安"[1]。也就是说，苏格拉底认为自己的使命不是安慰邻人，给他们提供一切奥秘和生命之谜的现成答案，而是消除那些以自己的力量学会了看不见生命奥秘的人的安宁。不敬公认的诸神是与对另一个世界的奥秘的真诚渴求相符合的。这样，苏格拉底说的"我知道我一无所知"完全不是"自嘲"，像我们通常所认为的那样，而是真实表达自己对生命奥秘的无法确知；德尔菲神的遗诏"认识你自己"也不意味着人应当认识自己。在德尔菲神坛上给人们准备好的不是旧谜的谜底，而是新谜。认识自己不是认识表面的、经验的自己，而是认识自己背后的生命奥秘和存在之谜。认识自己，靠自己的理性辨别方向，这是众所周知的，但在生活的艰难处境中人们还是要询问先知，就像有某种不可知的力量在他们注定迷路的地方推动他们朝某个方向走一样。审理苏格拉底案件的法官显然猜到了这深层的罪过，在这个意义上他们比那些竭力为苏格拉底辩护的现代人更加敏感。

内心不安是令古希腊人非常害怕的事，至今仍旧是人们最怕的东西。因此，舍斯托夫断言，假如我们现在必须重审苏格拉底案件，并且我们知道，宣告无罪的判决将使苏格拉底起死回生，并让他有可能像毒化他同时代人的生活那样毒化我们的生存，那么，我们仍会毫不犹豫地给他做出2500年前他所受到的判决。虽然黑格尔说从纯粹精神到绝对精神发生了历史进步，但我们可以确信，"精神"在这段漫长的时间里丝毫没有发展和

---

[1] 柏拉图：《申辩篇》30e-31a。

向前推进。[1]

虽然苏格拉底注定被审判处死，无论在当年的雅典还是在现代社会，虽然"大众"和政治家害怕苏格拉底教导的不安，但苏格拉底的智慧仍然流传至今。因为思想和理念具有自己的相对独立性和恒久的自主价值，而不完全依赖于其一时的社会功效性。在苏格拉底的时代，风俗开始动摇，雅典共和国面临毁灭。按照社会学家和历史学家的观点，苏格拉底的使命应当是结束那种由极端个人主义和诡辩论者的相对主义所造成的道德判断的令人绝望的动摇不定。众所周知，这位伟大的智慧者尽其所能地做了一切。他放弃了自己的日常工作和家庭，不顾明天如何，而是教导，教导那些平民和贵族、聪明的人和愚蠢的人、有文化的人和没文化的人。然而，从实际效果来看，他没能拯救祖国。在此前的伯利克里时代，雅典没有苏格拉底或不依赖于苏格拉底的智慧而达到繁荣。在伯利克里之后，尽管苏格拉底的学说有了如柏拉图这样的天才继承者，雅典作为国家的作用和意义还是衰落了。这就意味着，苏格拉底的智慧没能拯救祖国，而如果把拯救祖国看作是此智慧的主要使命，那么，看来这一智慧就不配得到传统上的崇敬。而事实上，苏格拉底的智慧已经得到了深远流传和广泛崇敬。显然，舍斯托夫认为，应当放弃形而上学家最喜欢的在其社会意义中为智慧寻找合理根据的方法。这种方法是非常冒险的，在很多情况下会以失败告终。通常是智慧有自己的途径，而社会有自己的道路。是那些演说家们把这两者拉扯到一起，这些演说家使大众和一些哲学家习惯于认为，只有那些自身包含了一切，既有社会利益，又有道德，甚至有形而上学智慧的任务，才值得关注。实际上哪里是这样呢？一种社会方案只要自身有益就足够了，何须道德和形而上学的批准！反过来说，既然道德律应当成为自主的，理念可以高于人类的经验需要，这就意味着，把道德理念与社会意见、甚至与国家的可能繁荣或毁灭联系起来，是不对的。即便雅典由于苏格拉底的智慧而毁灭了，也完全不意味着对这一智慧的反对。[2]

---

[1] Шестов Л. *Сочинения в 2-х томах*. Т. 2. Москва: Издательство «Наука», 1993, С.33. 参见舍斯托夫:《在约伯的天平上》，董友等译，北京：生活·读书·新知三联书店，1989年，第351页。

[2] Шестов Л. *Сочинения в двух томах*. Т.2. Томск: Издательство «Водолей», 1996, С.38-39. 参见舍斯托夫:《无根据颂》，张冰译，北京：华夏出版社，1999年，第44—45页。

进而，舍斯托夫得出与黑格尔不同的观点：不是所有"合乎理性"的东西都是"现实"的，但也不是所有不合乎理性的东西都是不现实的。因此，即便苏格拉底注定永远是世间的胜利者，那也不表明他的真理具有注定成为现实的"性质"。我们从哪里得知，真理保证在世间获得胜利？历史教给了我们许多，但当一个历史学家认为，未来揭示现在的"意义"，或者，当他援引某种思想"有自己的未来"或指出另一种思想"没有未来"这一证据来证明某种思想的时候，他只不过是在自己的科学体系中建立秩序与和谐，或者是把作为简单叙事的历史变成科学，但丝毫不是接近真理。真理不是从思想赖以形成的材料中做成的。真理是活的，它有自己的诉求和趣味，甚至它最害怕我们所说的"体现"，就像一切生命都害怕死亡一样。因此，只有那为自己而不是为他人寻求真理的人，只有那庄严宣誓不把自己的所见变成人人必须遵守的判断和永远不把真理变成可触摸之物的人，才能看见真理。谁想要用自己粗鲁的人类之手俘获真理，抓住真理，一句话，想要"体现"真理，以便然后可以到处和永远给所有人展现真理，那么，他注定要么将经受永远的绝望，要么将生活在幻想中：全部"体现"出来的真理只不过是"体现"出来的谬误。[1]

不仅真理是无法体现的，历史人物的真实也是无法体现的。舍斯托夫揭示了苏格拉底的双重形象——柏拉图对话中记述的"普遍的"苏格拉底和第欧根尼身上体现的真实个性的苏格拉底。舍斯托夫认为，第欧根尼的生活在某些方面比柏拉图的卓越对话更能为我们揭示了苏格拉底的本质。第欧根尼被同时代人看作是发疯的苏格拉底，他也说世上最可怕的是平衡和完整性。自认为是苏格拉底弟子的安提西尼见证说，苏格拉底宁愿发疯，也不愿体验快乐。尽管这并不代表全部，但在舍斯托夫看来，无论如何，想要认清苏格拉底的人，至少也要像仔细观看柏拉图的美的古典形象一样，仔细看看第欧根尼的令人厌恶的面孔。或许，发疯的苏格拉底才是那个将更多讲述自己的苏格拉底。因为思维健全的人——无论是聪明的还是愚蠢的——都不讲述自己，而只是讲述能够为大家所需要的和有益的东西。思

---

[1] Шестов Л. *Сочинения в 2-х томах*. Т. 1. Москва: Издательство «Наука», 1993, С.184. 参见舍斯托夫：《钥匙的统治》，张冰译，上海：上海人民出版社，2004年，第145页。

维健全者之所以是思维健全者，仅仅是因为他说出的是适合于所有人的论断。并且，甚至他自己所看到的也只是大家需要和永远需要的东西。可以说，思维健全的人是"普遍人"。

但这位根本就不是"普遍人"的苏格拉底，却要求人们认为他主要是普遍人，并且不要在他身上寻找任何其他东西，这是非常值得哲学家思考的最奇怪的历史悖论。苏格拉底的这个遗训被柏拉图所解释和实现了，柏拉图在自己的对话中展现了一个"普遍的"苏格拉底。只有犬儒主义者，像第欧根尼等人，才试图把苏格拉底的巨大奥秘泄露给世界。但犬儒主义者在历史上消失了，没有留下足迹。历史之所以是出色的也正是由于，它总是以超乎寻常的人为艺术消除世上发生的全部非同寻常之物的足迹。也是因此，历史学家，也就是那些最关心人类过去的人，特别坚信世上的一切从来都是"自然地""有充足理由地"发生的。历史科学的基本任务，按照人们历来的理解，正在于把过去作为彼此之间有因果联系的事件的连续链条来加以重建。对历史学家来说，苏格拉底也只能是"普遍人"。他身上所独有的苏格拉底的东西是"没有未来的"，因此对于历史学家来说仿佛也是不存在的。历史学家只珍视那些进入历史长河和供养历史长河的东西，其他东西则与他无关。他甚至相信，其他东西会不留痕迹地消失。因为这"其他东西"，这使苏格拉底成为苏格拉底的东西，不是那永恒不灭的物质和能量。作为真实个人的苏格拉底对历史学家来说，是不受任何保护的。他来了，又走了；存在过，又没有了。这无论在地球经济学中还是在宇宙经济学中，都不足以作为计算的量，也就是可以忽略不计。重要的是作为活动家的苏格拉底，是那个死后在社会存在的洪流中留下足迹的苏格拉底。苏格拉底的"思想"是我们现在还需要的。我们还需要他的某些能够成为其他人榜样的行为和活动，比如说他在临死时的勇敢和镇定。但苏格拉底自身——难道谁还需要吗？正因为没人需要他，才不留足迹地消失了。[1]

我们看到，舍斯托夫在对苏格拉底的论述与批评中提出了具有一般意

---

[1] Шестов Л. *Сочинения в 2-х томах*. Т. 2. Москва: Издательство «Наука», 1993, С.36. 舍斯托夫：《在约伯的天平上》，董友等译，北京：生活·读书·新知三联书店，1989年，第34页。

义的哲学问题。善的理念是人类的道德理想和价值目标，但在人的现实生活中，这一理念不可能孤立存在，而是永远处于与人的理性、情感、自由、审美等因素的相互关系中，不仅和谐统一，更多的是矛盾冲突。面对这一精神现实，哲学家的思想工作既肩负着揭示与维护人类价值理念的社会责任，更承担着探究生命真实-真理的永恒使命。

第四章　为什么需要另一个世界？
——论柏拉图

从舍斯托夫的存在哲学视角来看柏拉图关于超验世界、洞穴比喻、精神视力、死亡练习的哲学主题，那么，超验世界之所以必要是为了与现实世界的必然性作斗争；洞穴比喻是对"清楚明白"的理性主义真理标准提出的质疑；精神视力要超越肉体，在生命的边界寻求真理，从而使哲学思考成为"死亡练习"。

我们常说，哲学来源于生活。或者援引马基雅维利的名言，先生活，然后进行哲学思考。这句通俗易懂的话常常被用来作为唯物主义哲学思想的佐证，即物质生活是精神活动的前提和基础。但换一个角度看，这句话也完全可以进行唯心主义的解释，关键在于怎样理解"生活"。生活不仅仅是饮食起居等外部条件和活动，生活是人的完整生命，其中最根本的是人的精神直觉和情感体验。许多重要的哲学观念就是从这一完整生命内部诞生和被揭示出来的，哲学家的非凡之处在于他以自己的天赋成功地找到了用来表达这些直觉和体验的语言和概念。人们常常以为哲学家是用概念推理体系证明自己的世界观，其实，哲学家是力图以理性和知识的形式表达自己在生活中已经获得的超理性的直觉和感悟。这一点在俄国哲学家舍斯托夫对柏拉图的评论中得到了鲜明的体现。舍斯托夫对柏拉图的论述有着与众不同的视角，他在柏拉图二元论、洞穴比喻、精神视力、死亡练习等概念和形象中，看到了一个共同宗旨，就是通过揭示另一个世界的存在，来同此世的必然性进行斗争。

第一节 超验世界

在哲学史家的笔下，柏拉图哲学最主要的贡献是提出了理念论。理念论在认识论意义上将世界二重化，划分为理念世界和事物世界。但在舍斯托夫的解释中，柏拉图哲学还在价值论意义上把世界二重化，即不仅有经验现实世界，还有超越于现实存在的世界，价值世界、应有的世界。

舍斯托夫认为，柏拉图的二元论世界观或超验世界的思想，不是他在闲暇时或书斋里的随意想象，而是为了解决一个切身的现实问题，就是苏格拉底之死。公元前399年，苏格拉底被不公正地判处死刑，身为学生的柏拉图因自己老师的死而悲痛和愤慨。这是切身之痛，他不能无动于衷，无法不说，无法不写。"他在《克力同篇》《斐多篇》和其它一些对话中都写了这件事，在他所写的一切中，一直包含着的只有一个问题：世界上真的有这样一种强力，它能够彻底和永远迫使我们同意苏格拉底在公元前399年被毒死了吗？"[1]换句话说，事实真理是不是全部真理？事实真理是否能够彻底地和永远地决定人的观念和价值？有没有这样一个世界，在这个世界上好人苏格拉底不会被判刑和毒死；有没有这样一种力量，它能够战胜冷漠无情的事实真理——必然性，能够给善的最终胜利提供保障？寻求对这一问题的解答，成为柏拉图哲学关于两个世界的二元论学说的基础和根源。

超验世界是必需的，"是这样一种最重要的东西，柏拉图及其后继者只是为了这种东西才走向哲学"；与现实世界不同的另一个世界是必需的：

---

[1] 舍斯托夫：《雅典和耶路撒冷：宗教哲学论》，徐凤林译，杭州：浙江人民出版社，2000年，第20页。

"与可见的世界、自然的世界,也就是粗暴力量注定胜利、安尼图斯和美立都取得胜利的世界一道,还可以找到另一个世界,超自然的世界,在这个世界上苏格拉底是最智慧的人,最智慧的人是最有力量的。因为只有在这种情况下柏拉图才有理由把苏格拉底对法官说的那番话当作真理来颂扬,苏格拉底说:'法官们,你们要相信死的幸福,要深刻体会这样一个终极真理,即好人不可能发生任何坏事,无论在他生时还是死后,神明永远不会忘记他。'这是柏拉图学说的基础和根源:好人不可能发生任何坏事……只有在除了所有人能够达到的世界之外还有一个世界,并且这才是最主要的和唯一现实的世界的情况下,苏格拉底才能不昧心地向法官说出他所说的话。"[1]

舍斯托夫把柏拉图描述为基督教思想家。而柏拉图的学生亚里士多德则成为理性主义哲学的代表。在亚里士多德的"现实"世界,苏格拉底的话所表达的理想和信念是谎言和空谈。亚里士多德不关心苏格拉底的命运,他关心另外的东西,也就是普遍的和必然的真理。他相信,"毒死苏格拉底"的真理和"毒死一条狗"的真理同样不容任何人的和神的反对。毒芹不区分苏格拉底和狗,所以,"被迫只能跟随现象的和被真理本身所迫的"我们,就应当在自己的间接或直接判断中,也不在苏格拉底和狗之间,甚至苏格拉底和疯狗之间,作任何区分。

然而柏拉图则具有另外的哲学诉求。他虽然在知识领域与亚里士多德同样清楚地知道,事实真理和必然性是不可战胜的。他曾经说过,甚至诸神也在必然性的权力之下:"诸神不和必然性作斗争。"[2]但是,知识领域不是柏拉图的全部世界。哲学家还有情感和意志。这是柏拉图思想的潜在动力。

> 他毕生都在同必然性作斗争。由此产生了总是使他因而备受指责的二元论,产生了那些令他的友人痛心敌人高兴的矛盾,由此也产生

---

[1] Шестов Л. *Сочинения в 2-х томах*. Т. 2. Москва: Издательство «Наука», 1993, С.228. 参见舍斯托夫:《在约伯的天平上》,北京:生活·读书·新知三联书店,1989年,第231页。(引者按:引文中苏格拉底之语出自柏拉图《申辩篇》41d。)

[2] 柏拉图:《普罗泰戈拉篇》345e。

了令亚里士多德愤怒的悖论。柏拉图不满足于那个使他的伟大弟子的求知欲得到满足的真理源泉。他知道,"宇宙之父和创造者是很难发现的,即便我们发现了它,也不可能把它告诉所有的人"(《蒂迈欧篇》28c),但他还是竭尽全力地试图克服困难,战胜这一不可能性。有时令人觉得,仿佛正是这些困难性吸引了柏拉图,只有在这种不可能性面前,他的哲学天赋才觉醒,以便进行真正的活动。"要敢做一切",越是对在普通人眼里可能性很小的东西,越要敢于有所成就。要使苏格拉底摆脱那个永远吞噬了他的永恒真理,那个对他和对疯狗都一样的永恒真理,是没有任何希望的。也许,哲学和哲学家不应当想任何别的东西,只应当想怎样夺回苏格拉底。既别无他法,就应当去求神……因为受事件的自然进程所支配的聋的"必然性"听不见他的诉求。但是,与"必然性"相反,神能够并且愿意听劝说,在神的法庭上,不可能的和不合理的东西成了可实现的和合理的东西。神完全不像必然性那样思考和讲话。神说:"一切结合在一起的东西都可能被分解,但只有恶人才愿意把完美结合的和维持很好的东西分解开。所以,一般地说,你们是生成的,所以不能保住不分解和不死,但你们不会遭到分解和死亡的命运,因为你们已经照我的意志(της εμης βουλησεως)获得了比你们与生俱来的坚固性更强的坚固性。"(《蒂迈欧篇》41b)[1]

柏拉图为从死亡那里夺回自己的老师苏格拉底而勇敢地同必然性作斗争,他为此诉诸宇宙创造者,类似于基督教的上帝。当然,柏拉图所说的宇宙创造者和基督教的上帝是有很大不同的。但柏拉图的话也可以进行基督教哲学的理解。基督教哲学世界观是二元一元论(монояугиэм)。上帝创造的世界本来是至善的,只因人的意志自由的误用才使恶和必然性进入世界。只有上帝的全能和力量能够战胜"必然性"的统治,能够为善的胜利提供最后保障。信仰者因此而获得了坚强的精神和生命的希望。不仅如

---

[1] 舍斯托夫:《雅典和耶路撒冷:宗教哲学论》,第21页。引文中柏拉图《蒂迈欧篇》,参见汪子嵩等:《希腊哲学史》第二卷,北京:人民出版社,1993年,第1023、1044页。

此，在舍斯托夫的基督教信仰观中，上帝的全能是真正的全能，甚至能够超越事实真理，可以使"已经发生的事件成为没有发生的"，使苏格拉底的死成为不存在。这是一个用人的理智无法想象和理解的世界和神圣秩序，如果从这个神圣秩序反观我们日常的生活世界，众人就仿佛被捆缚在柏拉图所描述的洞穴中。

第二节　洞穴比喻

人类自有思考能力时起，就在努力区分真实与虚假。然而什么是真实，什么是虚假？这是一个莫衷一是的哲学问题和宗教问题。柏拉图和黑格尔的观念世界是真实还是虚假？基督教的天国是真实还是虚幻？世间万象是真实存在还是万物皆空？对这些问题不同世界观有不同的回答。

舍斯托夫的真伪观可归属于宗教存在哲学之列。存在哲学反对把人定义为"理性存在物"，而主张人的本性在于"非理性"，人的内在主体感受，人的激情、意愿成为人的生命的最真实内容，而理性观念和道德规范成为非真实的。舍斯托夫尖锐批评理性主义哲学的抽象真理和说教，力图追问和揭示活生生的个人的生命真实和存在真理。这样的真实和真理在哪里？不在笛卡尔的"清楚和明白"中，不在康德的"普遍必然判断"中，不在生活的中间状态，而在生命的"开端与终结"，真理是与"生从何处来死向何处去"的终极问题联系在一起的。用舍斯托夫的话来说，"开端和终结，就是不要中间。不需要中间不是因为中间本身没有任何用场。中间是骗人的，因为它有自己的开端和自己的终结，它与一切都相似……我们将走向开端，走向终结——虽然我们知道我们既达不到开端也达不到终结。我们将确信，真理终将成为比最美丽的谎言更为人需要的——虽然我们不知道，或者永远也不可能知道终极真理"[1]。

但人们已经习惯于生活在清楚明白和普遍必然判断的中间世界。只有

---

[1] Шестов Л. *Сочинения в двух томах*. Т.2. Томск: Издательство «Водолей», 1996, С.183. 参见舍斯托夫：《开端与终结》，方珊译，昆明：云南人民出版社，1998年，第6页。

少数哲学家和思想家不以中间状态的世界为满足和唯一的真实世界，他们对这个世界产生怀疑，因渴望另一个世界而焦虑不安。舍斯托夫在柏拉图的洞穴比喻中看出了这一点。

的确，只有柏拉图这样深刻的思想洞见才有可能说出这样的比喻。在一个洞穴中有一群囚犯，他们手脚都被捆绑着，身体也无法转动，只能背对着洞口。在他们面前有一面白色的墙，他们身后燃烧着一堆火，火光把他们自己的影子和他们与火堆之间的事物的影子投影在那面白墙上，他们只能看见墙上的这些影子，而看不到任何其他东西。因此，这群囚犯以为他们看见的影子就是真实的东西。最后，有一个人挣脱了枷锁，并且摸索出了洞口。他第一次看到了真实的事物。他返回洞穴并试图向其他人解释，那些影子其实只是虚幻的事物，并向他们指明光明的道路。但是，大家根本不相信他的话。在囚犯们看来，这个逃出去的人似乎比他逃出去之前更加愚蠢，他们向他宣称，除了墙上的影子之外，世界上没有其他东西了。[1]

在这个比喻中，有两个主体和两类对象。两个主体一个是众囚犯，一个是逃出者，两类对象一类是人和事物的影子，一类是真实事物。两个主体本来在什么是真实世界的问题上没有什么分歧，如果大家始终是囚犯，没有人逃脱，也就不会发生分歧，幻影的真实性就不会引起怀疑。于是，所有人都在这个影子世界里相安无事，在无真无幻或亦真亦幻的洞穴世界终其一生。但有幸或不幸的是有人逃出洞穴，知晓了真相，于是产生了疑问和争论。这个比喻最深刻的寓意在最后：当知晓真相者向囚犯们揭露影子的虚幻并指出真实之路时，囚犯们居然不相信，反而嘲笑他愚蠢。这样，两个主体仿佛都有自己的理由各执一词，没有一个公共的标准判别是非。

柏拉图的洞穴比喻已经过去两千多年了。我们现在仿佛还可以问，我们自己是谁？是那个知晓真相的逃出者，还是以幻为真的众囚犯？如今，我们早已经过了理性和知识的启蒙，进入了科学昌明的时代。我们毫不怀

---

[1] 柏拉图：《理想国》第七卷。

疑我们自己的身份是那个逃出者,清楚地知道真实世界。我们仿佛完全有权判定众囚犯和逃出者关于真实与虚幻的观点哪个是正确的。那么,我们的判定标准是什么呢?是理性,是科学。但舍斯托夫的问题是,理性和科学能够成为生命真理的唯一标准吗?他持有完全相反的看法:笛卡尔的"清楚明白"和启蒙主义的理性标准并没有消除生命的神秘,生活于科学知识世界中的我们不是那个逃出者,而是众囚犯!

> 无论我们怎样定义真理,我们都永远不能否认笛卡尔的 clare et distincte(清楚和明白)。然而正是在这里存在着永恒的神秘,永恒的不可透性,仿佛在创世之前,就有人决定永远关闭人通往他最需要和对他最重要之物的道路。我们认为是真理的东西,我们的思维所达到的东西,在某种意义上,不仅与我们生来就被投入其中的外部世界是不可比量的,而且与我们自己的内在感受也是不可比量的。我们拥有科学,甚至可以说,这是不仅每一天,而且每小时都在发展的科学。我们知道许多,我们的知识是清楚明白的知识。科学有权为自己的巨大成就而骄傲,完全有权认为,它的无往不胜的步伐是任何人也无力阻挡。任何人都不怀疑也不可能怀疑科学的巨大意义……但原初的神秘之"雾"并未消散,甚至更浓了。柏拉图未必需要更改他的洞穴比喻的哪怕一字一句。他的焦虑,他的不安,他的"预感"即使在我们现在所拥有的知识中,也找不到答案。我们的在"实证"科学之"光"中的世界,对他来说仍然和当初一样,是昏暗可怕的洞穴,而我们仍然是被捆住手脚的囚犯,他必须重新做出超人的努力,就像搏斗一样,才能冲破这样的科学所创造的真理,这种科学"梦想着真实存在,却不能清楚地看到它"(《理想国》第七卷,533c)。简言之,假如在今天,亚里士多德会赞扬知识,而柏拉图则会诅咒知识。[1]

柏拉图不以日常经验和科学知识为满足,甚至怀疑其真实性,为此而焦虑不安;舍斯托夫借用柏拉图的比喻断言科学不能清楚地看到真实存在,

---

[1] 舍斯托夫:《雅典和耶路撒冷:宗教哲学论》,徐凤林译,杭州:浙江人民出版社,2000年,第2页。

否定笛卡尔的真理标准。笛卡尔认为，凡是在理性看来清楚明白的就是真的。清楚明白成为一切直觉和演绎知识的标准和特征，也成为真知识（真理）的标准和特征。舍斯托夫则认为，理性的清楚明白不仅不是生命真理的标准，而且是人达到真理的障碍。"洞穴里的人清楚明白地看见了在他们面前通过的一切，但他们愈是坚信他们所看到的东西，他们的处境愈是无望。他们需要的不是寻求看得清楚明白和信仰的坚定性，相反，他们需要体验巨大的怀疑，巨大的不安，需要极度的内心努力，以便挣脱把他们捆缚在那里的锁链。这种'清楚明白'诱惑着所有人，被所有人认为是真理的保障，但在柏拉图看来，则是永远掩盖真理从而使我们看不见真理的东西。'清楚明白'不是把我们引向现实存在，而是引向虚幻之境，不是引向存在之物，而是引向存在之物的影子"[1]。对于生命真理而言，理性认识的清楚明白不是标准，而是诱惑，是锁链。

舍斯托夫为什么反对清楚明白的真理标准？问题在于，否定了这个通行的标准之后，舍斯托夫自己的真理标准是什么？不可能只是神秘莫测、模糊不定吧。按照我们的理解，舍斯托夫这里要强调的是存在哲学的真理与科学真理不同。科学真理具有公共性、普遍性、必然性，存在哲学的真理则具有个体性、内在性、精神性。生命的终极真理是信仰中的多元真理。真实-真理是个体的自由体验，从内向外的真理体验。舍斯托夫坚决反对把外部的普遍必然判断作为全部真理的唯一标准强制所有人接受，特别是作为哲学真理的标准。但这种生命的终极真理是很难加以证明的。舍斯托夫也看到了柏拉图曾遇到的这个难题："如果你要问，柏拉图是从哪里得知，是怎样猜出，洞穴人（也和我们大家一样）所看到的不是现实，而只是现实的影子，而在洞穴界限之外的某个地方有真正的生活，——如果你要问这个问题，那么你得不到回答。柏拉图不能证明这一点，虽然他为寻找证据已筋疲力尽。他为此想出了辩证法，而且在自己的全部对话中都竭力通过辩证法之路，迫使自己想象中的对话者承认自己的启示的真理性。然而在这里，正是在这里，由于柏拉图想把他所得到的启示变成强迫性的、人人必须遵守的真理，所

---

[1] 舍斯托夫：《雅典和耶路撒冷：宗教哲学论》，徐凤林译，杭州：浙江人民出版社，2000年，第32页。

以才把自己暴露在亚里士多德的批判之下。"[1]

或许也是为了寻找洞穴墙壁的影像与洞穴之外的真实生活的有力证据，柏拉图想出了"精神视力"的概念。

第三节 精神视力与死亡练习

柏拉图看见了苏格拉底在公元前399年被毒死这个事实。正因为他不得不"亲眼"看见这个事实，所以在他心里才第一次产生了这样一种深刻的、无法消除的、令人不解的怀疑："自己的眼睛"就是形而上学的终极真理的源泉吗？进而，自己的眼睛是唯一的视力吗？柏拉图提出，人不仅有肉体视力，还有"精神视力"（η της διανοιας οψις）。这样，真实-真理的标准问题变得更加复杂了：如果人有两双眼睛，有双重视力，那么，谁来决定哪种视力看见的是真实-真理，哪种视力看见的虚假-谬误呢？无论真实-真理向肉体视力显现，还是向精神视力显现，两者都是"允许的"。哪个更有优势呢？要看它们各自不同的特点。肉体视力是属肉体的，而肉体受感官快乐或痛苦感觉的驱使和强迫，因此肉体视力也受制于必然性和强迫。柏拉图说："人的灵魂在由于某种东西而感到极度快乐或极度痛苦的时候，就被迫认为使他产生这种感受的东西是最明显的和完全真实的，虽然事实并非如此……每一种快乐和痛苦都仿佛有自己的钉子，把灵魂钉到肉体上，把灵魂固定住，使它与肉体相似，所以灵魂就开始认为，肉体以为是真的东西就是真的。"[2]

看来，灵魂-精神的视力是被迫依附于肉体视力的。如果精神只是被迫服从于肉体的真理标准，那么，这个真理标准就是有问题的。精神视力应当脱离肉体的束缚，有自己的自主洞见。"当肉体的眼睛不灵的时候，精神的眼睛将更加敏锐"[3]；"灵魂最能思考的时候，是在它摆脱了一切

---

[1] 舍斯托夫：《雅典和耶路撒冷：宗教哲学论》，徐凤林译，杭州：浙江人民出版社，2000年，第32页。
[2] 柏拉图：《斐多篇》83e。
[3] 柏拉图：《会饮篇》219a。

干扰、不听、不看、不受痛苦或快乐影响的时候,也就是说,在它不顾肉体,尽可能保持独立,尽量避免一切肉体的接触和往来,撰写钻研实在的时候"[1]。因此,舍斯托夫认为,"'精神视力'在柏拉图那里不是别的,正是企图摆脱这样一种'必然性'之统治的一个勇敢尝试,此必然性在当时而且直至今日仍然是人类思维的支柱。'精神视力'已不是原本意义上的视力了,就是说,不再是对那些从外部束缚人的、现成的或设定的真理的消极观照和接受了"[2]。精神视力具有了超越肉体的全新意义。

那么,怎样超越肉体视力,达到精神视力呢?柏拉图到生与死的边界那里去寻找解答。舍斯托夫重新解释了柏拉图关于"哲学是死亡练习"的思想。对柏拉图来说,肉体视力是与"强迫"和"成为被迫者"的思想紧密相联的。苏格拉底被毒死只在靠肉眼获得真理的世界上才是永恒真理,所以在他看来仅仅减弱肉体视力和一般肉体存在已经不够了。只要我们以肉体方式生存,我们就在必然性的权柄之下,我们可能受折磨,被迫承认某种东西。既然在这个世界上,那个在我们看来是世间最高尚最美好、我们最想要的东西(真理)强迫人,折磨人,把人变成被赋予意识的石头,那么我们还要留在这个世界上吗?应当逃离,尽量快速地逃离这个世界,头也不回地逃离,不问向哪里逃,不猜测前面将有什么等着你。你要烧掉、撕下、根除你身上的一切沉重的、使你石化和屈从的、把你拉向可见世界的东西。不仅肉体视力,而且整个肉体性都应当从人身上去掉。但怎样做到这些?谁能做到这些呢?柏拉图回答说:这是哲学的事业。但这里所说的哲学已不是科学,甚至不是知识,而是"死亡练习"(μελετε θαντου)。柏拉图说,一切真正献身哲学的人没有做任何事情,——只是在为死和死亡过程做准备(αποθνησκειν και τεθναναι)。当然,柏拉图马上补充说,哲学家通常对所有人都掩盖这一点。后来的情况也的确如此,尽管柏拉图在《斐多篇》的对话中大声宣布了这一思想,但亚里士多德没有听见柏拉图的"死亡练习",其中的秘密也没有人揭开。

舍斯托夫把哲学作为"死亡练习"的含义理解为对抗强迫性、必然

---

[1] 柏拉图:《斐多篇》65c。参见《柏拉图对话集》,王太庆译,北京:商务印书馆,2004年,第216、218页。
[2] 舍斯托夫:《雅典和耶路撒冷:宗教哲学论》,徐凤林译,杭州:浙江人民出版社,2000年,第25页。

性的有力手段:"肉体"和所有同肉体相关的东西,都服从必然性,都惧怕它的威胁。当人可能害怕的时候,就可以恐吓他,把他恐吓住以后,就可以强迫他服从。但"哲学家"到过生命的边缘,经历过死亡学校,他把"死亡过程"(αποθνησκειν)看作现实,把"死"(τεθναναι)同样当作未来的现实,——对于这样的哲学家来说,上述那些可怕的痛苦已经不再可怕了。柏拉图接受了死并和死结交。因为死亡使肉体视力减弱,它能在根本上摧毁什么也听不见的"必然性"和使"必然性"赖以维持的全部自明真理。灵魂开始感到,它可以不再服从和听命,而是能够指挥和命令。人在物质世界的生活不仅要面对外部的自然强迫,而且要经历自身的疾病、衰老和死亡。所有磨难中最大的不幸是死亡。只有在经历过死的考验、受到过死亡训练的人,才能获得超凡的生命勇气。

但是,舍斯托夫承认,柏拉图即便在生死边界处,在"死亡练习"中,也没有找到他想找的东西,也就是真正有能力对抗必然性的东西。按照舍斯托夫的理解,只有基督教的上帝具有这样的力量,只有上帝的"受造真理"能够对抗非受造的"永恒真理"。或许可以更确切地说:柏拉图没能成功地把他在可能的知识之外所找到的东西带给人们。当他试图把他所发现的东西展现给人们的时候,这个东西在他眼里奇怪地变成了自己的对立物,也就是理念、普遍观念。而全能的活的上帝是不可说的。柏拉图自己也清楚,"世界的创造者是很难看见的,展示它是不可能的"。不可说之物之所以不可说,是因为它在其本性上是和体现相对立的。然而,在这个世界上,不可说的创造者又不得已只能体现为概念和知识,而知识意味着被迫,被迫就是从属,是丧失,是被剥夺,其中归根到底隐藏着一种可怕的危险,"人的自我满足"——对必然性的平静接受和快乐服从。服从必然性的人可以得到理性的自我安慰。但是按照存在哲学家的观点,这时人已不再是人,而成为"被赋予意识的石头"。"被真理本身所迫的巴门尼德",反思真理的巴门尼德,已不再是先前的那个巴门尼德,不再是富有生命力的、反叛的、不安的、不妥协的巴门尼德,因而不再是伟大的巴门尼德。[1]

---

[1] 舍斯托夫:《雅典和耶路撒冷:宗教哲学论》,徐凤林译,杭州:浙江人民出版社,2000年,第39页。

因为生命的根本属性和哲学的根本目的是人的精神自由。

第四节　理念与个体

如前所述，舍斯托夫对柏拉图的关注有其独特视角。但在通行的哲学史上，柏拉图哲学最重要的思想不是超验世界、洞穴比喻、精神视力和死亡练习，而是理念论。什么是柏拉图的理念？有哲学史家解释说，理念是通过对事物的抽象而形成的普遍共相，亦即事物的类概念或本质；理念是个别事物存在的根据；理念是事物摹仿的模型。舍斯托夫的解释与这些观点有明显差异。这种差异主要表现在三方面。

第一，舍斯托夫认为，只把恒常不变的东西看作是真正现实，而把变动不居的、充满随意性的人类生活看作虚幻，这是人类思维的一个根本缺陷。"柏拉图世界观的根源就是人类思维的这一根本缺陷。"[1]人类自古就体验到世间万物变幻无常，个人命运毫无定数，从而努力用思维来把握世界的统一性和不变本质。古希腊第一位哲学家就把万物皆归于水。柏拉图也力图在永远变化的可见之物之下找到恒常不变的本质，他成功地实现了这一企图，也就是发现了理念。可见的、永远与自身不相等的、多姿多彩的现实，不是真的实在。实在之物应当是恒常不变的。因此事物的理念是实在的，而事物自身是虚幻的。从柏拉图时代起，正是那些教导人们不变之物优越于变化之物的哲学家取得了最大成就。但按照舍斯托夫的存在哲学观点，世界的最大现实是人的生命，而人生的最大现实正是变动不居的、生生不息的生命之流，这是首要的。而一般固定不变的概念和理念则是不现实的，次要的。

第二，理念不是抽象的类概念，而是现实的精华。舍斯托夫也看到了柏拉图理念论有早期和晚期的区别。在柏拉图年轻的灵感时刻，理念论向他展现出来的本质正在于，理念是现实的精华，是"超乎寻常的"现实存

---

[1] Шестов Л. *Сочинения в двух томах*. Т.2. Томск: Издательство «Водолей», 1996, С.31. 参见舍斯托夫：《无根据颂》，张冰译，北京：华夏出版社，1999年，第34页。

在，而它的外部形象，则只能提供模糊的表象。只是到后来，当他被从外部强加了这样一个任务，即要使理念成为所有人的永恒财富时，因此也就是在向任何一个有对抗心理的、爱争辩的人证明那本质上无法证明的东西的时候，简单地说，就是不得不把哲学变成"科学"的时候，柏拉图才越来越多地牺牲了现实性，而把对所有人都"显而易见"的一般原则放到首位。[1]这时，理念才成为非现实的一般原则，成为事物的类概念。数的理念论是最后阶段，因为无法想出比算术更加显而易见的东西了。因此，如果起初柏拉图有理由说现实事物只是理念的影子，理念是更加具有现实性的，那么，最后他得出了相反的看法，理念在他那里成为现实事物的影子。

第三，理念不是抽象本质，个人的理念就是个人本身。亚里士多德的《形而上学》在某一处批评柏拉图的理念论时指出，柏拉图及其追随者是通过给一些具体的词加上"自身"这一方法来得出其理念的，这样就有了"人自身"和"马自身"等。舍斯托夫认为，亚里士多德的这一观察非常细致，也是完全正确的。但这一观察没有达到亚里士多德给自己提出的目标，也就是让柏拉图的理念声誉扫地，而是能让人更轻易地深入到理念的最有价值的隐秘本质。这个最有价值的隐秘本质是什么？就是柏拉图对个体性的爱。理念只是一个表面现象、外壳，最重要的东西是掩盖在这个外壳下面的现实个体。新柏拉图主义者普罗提诺也有类似思想，他不仅谈论人的理念，而且谈论苏格拉底的理念。既然有苏格拉底和苏格拉底的灵魂，就应当有苏格拉底自身。普罗提诺不想把苏格拉底淹没在人的一般概念中。他突然感到，物自身正是苏格拉底，此时此刻的苏格拉底，教导柏拉图和被雅典人毒死的苏格拉底。哲学无论如何也不能回避活的苏格拉底。[2]"对个体性的爱在柏拉图那里比在普罗提诺那里表现得更加鲜明。对柏拉图来说，一般理念只是一个外壳，一副铠甲，他用这一外壳把他生命中最珍爱的东西对外人、对大众掩盖起来。最好的东西是幸运者在特定

---

[1] Шестов Л. *Сочинения в 2-х томах*. Т. 1. Москва: Издательство «Наука», 1993, С.225. 参见舍斯托夫：《钥匙的统治》，张冰译，上海：上海人民出版社，2004年，第179页。

[2] Плотин. Эннеады, 5. 7. 1. https://libking.ru/books/sci/sci-philosophy/220156-plotin-enneady.html.

时刻应当和善于用自己的特殊眼睛看见的,而且,无论什么理论被建立起来,他们都能看见这种最好的东西。而对大众,应当给他们看的是那种'一般之物',这种东西总是可以用'一般的'眼睛看见的,是可以向所有人展示的,也就是理念。"[1]柏拉图最珍爱的东西是个体性,是具体的、鲜活的个人。普遍理念只是体现这些鲜活个体的外部形式。

---

[1] Шестов Л. *Сочинения в 2-х томах.* Т. 1. Москва: Издательство «Наука», 1993, C.224. 参见舍斯托夫:《钥匙的统治》,张冰译,上海:上海人民出版社,2004 年,第 178 页。

第五章 "必然性不听劝说"
——论亚里士多德

与苏格拉底的人文精神和善的理念、柏拉图的精神视力和死亡练习相比，亚里士多德的思想风格可以归结为脚踏实地和持守中道。显然，这些特点与舍斯托夫主张生命是力图超越一切世间界限的自由这种"悲剧哲学"和"宗教哲学"精神恰好相反。因此，舍斯托夫对亚里士多德的批评也便围绕对必然性的服从和中道原则问题而展开。

第一节　是教导还是叹息

舍斯托夫如此总结亚里士多德哲学的出发点和基本精神："真理审判人，决定人的命运，而不是人支配真理。人无论伟大与渺小，都有生有死，有出现和消失，而真理却长存。当任何人都还没有开始'思考'和'寻求'的时候，真理就已经存在了，虽然后来才向人们展现。当人们从世界上完全消失或失去思考能力以后，真理也并不因此而受损。亚里士多德在自己的哲学探索中就是从这种观念出发的。"[1] 这一观点仿佛可以在亚里士多德的《形而上学》中找到一点根据。亚里士多德在总结希腊哲人的世界本原研究时说，巴门尼德是"不得不与现象相一致的"（αναγκαζομενοι, вынужден сообразоваться с явлениями）：巴门尼德认为，与存在者并存的不可能是任何非存在者，因此必然存在的只能是"一"，也就是存在者，而不可能有任何其他东西。但是，为了不得不与现象一致，并且承认"一"只作为可思之物，而"多"作为感性之物，他后来又制定了两种原因或两个本原，即热与冷。[2] 舍斯托夫确信，亚里士多德清楚地知道：真理有权奴役人、强迫人——无论是谁都一样，无论是伟大的巴门尼德还是伟大的亚历山大大帝，无论是巴门尼德的无名奴仆还是亚历山大的卑微马夫。为什么真理能够统治巴门尼德和亚历山大，而巴门尼德和亚历山大却不能统治真理？亚里士多德没有提出这个问题。即使有人给他提出这个问题，他也听不进，还会声言，这个问题是无意义的，是显然荒谬的。

舍斯托夫有其独特的哲学史批评方法和哲学文本解读方法。在通常的哲学批评或哲学史书写中，概括出哲学家的一般理论观点就已达到目的。哲学史家通常会专注于理论观点层面，不会追究理论背后的思想者的个人愿望，或者说，理论观点与个人愿望无关是正常的，甚至应当排除哲学家个人的情感愿望因素，这是思想"客观性"的要求。然而，舍斯托夫常常追究甚至更加重视哲学家理论观点背后的个人情感。这一特点在他对苏格拉底的批评中就已明显表现出来。同样，他在亚里士多德的话语中，在亚里士多德的理论陈述背后，看出了他的无奈和叹息。舍斯托夫写道：承认真理有权奴役人，"这并不是说亚里士多德是一个无情感的、对一切都漠不关心的人；也不是说，亚里士多德可能像哈姆雷特那样说他自己：'我是一只勇敢的鸽子，我没有胆囊，苦不使我难受。'苦是让亚里士多德难受的。他在《形而上学》的另一处说，屈从于必然性是痛苦的，我们称强迫力量是必然的，正如欧维诺所说：'凡必然之物，都令人痛苦。'而强

---

[1] 舍斯托夫：《雅典和耶路撒冷：宗教哲学论》，徐凤林译，杭州：浙江人民出版社，2000年，第3页。
[2] 参见亚里士多德：《形而上学》986b29-30。译自俄文电子版 http://lib.ru/POEEAST/ARISTOTEL/metaphiz.txt_with-big-pictures.html。

迫就是必然性的一种形式，所以索福克勒斯说：'但是不可克服的力量迫使我去这样做'"[1]。可以看出，亚里士多德在不可战胜的必然性面前感到了痛苦和难受。因此，当他谈到巴门尼德和其他古代大哲学家是"为真理本身所迫的人"的时候，才不由自主叹息道："必然性不听劝说。"（Και δοκειη αναγκη αμεταπειστον τι ειναι ορθως）[2]

这样，"必然性不听劝说"这句名言，不仅是一位具有大智慧的古代哲人的教导，而且是一个活人的叹息。当然，即便是哲学家的叹息，也是不具有理论意义的，是谁也听不见的。舍斯托夫认为，亚里士多德最终还是克制了自己不由自主的叹息，开始赞扬强迫性的真理。既然必然性不听从劝说又不可战胜，也许，就只能服从，无论难受不难受，痛苦不痛苦：应当服从并放弃徒劳无益的斗争，也就是αναγκη στηναι（必须停止）[3]。于是，无论陈述还是叹息，历史的结果都一样，都变成（或被理解为）教导，伟大哲学家的智慧的教导。亚里士多德的这一教导是不足为奇的，古今中外的大多数智慧教导有一个共同导向——都是提醒人们防止受到外部必然性的危害。中国传统尤其如此。"我们从小就习惯了在提醒中过日子。提醒注意跌倒……提醒注意路滑……提醒受骗上当……提醒荣辱不惊……先哲们提醒了我们一万零一次，却不提醒我们幸福。"[4]

服从必然性能使人免遭危害，这仿佛是生活常识。但舍斯托夫正却对这一服从必然性的智慧教导提出质疑："为什么'必须停止'同必然性的斗争？这是头等重要的问题，可以说其中包含着哲学的全部。"[5]也就是说，全部哲学的根本问题就在于对必然性是服从还是斗争的问题。理性主义哲学教导对必然性的服从，存在哲学主张与必然性作斗争的权利。生活

---

[1] 参见亚里士多德：《形而上学》1015a 26-30。欧维诺（Evenus），公元前5世纪的哲学家和诗人。
[2] 舍斯托夫：《雅典和耶路撒冷：宗教哲学论》，徐凤林译，杭州：浙江人民出版社，2000年，第13页。参见亚里士多德：《形而上学》1015a 33。俄文译本为необходимость неумолима。确切的译法应是："必然性似乎不可能被劝服。"
[3] 亚里士多德常用这两个词指出，在逻辑学、本体论和任何一门科学中都不可能陷入无限倒推（恶无限），因为科学本身都是有开端的。例如，《形而上学》1070a 4："物质与通式两不创生。每一变化之事物必原为某事物所变，而成为某事物。……假如不仅是铜创成圆，而圆也在创成，铜也在创成，则创成过程将无尽已进行；所有这些必须有一个终止。"
[4] 毕淑敏：《提醒幸福》，珠海：珠海出版社，1996年，第15—16页。
[5] 舍斯托夫：《雅典和耶路撒冷：宗教哲学论》，徐凤林译，杭州：浙江人民出版社，2000年，第4页。

经验告诉我们，服从是明智，斗争是愚蠢。然而必然性是什么？舍斯托夫这里所说的必然性主要不是客观对象，而是由人的观念和道德所建造的石墙；与必然性作斗争也不是教导人去以头撞墙，而是提醒人对抗石墙的权利。

由此，舍斯托夫还批评亚里士多德的伦理学。"只要看一眼亚里士多德的伦理学，你就会轻而易举地确信这一点。在他那里，全部美德都分布在存在的中间部位，一切越过'中度'界限的东西，都是缺陷和恶行的见证。'必须停止'在他的伦理学中，也像在他的形而上学中一样，占据统治地位。他的最新成就是对必然性的颂扬，对服从于必然性的精神的颂扬。不仅善，而且真理也寻求跪拜的人。谁要是读过亚里士多德，哪怕是《形而上学》第十二卷（特别是最后几章）和《尼各马可伦理学》第九、十卷，他就会知道，亚里士多德是多么崇拜必然性。"[1]

如何理解舍斯托夫的哲学根本问题？如何理解舍斯托夫对亚里士多德的批评？我们认为，在根本上应当从舍斯托夫的基督教世界观和哲学观与亚里士多德的自然世界观的对立来理解。

第二节 自然世界观与受造世界观

从自然世界观来看，人在世间生活中服从必然性，翻译成现代语言就是"遵从客观规律"，这是天经地义的，完全符合科学世界观，没有任何不好；相反，反抗必然性，"以头撞墙"，则意味着愚拙与荒诞。基督教世界观则不这样看，它认为人是自然的主宰，人的自由与尊严由上帝来保障，因此在对盲目必然性的服从中包含着人的受奴役。完全服从自然力量最终导致人的肉体和精神的彻底毁灭，因此也使生命失去了寄托与希望。这两种看法差异的根源在于，希腊哲学的自然世界观是世界中心论的世界观，基督教世界观是人中心论的世界观。

希腊哲学家从对宇宙的惊奇开始探究世界本原，力图把世间万物纳入

---

[1] 舍斯托夫：《雅典和耶路撒冷：宗教哲学论》，徐凤林译，杭州：浙江人民出版社，2000年，第5页。

到知识体系中。柏拉图将"理念"作为全部知识体系的基础、原理和终极目的,因此存在着思想与实际、精神与现实之间的内在张力,为精神的斗争和超越提供了可能;亚里士多德则从现实存在出发,利用逻辑和哲学范畴将各领域的知识系统化,将经验材料的归纳与理性的推理、证明有机地结合起来,从而构造了一个庞大而严整的知识体系。[1]这个体系维系着一种世界秩序,在这个世界秩序中,有各种类型的存在物,不动的推动者、人,还有低于人的动物、植物和无机物等,都是其中的一员。人并无特殊的价值、地位与使命,因此,人的生命、美德与幸福便都在这一世界秩序和知识体系的界限中被规定了。

这种人被自然所决定的终极命运,从基督教世界观来看是无法接受和容忍的。在基督教世界观中,宇宙和世间万物不是由盲目的自然力量所统治,而是有一个超越自然的最高存在者——上帝,是世界的创造者和统治者,他与自然力量的最大区别在于与人的特殊关系。人得到上帝的特别青睐。上帝按照自己的形象和样式创造人,因此在世间万物中只有人具有似神性即神圣本性;上帝让人掌管世间万物;上帝爱人,赐福于人并拯救人。这样,在受造的世界观中,人处于核心地位。那么,这是不是说,在基督教世界观中,人可以完全自由、为所欲为、不服从自然规律呢?是不是说,人有了信仰的力量就能够以头撞破石墙呢?完全不是这样。其一,基督教世界观特别强调人要服从上帝,服从上帝的诫命和指引;其二,在受造世界中人仍然要认知和服从自然规律,认知和服从必然性,认知和服从"真理"。但这些自然规律、必然性和真理不再是盲目力量,而是上帝所造,可以被上帝所改变,因此,人认知和服从自然规律不再是服从盲目力量,而是认知和服从上帝的表现,人的终极命运不再取决于盲目力量,而是取决于上帝。由于上帝的超越性、万能力量、爱和拯救,使他成为人的生命的终极寄托与希望。这是基督教世界观的基本观点。

从这一观点来看,没有上帝的维度,由"不听劝说"的盲、聋、哑的"必然性"来决定人的生活和命运,显然是很不好的,是对人的价值和尊

---

[1] 叶秀山主编:《西方哲学史》(学术版)第二卷(下),南京:江苏人民出版社,2004年,第686页。

严的贬低；低级自然力量没有权利强迫具有崇高神性的人。舍斯托夫对亚里士多德的批评，立足点也正在于此。

　　逻辑学是亚里士多德学说的基础。逻辑学最基本的定律之一是矛盾律。"对于总结前人所做的一切的亚里士多德来说，矛盾律不仅是原则、原理，而且是'最确实的原理'，正如他多次重复的那样。"[1] 在亚里士多德那里，矛盾律是思维必须服从的真理，无论伟大人物还是凡夫俗子，无论义人还是罪人，无论固有一死的众人还是长生不死的诸神。真理（Αληθεια）毫无偏心，对所有人都是强制性的：对伟大的巴门尼德也像对任何一个短工一样。"被缚的巴门尼德"和被缚的短工一样。但是，真理和"必然性"的这种强迫一切的权力从何而来？活生生的人的思维为什么必须服从逻辑定律？亚里士多德没有给出哲学的证明。他认为这是不言自明的，他相信，所有人都和他一道认为这是不言自明的，真理有权强迫伟大的巴门尼德、伟大的苏格拉底，以及随便什么人。亚里士多德的这一信念是从哪里来的？舍斯托夫认为，这一信念的背后隐藏着一个秘密，关于逻辑和真理之无限权力的哲学基础的秘密。这个秘密亚里士多德自己没有说出来，却被后来的斯多亚派哲学家爱比克泰德（Epictetus）泄露了。矛盾律和必然性的权力不是靠理论来证明的，而是靠威胁来维持的：不服从矛盾律就得被迫喝醋、被割掉耳朵。这一形象比喻来自于爱比克泰德关于必须遵守矛盾律的论证：假如我做了不承认矛盾律之人的仆人，他吩咐我给他酒，我却给了他醋或更坏的东西，他就会愤怒、吼叫，说我给他的不是他所要的。那么我就对他说：因为你不承认矛盾律，所以，无论酒、醋，还是随便什么脏水——都一样。你不承认必然性，那么，谁也没有力量强迫你把醋当作坏东西，把酒当作好东西。你就像喝酒一样喝醋好了，你也能得到满足。或者这样：主人吩咐我给他刮脸，我却用剃刀割下他的耳朵或鼻子。他又会开始吼叫——我则对他重复我的上述理论。我就如此这般地做所有的事，直到迫使主人承认如下真理：必然性是无法战胜的，矛盾律是有无限权力的。[2]

---

[1] 亚里士多德：《形而上学》1005b6-20，吴寿彭译，北京：商务印书馆，1983年，第62页。
[2] Вестник древней истории. Москва: издательство «Наука». Номер 3 от 1975 года. C.254.

应该说，这是舍斯托夫对亚里士多德的"过度解释"，不完全符合亚里士多德思想的原意。但这样的比喻也符合亚里士多德学说的务实性原则和特点。这与基督教思想的超越性是有显著差别的。此外，自然世界观与宗教世界观的差别还在于，前者追求一般知识，后者注重个体存在；前者强调科学的普遍性，后者关注偶然事物的意义；前者注重思维逻辑，后者注重生命价值。

第三节　普遍知识与偶然存在

早在亚里士多德之前，巴门尼德就已提出，"思维和存在是同一种东西"[1]。这是理性主义认识论的鲜明体现。在这一认识论范围内，思维力图把存在纳入自己的领域，而存在如果离开思维，就不能给自己找到充分和完全对应的表达。思维要追求科学知识，而科学则要求普遍性和必然性，忽视和否定偶然事物的意义。这一思想也是和舍斯托夫的宗教存在哲学相对立的，因此受到舍斯托夫的批评。

亚里士多德与他的前辈苏格拉底和柏拉图一样，总是强调知识是对普遍之物的认识，认为假如将一切都归结为对偶然事物的经验感知，就不会有任何知识了。他在《形而上学》中说，"经验知识是关于某物在现实中如何发生的知识，但它并没有认识到，所发生的东西何以发生，何以应当这样发生而不是那样发生"[2]；在《尼各马可伦理学》中又说，"科学是对普遍者和出于必然之物的认识，——所以，一切知识都是可教的，认识的全部内容都可以传达给他人"[3]。可见，在希腊人那里，知识的思想与普遍性和强制性思想是紧密联系不可分割的。但在舍斯托夫看来，虽然知识的普遍性是可传达性的条件，但另一方面，普遍性和可传授性也伴随着强

---

[1] 参见北京大学哲学系外国哲学史教研室编译：《古希腊罗马哲学》，北京：商务印书馆，1961年，第57页。
[2] 亚里士多德：《形而上学》981a26。译自俄文电子版 http://lib.ru/POEEAST/ARISTOTEL/metaphiz.txt_with-big-pictures.html。
[3] 亚里士多德：《尼各马可伦理学》1140b31；1139b25。译自俄文电子版 https://www.civisbook.ru/files/File/Aristotel_Nikomakhova.pdf。

制和对偶然事物的忽视。我们看看亚里士多德是如何论述偶然之物的："偶然之物当然是存在的，但不是必然存在，不是永远存在和大多数场合都存在；我们以此说明了什么是偶然性，由此就显而易见，为什么没有关于偶然之物的科学；因为一切科学都以总是存在或大多数场合都存在的东西为对象；偶然之物既不属于总是存在的东西，也不属于在大多数场合都存在的东西。"[1]

这样，偶然之物不在理性的视野之内，当然也就无论如何也不可能成为科学知识的对象。但是，舍斯托夫问道："科学是否有权把偶然之物排除在自己研究对象之外呢？偶然之物不总是出现，它是罕见的，但这就意味着它就不那么重要和根本吗？亚里士多德毫不动摇地确认，应当更加重视那些永远存在和经常发生的事物，而不是偶尔存在的罕见之物。但要知道，这是完全随意的、毫无根据的确认，这种确认作为论据不具有任何意义。如果亚里士多德没有想出任何其他论据来维护自己的思想，那么就是说，他的确已经无话可说了。"[2] 实际上，某种东西的重要性或根本性完全不取决于它是否经常出现。并非经常出现的东西就是重要的，极为少见的东西就是毫无价值的。天才极为罕见，而平庸之人则要多少有多少，但天才吸引我们的注意。启示要几百年甚至几千年才出现，但即便启示在世界存在的全部时间内只出现过一次，它对我们来说也比每天、每小时甚至每分钟都重复发生的现象更有价值。科学对偶然之物的最关键的反驳不是它没有意义，而是它无法捕捉和记录。石头在水中沉没是我们每天都可以看见的，也可以用实验加以验证，因此具有科学意义，而上帝在西奈山的启示则只有一次，而且没有见证者，因此不具有科学意义。但不具有科学意义的事物未必不具有重要价值。在存在哲学看来，一个人的哭、笑和情感要比普遍的道德规范更有意义。正如舍斯托夫的现象比喻，在约伯的天平上，人的苦难重于全部海沙。

为了说明偶然性不能成为科学知识的对象，亚里士多德举了一个例

---

[1] 亚里士多德：《形而上学》1065a。译自俄文电子版 http://lib.ru/POEEAST/ARISTOTEL/metaphiz.txt_with-big-pictures.html。

[2] Шестов Л. *Сочинения в 2-х томах*. Т. 1. Москва: Издательство «Наука», 1993, С.17. 参见舍斯托夫：《钥匙的统治》，张冰译，上海：上海人民出版社，2004年，第3页。

子：一个人为植树挖土，却挖到了宝藏。显然，挖到宝藏不是必然的，这样的事情也不会经常发生。因此，宝藏是这样一种"偶然性"，它不能成为研究的对象，不能激起我们的求知欲。[1] 人的理性，人的求知欲以及由理性和求知欲所养育的科学，在此都无能为力。但是须知，找到的是宝藏，亚里士多德自己对我们说，是宝藏，而不是石头、蚯蚓或朽木。是谁迫使亚里士多德一定要说挖到宝藏的？显然，普遍知识不能涵盖现实存在的全部。在科学和理性知识的视野之外，在人的现实生活中，人有可能同样"偶然地"发现某种比宝藏更重要的东西。比方说，他在犁地的时候碰上了复活水之泉，或者是相反，划破了深埋在地下的潘多拉之匣，由此迸发出无尽的灾难并蔓延于整个世界。这也是偶然性！既然是偶然性，因此科学与思维在此就无能为力，只应接受——在前一种情况下接受好处，在后一种情况下接受害处。科学思维只应注意那种不断发生或必然发生的东西，至少是经常出现的东西。它要求人们寻找的对象不是看其重要性和价值大小，而是要看它是否经常出现。一个对象只要是经常出现的，就有科学意义；反之，如果一个对象，无论它有多么重要和有多大价值，只要它是随意出现的，不遵循任何规则甚至不顾规则而出现在我们面前的，它就不能进入科学知识范围。[2] 显然，这种追求普遍的思维不能取代多样的现实。亚里士多德举宝藏的例子，就说明他意识到了这一矛盾。

不仅如此，舍斯托夫还指出了亚里士多德哲学中另一个更重大的矛盾，这个矛盾使他的哲学基础显得很不牢固：正是在哲学的基本问题上，在什么是知识对象的问题上，亚里士多德陷入了混乱。他一方面批评柏拉图的理念论，不承认理念的现实存在，认为只有单个事物是现实存在的；但另一方面，在亚里士多德那里，知识对象又不是单个事物，而是一般之物，亦即不是现实存在之物。这一点甚至如策勒（Eduard Zeller）和施维格勒（Albert Schwegler）这样最狂热的亚里士多德追随者都是承认的。但遗憾的是，无论策勒还是施维格勒，都没有提出这样的问题：像亚里士多德这样

---

[1] 亚里士多德：《形而上学》1025a15 及以下。译自俄文电子版 http://lib.ru/POEEAST/ARISTOTEL/metaphiz.txt_with_big-pictures.html。
[2] 舍斯托夫：《雅典和耶路撒冷：宗教哲学论》，徐凤林译，杭州：浙江人民出版社，2000 年，第 304 页。

博学而天才的学者怎么会看不见自己体系中如此明显的矛盾呢？为什么亚里士多德在需要揭露柏拉图的矛盾时表现得那样富有洞察力和警觉，而在自己身上却如此盲目和不用心？这位爱真理胜过爱老师的亚里士多德为什么不严格要求自己？如此重大的、足以让他的哲学建树完全失去意义的矛盾，为什么根本没有妨碍他在全体真理探索者中的统治地位？[1] 这两位亚里士多德研究的权威学者没有提出这样的问题，舍斯托夫提出了。但这个问题的提出不是为了解决，而是为了揭露理性自身的非自足性，为了彰显理性主义与宗教哲学的对立，"雅典"和"耶路撒冷"的对立。

第四节　宗教哲学与理性主义

舍斯托夫的基督教世界观也决定了他对哲学根本任务的观点，这种观点与亚里士多德的哲学观格格不入。他所理解的哲学既不同于实证科学，也不同于理性主义哲学。实证科学是为生活亦即暂时福利服务的，而不思考生死亦即永恒问题。理性主义哲学以理性认识、普遍知识为出发点，不关心个人的生命感受；舍斯托夫所理解的哲学是以基督教世界观为基础的"悲剧哲学""存在哲学""宗教哲学"。这样的哲学，其全部问题和探索正是应当从活人的"叹息"开始。所谓"悲剧哲学"，是为那些被科学和道德所拒绝的人们寻求希望[2]；所谓"存在哲学"，就是争取不可能之物的斗争[3]；所谓"宗教哲学"，"不是寻求永恒存在，不是寻求存在的不变结构和秩序，不是反思……宗教哲学是伟大的和最后的斗争，为的是争取原初的自由和包含在这种自由中的神的'至善'"[4]。

显然，这样的宗教哲学与服从必然性的理性主义哲学格格不入。理性主义哲学确认人的生命与活动有自己的界限，人的思维和理性也在这个界

---

[1] Шестов Л. *Сочинения в 2-х томах*. Т. 1. Москва: Издательство «Наука», 1993, C.21. 参见舍斯托夫：《钥匙的统治》，张冰译，上海：上海人民出版社，2004年，第7页。

[2] Шестов Л. *Сочинения в двух томах*. Т.1. Томск: Издательство «Водолей», 1996, C.328.

[3] Шестов Л. Киргегард-религиозный философ // 《Русские Записки》, 1938 № 3.

[4] 舍斯托夫：《雅典和耶路撒冷：宗教哲学论》，徐凤林译，杭州：浙江人民出版社，2000年，第22页。

限之内，如果超出这个界限，便是荒诞或幻想。那么这个界限是谁设定的呢？是人的知识和理性。人的理性通过冷静的、客观的思考，清醒地认识到自己生命与活动的界限。于是他的理性只容许他在这个界限内生活和思维。这仿佛是理性的自足和自我循环，人的自足和自我循环，没有超越的维度。在实际的日常生活中，大多数人都是如此，亚里士多德就是典型代表，后来还有斯宾诺莎、黑格尔等，他们知道人的界限，虽有叹息，但他们善于克制自己的叹息，服从世界秩序和知识体系。

然而，宗教哲学（确切地说是以基督教世界观为基础的哲学）则有另外一种思维方式，另外一种思维维度。它确认，在上帝的恩典和爱中，人的生命与活动是无界限的，或者说，人的思维和理性是无限开放的，是向超越的最高存在者开放的。这种开放性是在生命活动中体现出来的，不是反思的结果，不受知识的限制。在此，理性不是自足的，人不是自足的，思维和精神使人的生命走向自己的边界之外。舍斯托夫从《圣经》先知的思维中找到了对这一观点的支持。《诗篇》作者大卫不顾必然性的铁律，"从苦难的深处"向救主求告。难道他不"知道"，必然性既听不见劝说也听不见诅咒，必然性什么也不听什么也不怕，而他自己的声音必将成为旷野中的呼告吗？他当然知道，甚至像亚里士多德一样清楚地知道。但是，显然，"知道"不决定一切，他除了知识以外，还有某种别的东西，还有上帝信仰，还有更高的存在者和拯救者可以诉求。

当然，有必要说明的是，在我们看来，这样的宗教哲学思维所说的不是人们日常生活的思维，也不能用来指导人们的日常生活。在现实社会的日常生活中，人们不关心生死问题和终极问题，只关心有限的现世的自由和幸福。在这样的生活中更适合的是亚里士多德式的理性主义学说和思维，而宗教哲学的非理性的斗争思维则意味着极端主义、幻想主义或蒙昧主义。但是，如果进入"临界境遇"，面对终极问题、面对死亡威胁的时候，就会迫使人产生宗教哲学的思维。"当一个人受到了像赞美诗咏唱者所受的深重屈辱的时候，他的思维就会完全意外地发生某些神秘莫解的变化。他不能忘记耶路撒冷（诗 137：5-6），但却忘记了必然性的统治，忘记了这个（不知是被何人何时何故武装得如此可怕的）敌人的不可战胜性，并同他展开了可怕的最后斗争,而不顾以后的结果如何。"[1]

也就是说,以最高存在者为本原、主导和归宿的哲学思维,是人们面临终极问题时寻求生命依托的有效途径,而不是人们在社会生活的"中间状态"所必需的生活指南。在现实生活中更需要的是亚里士多德伦理学中的"持守中道"。亚里士多德深信道德的真理在于存在的中间部位,生命的边缘不能引起我们的任何兴趣,最好的东西应当在"过分"与"不足"之间寻找。亚里士多德善于以无与伦比的技巧"适可而止"。

---

[1] 舍斯托夫:《雅典和耶路撒冷:宗教哲学论》,徐凤林译,杭州:浙江人民出版社,2000年,第4页。

第六章　时代之子的困惑
——论笛卡尔

在不同的哲学史家那里，笛卡尔有着不同的哲学形象和历史地位。在大多数哲学史著作中，笛卡尔是近代哲学之父，主体观和理性启蒙道路的开创者，直接继承了希腊哲学，与中世纪哲学毫无关系；但法国哲学史家吉尔松则认为，"整个笛卡尔体系都是建立在一个全能的上帝观念上的。上帝一方面是自有的，另一方面更强有力地创造了各种永恒真理（包括数学真理在内），又从虚无中创造了这个宇宙"[1]。舍斯托夫在其著作的不同地方，既肯定笛卡尔关于真理依赖上帝意志的观点，同时又批评笛卡尔哲学的另一面——理性自律，揭示了笛卡尔立场的不确定性及其学说中的内在矛盾。

第一节　受造真理

吉尔松是在研究笛卡尔的基础上进入中世纪哲学研究领域的。他对笛

---

[1] 吉尔松：《中世纪哲学精神》，沈清松译，上海：上海人民出版社，2008年，第28页。

卡尔哲学的基本精神及其与中世纪哲学之联系的理解具有一定权威性，尽管这一观点与先前哲学史家的观点大有不同。舍斯托夫在为吉尔松《中世纪哲学精神》一书所写的书评[1]中，在两点上赞同吉尔松，第一，笛卡尔有真理由上帝创造的思想；第二，笛卡尔哲学与中世纪哲学有紧密联系。

舍斯托夫引述了莱布尼茨对当时已故去的笛卡尔的一个重要批评。笛卡尔在自己的书信中不止一次地表达了这样的信念：永恒真理不是自古就有的，不是依照自己的意志而存在的，就像它永远应当如此那样；而是上帝创造的，就像全部拥有现实存在和观念存在的东西都是上帝所造一样。例如，笛卡尔在1648年7月29日给阿诺德（Arnauld）的信中写道："但我不认为可以断言有任何东西是上帝造不出来的；由于真理和善的基础都依赖于上帝的全能，所以我甚至不敢说，是否存在着没有峡谷的高山，或是否存在着1＋2不等于3。我更愿意说，上帝赐予了我这样的理性，它不能想象没有峡谷的高山，它从1＋2之和中除了3之外看不到另外的结果"[2]；此前，笛卡尔在1630年4月15日和5月27日给梅尔森（Mersenne）的信中就写道："上帝也可以自由地做到使圆心到圆周的全部连线不相等，正如他可以不创造世界一样。"莱布尼茨每每想起笛卡尔的此番论述，就不能自制。他为笛卡尔维护这种不合理思想（即便是在信中）感到愤怒。[3]舍斯托夫认为，当笛卡尔这样说的时候，这位近代伟大的理性主义者既背离了希腊哲学的基本原理，也背离了吉尔松书中所写的中世纪哲学，而表达了与犹太教-基督教"启示"相符合的认识论形而上学思想："我们所继承的希腊人的'第一原理'，完全不是'本原'，因为在上帝所造的世界上，第一本原，亦即不依赖于任何人的、自足的本原，是没有也不可能有的。我们相信不可能有无峡谷的高山或1＋2不能不等于3，这只应当看作是我们暂时得到的授意，这种授意如果来自造物主，则可能是无危险的甚至是有益的；如果来自人类的敌人，就应当是极其有害的，但在这两种情况下，这种授意都是有条件的和相对的，不能奢望具有永恒

---

[1] 最初用法语连载发表于法国哲学杂志，后改写成《雅典和耶路撒冷》一书的第三章。
[2] 舍斯托夫：《雅典和耶路撒冷：宗教哲学论》，徐凤林译，杭州：浙江人民出版社，2000年，第219页。
[3] 参见莱布尼茨：《神正论》第二部分，第186节。

属性，它迟早都会成为过去。"[1]这种观念是与中世纪神学家彼得·达米安（Peter Damian）的思想相一致的。

关于笛卡尔哲学与近代哲学有密切联系，舍斯托夫虽然承认这一联系，但是关于这种联系的内容是什么，舍斯托夫则与吉尔松的观点完全不同。这涉及他们二人在对整个中世纪哲学精神的评价上的根本分歧：中世纪哲学是否保持了启示真理。吉尔松认为，启示真理思想不仅在经院哲学中得以保持，而且使现代哲学富有成果。笛卡尔以及近现代哲学的所有伟大代表人物，都与经院哲学有着紧密的联系：莱布尼茨、斯宾诺莎、康德以及德国唯心主义者，他们走的都是经院哲学思想所铺的路。假如没有把《圣经》及《圣经》的启示真理同希腊人所达到的自明真理结合起来的经院哲学，那么近代哲学永远也不可能做到它已经做到的一切。舍斯托夫认为，中世纪哲学已经被希腊化，丧失了启示真理。笛卡尔虽然表达了永恒真理依赖于上帝创造的思想，但没有理由断定全部笛卡尔体系都是依靠创造永恒真理的全能上帝思想来维持的。[2]因为笛卡尔思想还有理性自律的一面，他宣布"对我来说自然中的万物都是按照数学原理发生的"。

> 笛卡尔在书信中曾经庄严宣布，"真理和善的全部根据都依赖于上帝的全能"……假如这种思想在他的哲学中得到完全实现，那么，它就会永远地和彻底地使近代哲学与古代哲学断绝关系，使近代哲学给自己提出希腊人那里所完全没有的任务，探索新的"第一原理"，根本改变全部"思维技术"。真理是受造的，人子在真理之上，正如在安息日之上一样，人子永远是真理的主人，——这样的真理对希腊人来说，是"术语的相互矛盾"，是某种不可能的东西，而且是一片荒凉。受造真理思想使我们恢复圣经中所说的纯真无知状态，但这就意味着理性哲学的终结。[3]

---

[1] 舍斯托夫：《雅典和耶路撒冷：宗教哲学论》，徐凤林译，杭州：浙江人民出版社，2000年，第222—223页。
[2] 舍斯托夫：《雅典和耶路撒冷：宗教哲学论》，徐凤林译，杭州：浙江人民出版社，2000年，第219页。
[3] 舍斯托夫：《雅典和耶路撒冷：宗教哲学论》，徐凤林译，杭州：浙江人民出版社，2000年，第266—267页。

然而实际上，理性哲学并没有终结，而是凭借笛卡尔的契机得到了进一步发展。舍斯托夫认为，之所以如此是因为，笛卡尔在自己的信中所宣布的受造真理，仅仅是他作为一个相信《圣经》的人所做的必要贡赋，他知道，在口头上纳完了这一贡赋之后，他就获得了按照理智的良知对他的要求进行"思考"的权利和可能性。只需一次承认创造者意志的毫无限制，然后没什么能妨碍这一观念的接受，即创造者的"绝对力量"已经"自愿地"永远变成了"被规定的力量"，以便永远不再记起自己。这里充分表现了希腊思想对笛卡尔的统治。如果寻找笛卡尔哲学的根源，那么它当然不在神的"命令"中，而在人的或"形而上学的""服从"中。上帝的"绝对力量"在笛卡尔那里，也像在希腊人那里一样，属于"只命令过一次"的东西，即便它曾经发生过，也仍然被我们的思维解释为从来没有发生过的事情，解释为不会给我们带来任何麻烦的东西。这样，笛卡尔的另一个牢固观念是符合时代精神的理性自主，这一理性甚至不容许上帝骗人。

第二节 "上帝不能骗人"

舍斯托夫对笛卡尔关于"上帝不能骗人"的说法作了许多评论。那么，笛卡尔的这个说法是在怎样的语境中说出的，具有怎样的含义呢？这一说法是从普遍怀疑的过程中引出的。

普遍怀疑是笛卡尔建立自己的哲学体系的手段和方法。他的怀疑是逐步深入的，首先，经验知识是值得怀疑的，感性认识是不可靠的，有时感官会欺骗我们；其次，更具普遍性的科学知识也不是确定无疑的。"物理学、天文学、医学以及研究各种复合事物的其他一切科学都是可疑的、靠不住的；而算数、几何学，以及类似这样性质的其他科学，由于它们所对待的都不过是一些非常简单、非常一般的东西，不大考虑这些东西是否存在于自然界中，因而却都含有某种确定无疑的东西。因为，不管我醒着还是睡着，二和三加在一起总是形成五的数目，正方形总不会有四个以上的边；像这样明显的一些真理，看来不会让人怀疑有什么错误或者不可靠的可能。"[1] 但这些数学真理还不是无可怀疑的，因为这些真理是被我们的心智所认知的，而我们的心智是上帝造就的，也许上帝是个骗子，他"让我们每次在二加三上，或者在数一个正方形的边上，或者在判断什么更容易的东西上弄错"[2]。最后，笛卡尔得出，只有"我在怀疑""我的思维"这一事实是不可怀疑的。"最后必须做出这样的结论，而且必须把它当成确定无疑的，即有我，我存在这个命题，每次当我说出它来，或者在我心里想到它的时候，这个命题必然是真的"[3]，由此得出笛卡尔哲学的第一原理"我思故我在"。

但此时笛卡尔还是对思维对象的存在没有把握，也就是无法确定，当我停止思维时，我和对象是否还存在。他感到还需要依靠上帝的存在来做最后的保证。"我应该在一旦机会来到的时候，检查一下是否有一个上帝，而一旦我找到了有一个上帝，我也应检查一下他是否是骗子。因为如果不认识这两个事实真相，我就看不出我能够把任何一件事情当作是可靠的。"[4] 怎样检验呢？我们能够超验地直接领悟上帝全知全能全善的本质，而上帝的本质是与他的存在分不开的，因此上帝是存在的；那么上帝是不是个骗子呢？"自然的光告诉我们，欺骗必然是由于什么缺点而来。"[5] 因为上帝是至善的，完满的，所以上帝不可能欺骗我们。

舍斯托夫认为，首先，这表明笛卡尔在理性自主与上帝决定之间的犹豫不决，试图调和理性与上帝。他对此评述道：笛卡尔也像柏拉图那样，要从彼岸世界寻找真理的根源。当笛卡尔发现上帝不可能完全欺骗他之后，他本可以庆祝人的理性的完全胜利。但翻过几页之后你会发现，"自然的光"是不够的，刚才还向我们证明上帝不可能欺骗我们的笛卡尔，现在又开始不安起来。仅仅相信上帝不可能欺骗我们（也就是即便上帝想欺骗，也狡猾不过人），这对笛卡尔来说是不够的。他确信，上帝不想成为欺骗

---

[1] 笛卡尔：《第一哲学沉思集》，庞景仁译，北京：商务印书馆，2008年，第15页。
[2] 笛卡尔：《第一哲学沉思集》，庞景仁译，北京：商务印书馆，2008年，第18页。
[3] 笛卡尔：《第一哲学沉思集》，庞景仁译，北京：商务印书馆，2008年，第23页。
[4] 笛卡尔：《第一哲学沉思集》，庞景仁译，北京：商务印书馆，2008年，第69—70页。
[5] 笛卡尔：《第一哲学沉思集》，庞景仁译，北京：商务印书馆，2008年，第53页。

者，因为这与上帝作为最高存在者的尊严不相容，笛卡尔对理性的信任最终以此为基础。但是，舍斯托夫认为，这样的证明是苍白无力的。笛卡尔亲眼看见，人不能以自然理性胜过上帝，无论是否愿意，人都必须跪拜宇宙创造者，不是向他要求真理，而是谦卑地请求他的怜悯。[1]

其次，舍斯托夫认为，笛卡尔没有自觉地否定上帝，他的理性思想只是"时代精神"的要求。"可以毫不夸张地说，不是笛卡尔，正是斯宾诺莎应当被称为近代哲学之父。"[2] 关于上帝的思想并没有令笛卡尔不安。他不曾要求否定上帝。只要上帝不骗人，只要上帝按照自己的本性是永远自我等同的（这两个"只要"意义相同，二者都是实证科学知识之可能性的条件），这就是他的全部要求了。他不期待从上帝那里得到更多东西。只要上帝不妨碍人创造科学——物理学、几何学和第一哲学，对笛卡尔来说就足够了。笛卡尔是个非常诚实的人，他不反对《圣经》，绝不是因为害怕教会的迫害（像博絮埃所说的那样），而是因为害怕良心的审判。他深知不能向人们宣告没有上帝，更不能亲手杀死人们赖以生活的上帝。即便上帝足够清楚明白地要求他杀死上帝自己，他也不可能这样去犯这一罪行。当笛卡尔宣布了自己的"怀疑一切""清楚明白"和"上帝不能骗人"的时候，甚至他自己都没有料到他在着手做什么。他没有料到，他是受到了时代精神的诱惑，违背上帝意志，走向堕落，就像当年亚当的堕落一样。[3]

最后，舍斯托夫认为，笛卡尔毕竟完成了他自己的历史使命，成为从中世纪到近代的伟大转变的标志。这就是脱离了上帝主宰的自我的发现，主体性的发现，类似于文艺复兴时代的"人的发现"。就连笛卡尔的写作风格都带着文艺复兴式的兴奋和喜悦。他的著作尽管题目很抽象，但充满异乎寻常的热情、感奋和激昂。这不是论文，而是鼓舞人心的诗篇。甚至卢克莱修的著名哲学诗篇《物性论》写得也远没有这么有力和激昂。笛卡尔竭力追

---

[1] Шестов Л. *Сочинения в 2-х томах*. Т. 1. Москва: Издательство «Наука», 1993, С.207. 参见舍斯托夫：《钥匙的统治》，张冰译，上海：上海人民出版社，2004 年，第 165 页。
[2] Шестов Л. *Сочинения в 2-х томах*. Т. 2. Москва: Издательство «Наука», 1993, С.263. 参见舍斯托夫：《在约伯的天平上》，董友等译，北京：生活·读书·新知三联书店，1989 年，第 268 页。
[3] 舍斯托夫：《在约伯的天平上》，董友等译，北京：生活·读书·新知三联书店，1989 年，第 268、272 页。

求的是使世界、生命、人们摆脱那控制一切的神秘力量。在他看来,依赖性——甚至对完善的最高存在物的依赖性,都是不能忍受的负担和痛苦。他只相信自己。他怀有这样的思想,即宇宙间没有任何人想要和能够欺骗他,不要信任和相信任何人,他自己(他绝对相信自己)从今以后就是自己命运的主人和创造者——在他怀有这些想法的时候,他的心灵便充满了狂喜,他的论文就变成了诗篇,变成庆祝的、欢快的、胜利的歌唱。

笛卡尔说用"上帝不能骗人"来证明自己的观点。舍斯托夫谈到了这一论断的两个方面——上帝不会骗人和上帝不能骗人。第一方面,上帝不会骗人吗?上帝赋予人的知性和理性都是完全可靠的吗?笛卡尔觉得,如果上帝骗人,那么一切都完了。舍斯托夫认为,笛卡尔"实际上是不对的。上帝会骗人;在《圣经》中已经不止一次地传达了这一点,而且我们用自己的眼睛也能够处处证明这一点,即便是以上面所说的太阳、大地和天空为例。假如上帝给我们构造了另外一种视力,我们就完全不需要花费一千年等待哥白尼的出现,才得以拒绝地心说的幻象"[1]。

第二方面,上帝不能骗人,上帝没有能力骗人。这个论断就更成问题,它意味着贬低上帝的全能,否定上帝的权威。"上帝不能骗人——难道这不是文艺复兴时代的许多阴谋家之一对上帝的第一个致命打击吗?上帝不能欺骗,上帝还有许多不能。有一系列'不能'都在上帝之上,人们为了掩盖它们的意义,给它们起了一个荣誉的名字叫'永恒真理'。在杀死上帝的时候,笛卡尔认为,他只不过是在为科学服务。我们记得,他曾经兴奋、欢呼、歌唱。以笛卡尔为最后一个代表的整个文艺复兴时代都曾经兴奋和欢呼。中世纪的黑夜结束了!晴朗的、明亮的、快乐的早晨到来了……"[2]

尽管笛卡尔小心谨慎,但他毕竟天才地、无与伦比地完成了自己的历史使命。笛卡尔标志着千年"中世纪黑暗"的结束,标志着近代历史和近代思想所开始的伟大"跃进"或转折。笛卡尔是"真正的自己时代之

---

[1] Шестов Л. *Сочинения в 2-х томах*. Т. 1. Москва: Издательство «Наука», 1993, C.152. 参见舍斯托夫:《钥匙的统治》,上海:上海人民出版社,2004年,第118页。

[2] Шестов Л. *Сочинения в 2-х томах*. Т. 2. Москва: Издательство «Наука», 1993, C.267. 参见舍斯托夫:《在约伯的天平上》,董友等译,北京:生活·读书·新知三联书店,1989年,第272—273页。

子"[1]。这一伟大转折的标志集中体现在笛卡尔的第一原理中——"我思故我在"。

第三节 "我思故我在"的另类解释

笛卡尔哲学第一原理是从普遍怀疑的观点得出的。当我怀疑一切事物的存在时,我却不用怀疑我本身的思想(我的怀疑活动),因为此时我唯一可以确定的事就是我自己思想的存在。我思是不容置疑的,因此我在是不容置疑的。"我思故我在,这使我确信我说的是真理,因为我清楚地看到,为了思,需要在。"[2]从这句话的字面意思看,笛卡尔认为"我思"的归宿是"我在"。但按照我们所转引的这部《西方哲学史》的解释,"我在"的要害其实是"我思"。这里的"在"始终不过就是"思",这是笛卡尔沉思的真正秘密。就"我思故我在"而言,他始终停留在"思"的内部。[3]这种解释是有根据的,因为笛卡尔同样是在《方法谈》中明确地说:"我是谁?一个思想者。什么是思想者?这就是怀疑、设想、领会、肯定、否定、意愿、想象、感受者";"思之外一无所有,从那里我知道了我所是"。因此,从"我肯定我是思想者"可以得出"凡我们清楚明白领悟的一切都是真的。"[4]

但按照舍斯托夫的解释,笛卡尔第一原理的根本意义和"真正秘密"不在于"思",也没有停留在"思"的内部,也不在于从"我思"推论出"我在"这一三段论推理,而在于发现了"自我"的存在,这一"自我"是完整生命,而非局限于理性思维。这才是笛卡尔发现的"真理之光"。从"我思"推论出"我在"的这个三段论推理是无意义的,其实全部"思考和认识"已经完全包含于"我在"之中了。"我在"与"我思"相比,

---

[1] 舍斯托夫:《在约伯的天平上》,董友等译,北京:生活·读书·新知三联书店,1989年,第259—260页。
[2] 笛卡尔:《方法谈》,转引自叶秀山主编《西方哲学史》(学术版)第四卷,南京:江苏人民出版社,2004年,第49页。
[3] 转引自叶秀山主编《西方哲学史》(学术版)第四卷,南京:江苏人民出版社,2004年,第50页。
[4] 转引自叶秀山主编《西方哲学史》(学术版)第四卷,南京:江苏人民出版社,2004年,第51页。

正如"我思"与"我在"相比一样，没有从自身提供任何新东西。因此确切的说法应该是"思者在"，这里才包含着新知识的全部本质。在舍斯托夫的解释中，"思者在"的意思是说，进行哲学思考的主体是一个真实的生命存在，理性思维的主体是非理性或超理性的个体生命，按照舍斯托夫的解释，这一论断已经是存在哲学的基本论断了。

但是，这一新意义在笛卡尔那里只是昙花一现。舍斯托夫指出，当笛卡尔"发现真理之光"的时候，他马上就把自己的伟大认知塞进了"我思故我在"这一结论公式。于是伟大真理就牺牲了，既没有给笛卡尔本人、也没给人们带来任何东西！既然他教导了"怀疑一切"，那么，首先就应当怀疑三段论公式认为自己时时处处都是真理的鉴定者这一奢望的合理性。然而，一旦笛卡尔开始"作结论"，他马上就忘记了他所看见的东西，忘记了"我思"，忘记了"我在"，只获得了对他和对所有人来说都是强迫性的"故"。

> 笛卡尔突然发现了那从前所不知的东西，发现他，笛卡尔自己，存在着。因而，这一发现是一个启示，并且这一启示推翻了理性的全部基本原则。正是怀疑一切的理性，怀疑笛卡尔的存在，这是纯粹的、超个人的理性，这是客观知识所不可或缺的"一般意识"。而用理性论据推翻怀疑是毫无可能的。当笛卡尔"发现真理之光"（他自己这样说自己关于"我思故我在"的论断）的时候，我再说一遍，这是一个真正的启示，它无往不胜地打碎了全部理性思考。……生活中有某种大于理性的东西。生命本身是从高于理性的源泉中流出的。也就是说，那些不能被理性所认识的东西，不总是不可能之物。相反，在理性认定是必然性的地方，联系也可能中断。笛卡尔本应这样来"解释"自己的发现。但他想要"严格的科学"，他害怕脱离"普遍世界"，因为只有在这个世界里，严格的科学才是可能的，因此笛卡尔给出了完全相反的解释。[1]

---

[1] Шестов Л. *Сочинения в 2-х томах*. Т. 2. Москва: Издательство «Наука», 1993, C.123. 参见舍斯托夫：《在约伯的天平上》，董友等译，北京：生活·读书·新知三联书店，1989年，第124—125页。

这一解释就是仍然把思维局限于理性范围内，以"清楚明白"的思维来认识万物存在，包括人的存在，赞颂普遍"定律"及其永恒存在。因此他不知道，什么是存在着的。现在，在他的发现之后，人们仍然不知道这一点——即便是有学问的人也不知道。

第四节 笛卡尔与帕斯卡尔

舍斯托夫在关于帕斯卡尔的著作中，把笛卡尔和帕斯卡尔加以对比。长期以来，人们传说帕斯卡尔是笛卡尔主义者，但舍斯托夫认为，"现在所有人都确信，这是错误的。帕斯卡尔不仅不是笛卡尔的追随者，而且相反，笛卡尔身上体现了一切帕斯卡尔与之斗争的东西"[1]。这就是关于上帝存在的思想。他自己在《思想录》中公开说了这一点："我不能原谅笛卡尔，他在其全部的哲学之中都想能撇开上帝；然而他又不能不要上帝来轻轻碰一下，以便使世界运动起来；除此之外，他就再也用不着上帝了。"[2] 帕斯卡尔所反对的笛卡尔哲学精神在于，这种精神相信世界是可以用自然方式来解释的，相信人可以不需要上帝。帕斯卡尔的全部晚年生活都在与这一思想进行痛苦的斗争。由此产生了他的哲学和生活观的悖论性。那些通常给人民提供安慰的东西，在他身上激起了巨大的不安，那些人们最害怕的东西，却使他产生巨大的希望。帕斯卡尔哲学的谜底在于上帝决定万物。"对全部争论的终极审判者不是某些人，而是那个高于人者。因此，为了寻求真理，就应当摆脱那种被人们通常认为是真理的东西。"[3]

笛卡尔一方面在其《形而上学的沉思》（又称《第一哲学沉思集》）中试图论证上帝存在和灵魂不死，另一方面又通过断言"上帝不想也不能骗人"来保证"自然之光"的理性真理，比如希腊哲学家就确认的"凡是有开端的事物必有终结"，由此得出一个必然结论——死亡是一系列自然

---

[1] Шестов Л. *Сочинения в 2-х томах*. Т. 2. Москва: Издательство «Наука», 1993, С.280-281.

[2] 帕斯卡尔：《思想录》，何兆武译，北京：商务印书馆，1985年，第39页。

[3] Шестов Л. *Сочинения в 2-х томах*. Т. 2. Москва: Издательство «Наука», 1993, С.280.

现象中的一种。舍斯托夫认为，这种观点与帕斯卡尔具有基督教精神的认识论和伦理学相对立。按照这种认识论和伦理学，被理性所理解为自然现象的死亡，实际上是我们在世上所见万物中最不可理解的、最不自然的现象。更加不自然的是人们居然能够相信热爱"普遍之物"和"定律"，仇恨自己的"自我"，人们如此关心"非物质"的真理，乃至完全忘记了自己的命运。帕斯卡尔看到了人的意识中的这种不自然和矛盾。舍斯托夫援引了帕斯卡尔《思想录》中的两段话[1]："灵魂不死对我们来说是如此重要的问题，它对我们的触动如此之深，乃至必须丧失全部意识才能对它漠不关心。"[2]；"对于人，没有什么比他自己的状态更为重要的了，没有什么比永恒更能使他惊心动魄的了；因而，如若有人对丧失自己的生存，对沦于永远的卑微竟漠不关心，那是完全不自然的。人们对任何其他东西却不是这样：他们担忧细微小事，力图预见一切，同情一切；一个为失去职位或想象中的荣誉受损而日夜苦恼和失望的人，他知道自己将随着死亡而丧失一切，却毫无不安，毫不动情。看到同一颗心在同一个时间里既对细微小事如此敏感，又对最重要的事情漠不关心，这真是件邪怪的事。这种不可思议的中魔和超自然的愚钝证明有一种强大力量造成了这种状况"[3]。这里进一步体现了理性主义与基督教世界观的差异。

笛卡尔与帕斯卡尔哲学思想的差异引起舍斯托夫兴趣的另外一点是，这种差异无法用黑格尔关于"哲学是时代精神的表达"这一观点来解释。黑格尔说，任何一种哲学都属于自己的时代，个人属于统一的时代精神。个人无论怎样斗争，他想要脱离自己的时代，就像要爬出自己的皮肤一样，是不可能的。帕斯卡尔是笛卡尔的同时代人，只是年龄稍小一点，也是自己时代科学思想的杰出代表之一。他非常清楚笛卡尔所宣布的关于概念的清楚明白的学说。他当然也知道时代精神在笛卡尔一边，也能轻易猜到，或许已经猜到了，时代精神向自己的孩子要求什么，但他逃避这些要求。针对笛卡尔关于清楚明白的思想他回答说，他不想要清楚明白，因为清楚

---

[1] Шестов Л. *Сочинения в 2-х томах*. Т. 2. Москва: Издательство «Наука», 1993, C.322.
[2] 帕斯卡尔：《思想录》，何兆武译，北京：商务印书馆，1985年，第90页。
[3] 帕斯卡尔：《思想录》，何兆武译，北京：商务印书馆，1985年，第94页。

明白会扼杀真理。同处 17 世纪，同是法国人，都是杰出的科学家，怎么会这样，两个被认为属于统一的普遍精神和同样表现自己时代本质的人，他们的说法竟如此不同？笛卡尔和帕斯卡尔谁是正确的，谁代表终极真理？舍斯托夫说，帕斯卡尔是背离时代的，我们只是偶然保留了他的零散"思想"。笛卡尔才是灵魂的主宰者，是黑格尔告诉我们的统一的普遍精神的真正表达者。如果"真理"指的是经得起时代考验的东西，那么"真理"在笛卡尔那里。[1] 因为"历史把路德推到了次要地位，也把普罗提诺、德尔图良、彼得·达米安乃至邓斯·司各脱推到了次要地位。雅典战胜了耶路撒冷"[2]。

---

[1] Шестов Л. *Сочинения в 2-х томах*. Т. 2. Москва: Издательство «Наука», 1993, C.258.

[2] 舍斯托夫：《雅典和耶路撒冷：宗教哲学论》，徐凤林译，杭州：浙江人民出版社，2000 年，第 266 页。

第七章 "哭、笑、诅咒"与"理解"
——论斯宾诺莎

斯宾诺莎是哲学史上具有开创意义的哲学家,与笛卡尔、莱布尼茨一道成为近代理性主义最杰出的代表。这里的理性主义有两方面含义,一是认识论方面的理性主义,与经验主义相对立;一是世界观方面的理性主义,与宗教世界观相对立。舍斯托夫也明确肯定斯宾诺莎在后一方面的历史地位。他写道:"不是笛卡尔,正是斯宾诺莎应当被称为近代哲学之父,如果哲学一词所指的是广义的世界观的话。"[1] 然而,与大多数哲学史家不同,舍斯托夫站在基督教哲学立场上,对这种近代理性主义世界观持批判态度,批评斯宾诺莎哲学强调必然性,否定人的自由,指出斯宾诺莎力图把人格上帝的维度消融于自然或实体之中的哲学体系并不具有数学那样的科学性,而是包含着内在矛盾;另一方面,舍斯托夫也揭示了斯宾诺莎的双重面孔——被历史家所理解和接受的、"外传的"斯宾诺莎,与斯宾诺莎本人隐秘的内心世界。

---

[1] Шестов Л. *Сочинения в 2-х томах*. Т. 2. Москва: Издательство «Наука», 1993, С.263. 参见舍斯托夫:《在约伯的天平上》,董友等译,北京:生活·读书·新知三联书店,1989年,第268页。

第一节　上帝与自然

舍斯托夫把基督教世界观称作"圣经哲学",认为其中包含两大要素,第一,世界和人不是自然产生,而是上帝创造。尤其是,人是上帝按照自己的形象所造;第二,上帝爱人并赐福于人,从而为人的自由、完善和幸福提供保障。[1]斯宾诺莎则力图用自己的哲学方法消除上帝的维度,建立了泛神论的或纯粹自然的世界观。泛神论认为神是内在于自然万物的本原。泛神论早已存在,斯宾诺莎的新思想在于,第一,他把上帝直接等同于自然本身,而不再是超验本质了;第二,这个作为自然的上帝不再那么神秘不可认识,而是可以用逻辑推理来证明的,这使得对上帝的认识建立在理性主义的基础之上。[2]

在舍斯托夫的解读中,斯宾诺莎通过两种途径解构了《圣经》的上帝,代之以自然的上帝。首先是《圣经》批判的方法,主要体现在他的《神学政治论》中。斯宾诺莎提出要运用自然之光或理性方法研究《圣经》,认为用超自然之光来认识《圣经》的观点是错误的,实际上超自然之光也是建立在人的自然认知能力基础上的,而自然理性之光是所有人都固有的。通过这样的研究可得知,《圣经》中所讲述的不是真理,它的意义只在于道德教导。舍斯托夫写道:斯宾诺莎告诉我们:

> 《圣经》中没有真理,《圣经》不适合真理。《圣经》中只有道德教导。这些教导是我们应当从《圣经》中接受的,要寻找真理应当到另外的地方。是的,《圣经》不奢望真理,《圣经》中所讲述的东西与真理毫不相似。上帝不曾六天创造世界,上帝从来不曾祝福人,没有在西乃山启示摩西,没有带领犹太人逃离埃及等等,这些只不过是史诗形象,也就是虚构,对此理性的人是在假定的和有限的意义上加以解释的……上帝是可以和应当抛弃的,但虔敬和宗教性应当和需要保持。既然如此,不侮辱受数学教育的人的理性的"实体"和"自

---

[1] 参见本书第二章第三节。
[2] 吕大吉:《西方宗教学说史》,北京:中国社会科学出版社,1994年,第172页。

然"这两个概念，就取代了对所有人都开始不好接受的上帝观念。[1]

其次，斯宾诺莎运用"上帝即自然""实体是自因"的哲学方法，来消除上帝世界和自然世界之间的绝对差异。主要体现在他的《伦理学》中。实体是一切存在物之所以存在的本原，必然不是万物本身，而是自己独立存在的；既然是独立存在的，就不能为别的东西所产生和决定，必然是自身的原因；实体既然是自因，就是唯一的、无限的、绝对的，这样的实体只能是自然本身。神学所说的上帝作为实体，也就是自然本身。"上帝-自然-实体，这样的等式意味着，在哲学中不应该也不需要给上帝一席之地。换言之，当你寻求终极真理时，应当到数学家在解决自己的问题时所去的地方去寻求"；"斯宾诺莎的'上帝-自然-实体'，以及从《伦理学》及其之前的著作中得出的全部结论，仅仅意味着，上帝不存在。斯宾诺莎的这一发现成为近代哲学思考的出发点。无论人们如何谈论上帝，我们都确知，所说的已不是那个活在《圣经》时代的上帝了，那个上帝创造了天地并照自己的形象和样式创造了人，那个上帝有爱，有情感，有愤怒，有懊悔，并和人进行争论，甚至有时向人让步"[2]。

舍斯托夫看到了斯宾诺莎这种"上帝即自然"的伦理学中包含着内在矛盾。虽然斯宾诺莎的伦理学在其外部表现上是以数学形式加以叙述的——定义、公理、公设、辅助定理、证明等等，但这一体系不具有一贯性，而是由两种完全不相容的思想编织而成的：一方面是对世界的"数学式的"理解，另一方面是关于爱上帝的教导。按照数学式的理解，世界万物都是按照如数学推理那样的必然性发生的。只有数学是掌握真理的研究方法，只有数学是永恒的和完善的思维形式，这正是因为，它不谈论人的目的和需要，而谈论线、面、体，换言之，也就是说它寻求的是不依赖于人或其他有意识之物而自我存在的"客观"真理。用数学的判断可以得知，人只是大自然的无限环节中的一环，与其他环节毫无区别，全体、全部自

---

[1] Шестов Л. *Сочинения в 2-х томах*. Т. 2. Москва: Издательство «Наука», 1993, С.12. 参见舍斯托夫：《在约伯的天平上》，董友等译，北京：生活·读书·新知三联书店，1989年，第10页。
[2] Шестов Л. *Сочинения в 2-х томах*. Т. 2. Москва: Издательство «Наука», 1993, С.12-13. 参见舍斯托夫：《在约伯的天平上》，董友等译，北京：生活·读书·新知三联书店，1989年，第10—11页。

然，或上帝，或实体是高于人的存在物，上帝的理性和意志与人的理性和意志的共同之处，就像天上的猎犬星座与地上能吠的犬一样多，也就是仅仅名称相同，其实质则毫无共同之处，或者说上帝根本不可能有理性和意志。这一点是人首先应当认识的。认识到这一点之后，斯宾诺莎说，就应当全心全意地爱上帝。这就出现了矛盾和问题：第一个问题，人为什么要爱上帝？《圣经》要求爱上帝是自然的，因为《圣经》中的上帝是有自己意志的。但如果认为上帝无情无欲，只是一个原因，像无灵魂的对象一样按照自己的必然性而活动，那么人为什么要爱这样的上帝？第二个问题，既然说人就像石头、树木、平面和直线，那么为什么不要求石头、树木、平面和直线爱上帝，而只要求或建议人爱上帝？为什么在自己的主要著作（他称之为《伦理学》）中关于人说了那么多？[1]这表明，人的存在，人的情感、动机和愿望，终究无法用数学方法谈论得清楚明白，像谈论直线、平面和物体一样。

第二节 自由与必然

舍斯托夫批评斯宾诺莎的另一个焦点是关于自由与必然。他指出，我们在思想史上未必能够找到另外一个哲学家像斯宾诺莎一样，如此坚定而充满热情地发展必然性之无限权力的思想。他把必然性看作是存在的本质和基础："万物除了在已经被产生的状态或秩序之外，不能在其他状态或秩序中被神所产生。"[2]对他来说，"在永恒的形式下"和"在必然性的形式下"是意义相同的。而且，他还向我们保证说，他"极其明白地""证明"了自己的原理。《伦理学》的第四部分"论人的奴役"结尾和整个第五部分"论人的自由"就在证明：斯宾诺莎称之为自由之物的人，没有任何自由。[3]

---

[1] Шестов Л. *Сочинения в 2-х томах*. Т. 2. Москва: Издательство «Наука», 1993, С.273-275. 参见舍斯托夫：《在约伯的天平上》，第 279—281 页。
[2] 斯宾诺莎：《伦理学》，贺麟译，北京：商务印书馆，1983 年，第 32 页。
[3] 舍斯托夫：《雅典和耶路撒冷：宗教哲学论》，徐凤林译，杭州：浙江人民出版社，2000 年，第 105 页。

斯宾诺莎一方面主张用数学方法思考一切问题，坚决要求人们拒绝美好的东西，拒绝一切"目的"、愿望和欲望；另一方面又谈论"至善"和"最高德性"，说"心灵的至善和最高德性是认识神"[1]。他一方面说，"真正来讲，神不爱人也不恨人"[2]，另一方面又宣布，"由此可以推知，说神爱其自身，即无异于说神爱人类，因此，神对人类的爱，与心灵在理智上对神的爱是同一的"[3]。但这里没有矛盾，都是借用宗教词语来讲述必然性思想，说人"在理智上对神的爱"，就是教导人要爱永恒和无限之物，也就是爱必然规律，用尼采的话来说就是"爱命运"。

舍斯托夫也看到，斯宾诺莎关于人是否有自由的观点和体验并非一贯如此的，在他生活的不同阶段是不一致的。在他年轻的时候，在《形而上学之思》（Cogitata Metaphysica）（10，11和12）中，他还宣称意志是自由的（dari voluntatem），并补充说，如果我们没有自由，那么就"应当认为人不是会思想之物，而是最卑贱的驴子"[4]。但是，若干年之后，在《伦理学》和后期书信中，他则一再强调人没有意志自由。特别是在第58封书信中，他写道："为了不与我的意识，也就是理性和经验相矛盾，为了不鼓励偏见和无知，我不承认我有任何绝对的思维权利，它让我有可能随意地认为我想写还是不想写"。自由感是幻觉，就好比石头如果有意识，它就相信自己会自由落地，但实际上显而易见的是，它是不能不落地的。就是说，石头落地不是由它的自由意志支配的，而是必然如此的。斯宾诺莎的这些论断不是理论，不是从一般原理中得出的结论，而是原初的经验，是最深刻、最严肃的内心体验的声音。[5] 此时，先在的定律或必然性成为最后的和终极的现实。要改变这一现实中的任何东西，哲学家和普通庸人以及最卑贱的动物驴子一样，都是无能为力的，这是"不在我们掌管之下

---

[1] 斯宾诺莎：《伦理学》，贺麟译，北京：商务印书馆，1983年，第189页。
[2] 斯宾诺莎：《伦理学》，贺麟译，北京：商务印书馆，1983年，第249页。
[3] 斯宾诺莎：《伦理学》，贺麟译，北京：商务印书馆，1983年，第261页。
[4] 此处的"驴子"指"布里丹毛驴"。布里丹（Jean Buridan，1295—1358），法国哲学家。他证明了在两个相反而又完全平衡的推力下的自由行动是不可能的。传说他曾举例说，一头驴子在两捆完全相同的草料之间无法选择到底去吃哪一捆，以致最终饿死。所谓"布里丹毛驴效应"指决策中的犹豫不决。
[5] Шестов Л. *Сочинения в 2-х томах*. Т. 2. Москва: Издательство «Наука», 1993, С.271.

的东西"。属哲学家掌管的只有教导:"内心平静地对待命运带给我们的事情。"[1] 人应当以此为满足,这才是理性的满足:"自我满足可以起于理性,且唯有起于理性的自我满足,才是最高的满足。"[2] 这种满足和安宁在哲学上历来被认为是最高幸福:"幸福不是美德的奖赏,而是美德本身。"[3]

但是,舍斯托夫指出,既然人也像石头或"最卑贱的驴子"一样服从必然性的规律,做到完全服从理性,那么,在哲学中没有也不应有偏重,就不应当提出"满足"和"幸福"。为什么需要"满足"?为什么认为"满足"重于不安?既然哲学的原则是"勿哭,勿笑,勿诅咒,只要理解",那么,在"理解"中,任何警示状态都应当是等值的,安宁平和的精神就不比躁动不安的精神有更大的权利。

舍斯托夫还通过路德与斯宾诺莎的对比来说明对待自由的相同感受和不同反应。他们有三点是共同的。首先,他们都相信人的意志不是自由的;其次,他们信念的源泉是他们的内在经验;最后,也是最重要的,他们两人都在这个"意识的直接现实"面前感到极度的恐惧。他们体验到了某种被活埋的人所体验到的东西:被活埋的人感到,他还活着,但他知道自己没有任何力量使自己得救,只能羡慕被埋的死人,因为后者没有得救的需要。[4] 不仅《论受奴役的意志》和《论隐修誓言》,而且路德的全部著作,都在向我们讲述这样一种令人难以忍受的绝望,这种绝望是他在发现了他的意志被麻痹且不可能与将来的毁灭作斗争时所体验到的。斯宾诺莎不愿说出自己的感受。但表面沉稳恬静的他,有时也不由得做出自白,由此可以判断,他为哲学的幸福付出了多大的代价。但斯宾诺莎永远也不能忘记,被剥夺了自由的人,就应当被认为已不是"有思想之物",而是"最卑贱的驴子"了。

但面对不自由的体验,路德与斯宾诺莎的反应则大相径庭。路德要起来反抗人的理性,用上帝的话作为大锤,打碎人的理性的磐石,削平人

---

[1] 斯宾诺莎:《伦理学》,贺麟译,北京:商务印书馆,1983年,第94—95页。
[2] 斯宾诺莎:《伦理学》,贺麟译,北京:商务印书馆,1983年,第210页。
[3] 斯宾诺莎:《伦理学》,贺麟译,北京:商务印书馆,1983年,第266页。
[4] 舍斯托夫:《雅典和耶路撒冷:宗教哲学论》,徐凤林译,杭州:浙江人民出版社,2000年,第114页。

的理智的傲慢。斯宾诺莎认为，既然直接意识告诉我们没有自由，那就是没有自由。也许，这一点很可怕，也许，失去自由的人的确不应被认为是有思想之物，而应当被认为是最卑贱的驴子，但事情不会因此而发生任何改变。无论恐惧有多大，都不是对真理的反驳，正如快乐和幸福丝毫不证明真理一样。理性依靠只属于它的无限权力，来命令"勿哭，勿笑，勿诅咒"。舍斯托夫显然赞同路德的反抗，反对斯宾诺莎的服从。他反问道：为什么应当服从理性？为什么不可以用"哭和诅咒"来对抗意识的直接现实？在"经验"中，在"意识的直接现实"本身中，并没有这样的禁令，而"经验"也毫不关心使人不哭不诅咒。意识的直接现实在尚未超出自己界限的时候，既证明人的意志是不自由的，也证明人在哭，在诅咒那剥夺了他的自由的命运。[1]

舍斯托夫认为，人在自己的直接经验中应当感到的是，这样的"理性"将使人陷入绝境，自我妥协和与此相关的幸福、安慰，以及在自身中找到最高奖赏的美德，——这一切所带来的不是永远得救，而是永远毁灭。人发现了这一点之后的第一反应就是"哭和诅咒"，就开始试图和迷惑他的力量展开疯狂的斗争，这首先证明了人身上还保留着某种生命残余。

人在现实面前没有完全的自由，在这一体验和认识上，斯宾诺莎与舍斯托夫是相同的。但面对这种不自由，他们却有两种反应，两种看法，哪个更正确？斯宾诺莎认为，面对必然性和定律，人的任何反抗、哭诉和诅咒都是无济于事的，所以要"理解"，也就是理智的反应，应当安之若命，在对必然性的深刻认知和服从中寻求安慰与幸福，这就是美德。舍斯托夫则认为，面对必然性的强迫和压抑，人的第一反应是抗拒，即便是用哭诉和诅咒，即便这不理智，但这就是人的生命本身，不应当也不可能用理性和"理解"来扼杀或掩盖这一生命冲动。当然，斯宾诺莎也不可能不承认人的生命的真实一面，但他认为这一面是混沌、是低级的，是应当用更高级的理智来克服的，所以才教导说"勿哭，勿笑，勿诅咒，只要理解"，所以才有他的教导服从的理性的伦理学。这些理论不是反映客观的真实，

---

[1] 舍斯托夫：《雅典和耶路撒冷：宗教哲学论》，徐凤林译，杭州：浙江人民出版社，2000年，第115页。

而正是超出真实的道德教导。但空洞的教导是苍白无力的，只有以真理为基础的教导才具有说服力。因此斯宾诺莎努力把教导描述成真理，或表现为真理的形式，从而把教导（理性）-真理（真实）-幸福（满足）这三者等同起来。然而这三种东西对人来说是三种不同的生命境界，是最难结合在一起的。

第三节　外传哲学与秘传哲学

舍斯托夫没有直接提出"普遍生活真理"与"个体生命真实"这两个相对概念，但他在论述斯宾诺莎学说时，明确提出了"外传的哲学"与"秘传的哲学"的划分。他写道："在外传的哲学背后还隐藏着秘传的哲学。无疑，在每个人那里都存在着两种哲学，一种是明显的、表现出来的、为所有人的和所有人都能接受的哲学；另一种是秘密的，不仅对所有人来说是不能理解的、有时是连它的创造者都不能理解的哲学。这后一种哲学甚至找不到自己的外表表达形式。断断续续的语句，仿佛违抗自己意志脱口而出的话语，欲言又止，语气，感叹——只有通过这些才能表现人的灵魂生命的隐秘部分，但这也许是最重要的部分。"[1]

这段话表达了两种哲学不同的外部特征。外传的哲学具有三个特征：它是明显表现出来的；是针对公众的；是适合大众、能够被普遍接受的。秘传的哲学则有四个特征：它是隐秘的，难以传达的，属于个人隐私空间的；是大家难以理解的，甚至连其拥有者本人都不能理解的；是以不连贯的或非逻辑的话语来表达的，甚至是"不可说的"；是人的灵魂中的最重要部分。但任何一个哲学家，乃至任何一个人，都不可能停留在其秘传的哲学内部，作为一个哲学家，作为一个社会的人，他不能不面对大众，要表达大众能够接受的思想，因此他注定要表达外传的哲学。

那么，在斯宾诺莎那里，这两种哲学的内涵是什么呢？我们可以在

---

[1] Шестов Л. *Сочинения в 2-х томах*. Т. 1. Москва: Издательство «Наука», 1993, С.298-299. 参见舍斯托夫：《钥匙的统治》，张冰译，上海：上海人民出版社，2004年，第247页。

舍斯托夫的论述中略作归纳总结：外传的哲学就是他的理性主义道德教导，克制情感冲动和欲望，对永恒之物的爱，在对必然性的认知与服从中寻求安慰和幸福。秘传的哲学则是原初的生命冲动，是追求财富、荣誉和感官快乐的生命本能。这种秘传的哲学在斯宾诺莎的主要著作《伦理学》和《神学政治论》中已经找不到，按照舍斯托夫的说法，在这两部著作中斯宾诺莎"已变成一个完善的哲学家，克服了全部怀疑，根除了自己身上的全部人性之物，也就是成为一般性的人，概念化的人，具有固定原则的纯粹理智"。但在斯宾诺莎早年的《知性改进论》中，还能流露出他的秘传哲学的踪迹，舍斯托夫说，"斯宾诺莎给我们提供了这种哲学的最好例子"。这本小书简要讲述了斯宾诺莎的思想斗争历程：

1. 当我受到经验的教训之后，才深悟得日常生活中习见的一切东西，都是虚幻的、无谓的。……

2. 我明知道荣誉和财富的利益，倘若我要认真地去从事别的新的探讨，我就必须放弃对于这些利益的寻求。假如真正的最高幸福在于荣誉和财富，那么，我岂不是交臂失之；但假如真正的最高幸福不在于荣誉、财富，而我用全副精力去寻求它们，那么我也同样得不到最高的幸福。

3. 因为那些在生活中最常见，并且由人们的行为所表明，被当作是最高幸福的东西，归纳起来，大约不外三项：财富、荣誉、感官快乐。萦绕人们的心灵，使人们不能想到别的幸福的，就是这三种东西。

4. 当人心沉溺于感官快乐，直到安之若素，好像获得了真正的幸福时，人心就会陷溺在里面，因而不能想到别的东西。但是当这种快乐一旦得到满足时，极大的苦恼立刻就随之而生了……

7. 经过深长的思索，使我确切见到，如果我彻底下决心，放弃迷乱人心的财富、荣誉、肉体快乐这三种东西，则我所放弃的必定是真正的恶，而我所获得的必定是真正的善。我深知，我实在到了生死存亡的关头，我不能不强迫我自己用全力去寻求药方，尽管这药方是如何不确定。……

10. 但是爱好永恒无限的东西，却可以培养我们的心灵，使得它经常欢欣愉快，不会受到苦恼的侵袭，因此，它最值得我们用全力去追求，去探寻。[1]

舍斯托夫在这些思想历程中洞察到了隐藏在语言背后的斯宾诺莎的"秘传哲学"，也就是他对财富、荣誉和感官快乐的爱和难以割舍。"什么是财富、荣誉和感官快乐？仿佛这是三个小小词语，其中没有包含任何斯宾诺莎所珍爱的东西。但实际上这可是整个世界！甚至可以说这意味着天堂，因为《圣经》上说天堂里有无限财富、无限快乐和无上荣耀，而且一切欲望（除了知善恶的欲望之外）不但是容许的，甚至是得到鼓励的。"[2]

这段话不是说斯宾诺莎经过反复思索和斗争最终放弃了财富、荣誉和感官快乐吗？问题正在于，这是经过艰难的、殊死的斗争才做到的。这种艰难的、殊死的斗争本身就说明了这三种东西的重要性。"斯宾诺莎像身患致命疾病的人一样，感到自己注定要经历绝望的治疗：弃绝。药本身有可能使他毙命。但别无选择。他弃绝了世界，找到了'对永恒之物的爱'，只有这样的爱能够治愈人的灵魂并给它最高幸福——当然，这是理智的幸福。"[3]斗争胜利的代价是生命的死亡——活人变成了理念，人变成了"被赋予意识的石头"。

舍斯托夫如此揭示斯宾诺莎哲学背后的精神斗争："在斯宾诺莎那里，尽管他有神秘的和征服一切的外表平静，但这种紧张达到了极大程度。或许，他的哲学中最美妙的东西在于，他善于用简单的、甚至贫乏的语言，说出自己内心生活的最沉重和最重大的事件。他的那句著名格言'勿哭，勿笑，勿诅咒，只要理解'，完全不意味着他没有哭，没有笑，没有诅咒"。甚至可以借用帕斯卡尔的格言来说，他是"呻吟着寻求真理的人"。当斯宾诺莎像修士一样发誓要节制、安贫、顺从，弃绝财富、荣誉和感官快乐的时候，仿佛重演了亚当被逐出天堂的悲剧。"他知道，天堂已经失去，

---

[1] 斯宾诺莎：《知性改进论》，贺麟译，北京：商务印书馆，1960 年，第 18—20 页。
[2] Шестов Л. *Сочинения в 2-х томах*. Т. 1. Москва: Издательство «Наука», 1993, C.301. 参见舍斯托夫：《钥匙的统治》，张冰译，上海：上海人民出版社，2004 年，第 249 页。
[3] Шестов Л. *Сочинения в 2-х томах*. Т. 1. Москва: Издательство «Наука», 1993, C.300.

想要找回失去的天堂。如果现在或近期找不回来，他就准备等待数年、数十年，直到生命结束，如果需要，他甚至还会把这一任务推迟到死后，——即便为此他不得不生活在高度紧张状态中，只能永远经受难产之痛。"[1]

这也是舍斯托夫所说的斯宾诺莎的秘传哲学的一种表现。但秘传毕竟是秘传，用舍斯托夫的话来说，这是生命最大的奥秘之一，这些奥秘即便在广场上被大声宣扬也还是奥秘。

第四节 真与好

阿尔伯特·博许在致斯宾诺莎的信中向他提出了这样一个深刻而尖锐的问题："您以为您终于找到了真的哲学。您怎么知道您的哲学在世界上曾经讲授过的，或者如今正在讲授的，或者将来要讲授的哲学中是最好的呢？"斯宾诺莎在复信中答道："我并未认为我已经找到了最好的哲学，我只是知道我在思考真的哲学。如果您问我如何知道这一点的，我则回答说，这如同您知道三角形内角之和等于两直角一样。"[2]

这段话道出了大多数理性主义哲学家的共同信念：哲学的任务在于求真，不是求好。真和好之间没有任何内在联系，而科学方法是哲学探索的典范。对这样一个信念很少有人怀疑，尤其是在科学昌明的现代。而舍斯托夫则看出这里隐藏着一个非常困难的、哲学无论如何也无法回避的要害问题："好"和"真"的关系是什么？是"真"应当向"好"看齐，还是相反，"好"应当向"真"看齐？这甚至不是一个问题，而是三个问题：（1）什么是"真"？（2）什么是"好"？（3）谁有权决定"真"和"好"之间的关系？[3]

舍斯托夫是怎样回答这些问题的呢？这里存在着知识真理与生命真理的矛盾。生命真理不在知识、理性、逻辑、思想之中。哲学家一方面在理

---

[1] Шестов Л. *Сочинения в 2-х томах*. Т. 1. Москва: Издательство «Наука», 1993, С.301.
[2] 斯宾诺莎：《斯宾诺莎书信集》，洪汉鼎译，北京：商务印书馆，1996年，第 253、292—293 页。
[3] Шестов Л. *Сочинения в 2-х томах*. Т. 2. Москва: Издательство «Наука», 1993, С.370.

性中追求知识真理，消除逻辑矛盾，但另一方面，作为个性生存的人，他还有对作为生命体验真理的直觉，这两种真理并不总是和谐统一的。虽然哲学家都自称其理论体系的真理性，但舍斯托夫确信，"所有研究哲学的人，所有学识渊博的学者都清楚地懂得，迄今为止任何最伟大的哲学家也无法最终驱逐自己体系中的矛盾"。因此，"或许应当提出这样的问题，合乎逻辑性对我们有什么用，矛盾莫不是世界观真理性的条件吗？……真理生活在矛盾之中"。索洛维约夫的一句话也说明这个意思："在人的世界里，摆脱内心矛盾不总是意味着获得完全真理：有时这只是缺乏思想和理想内容的标志。"[1] 舍斯托夫接着说，"最终，你会深信不疑，真理不依赖于逻辑，逻辑真理是绝对没有的。因而你有权去寻求你需要的东西、方法，而不是去推理。因此，如果在探寻的结果里将会有什么，无论怎样也不是公式，不是定理，不是原则，不是思想！"如果说理性主义哲学的真理是知识真理，那么圣经哲学的真理则是生命真理。

那么生命真理在哪里呢？按照舍斯托夫所理解的基督教人类学，生命真理在人原初的完整生命之中。"人类的一切才能都听从本能的指挥，从无意识的反射直到至高无上的理性和良心"；"理性和良心只是在书本里觊觎着首位的宝座"[2]。每当良心和理性开始独立自主地判断，它们就会惊讶地深信，它们即使这一次行动也并非自由，而仍然按照那个本能的指令，只是另一种性质的本能，不是传统意义上的低级本能或弗洛伊德意义上的本能，而是完整的生命体验。这就是说，理性思维和道德良知在人身上的作用不可能离开人的完整生命体验、人的情感、意志，甚至受后者的决定，恰如在《圣经》义人约伯的天平上人的痛苦重于现实的海沙一样。约伯说："惟愿我的烦恼称一称，我一切的灾害放在天平里，现今比海沙更重。"（伯6：2）完整生命的情感意志总是重于现实层面的理性与良知。

由此可见，基督教-圣经哲学的真理不是与人无关的东西，而是和个

---

[1] Соловьев Вл.: Сочинения в 2-х томах. Том I. Москва: Издательство《Правда》, 1989, С.444-445. 索洛维约夫在此是在批判新斯拉夫主义者的狭隘民族主义。老一辈斯拉夫主义者既憎恶俄国现实的恶，又希望俄国更好，因此有内心矛盾；新斯拉夫主义者没有这种内心矛盾，他们直接确认凡俄国的东西就是最好的，凡西方的东西就是坏的。

[2] 舍斯托夫:《开端与终结》，方珊译，昆明：云南人民出版社，1998年，第108、110—111页。

人的生命需要不可分割的。"人想要的是强健有力、幸福和自由，人希望成为世界的主宰，如果他谈到思想，那也只是因为他对自己真正使命的成功感到绝望而已。"不难得出，在此，"真"要向"好"看齐，只有"好"的东西才能成为人所追求的终极真理。

这样，我们似乎明白了，在人的内心深处，"好"才是真正的"真"。对思想家来说，他对外谈论的真与他内心深处的真或许不总是完全一致的。真正的"真"不一定在他的理论中，而更多在于他的内心感受中。理论是一回事，生活本身则是另一回事；生活中的哲学家是一回事，哲学史家笔下的哲学家则是另一回事。舍斯托夫领悟到，其实斯宾诺莎的哲学也不仅仅是在冷漠地讲述客观真理。他的主要著作叫作《伦理学》是不无根据的。其目的正是要架设一座从"真的哲学"通向"好的哲学"的桥梁；他的最高知识——第三种知识即直觉知识，也就是"理解"（"勿哭，勿笑，勿诅咒，只要理解"），而"理解"完全不意味着"明白"，而是要确立一种对待世界和生活的态度，在这种态度下可以达到"心灵安宁"和"最高幸福"。《伦理学》第一、二部分中所叙述的关于神和心灵的思考，是以下述一番话结尾的："这一学说的知识对于我们的生活有何等效用。……第一，这种学说的效用在于教导我们，我们的一切行为唯以神的意志为依归，我们愈益知神，我们的行为愈益完善，那么我们参与神性也愈多。……所以这个学说指示我们至善或最高幸福唯在于知神……第二，这种学说的效用在于教导我们如何应付命运中的事情，或者不在我们力量以内的事情……直到使我们能够对命运中的幸与不幸皆持同样的心情去平静地对待和忍受。"[1] 也如他在《知性改进论》中所说，他要知道"究竟有没有一种东西，一经发现和获得之后，我就可以永远享受连续的、无上的快乐"[2]。这是在讲述真理还是在追求善？

从这里我们就可以看到，斯宾诺莎主义无论如何不能等同于自然主义或泛神论。虽然斯宾诺莎经常谈论神即自然，但他的哲学是从纯粹伦理原则中生长出来的，他把这一原则等同于本体论原则（他完全知道自己在做

---

[1] 斯宾诺莎：《斯宾诺莎书信集》，洪汉鼎译，北京：商务印书馆，1996年，第94—95页。
[2] 斯宾诺莎：《知性改进论》，贺麟译，北京：商务印书馆，1960年，第18页。

什么）:"我把现实与完善看作是同一种东西。"[1]

舍斯托夫认为，斯宾诺莎本人也并非如他向博许所说的那样，认为自己的哲学只是真的，而不是好的；相反，他内心深处的真实意图是自己的哲学是好的。《伦理学》的最后几句话就暴露了这一点:"如果我所指出的足以达到这目的的道路好像是很艰难的，但是这的确是可以寻求得到的道路。……一切高贵（美好）的事物，其难得正如其稀少一样"[2]，就是说，美好的东西虽然难得和难遇到，但斯宾诺莎的心灵所追求的正是这种东西；斯宾诺莎关于"勿笑、勿哭、勿诅咒，只要理解"的认识论诫命被人们作为新的启示来接受，然而人们没有（也不愿意）发现，斯宾诺莎自己，不仅作为人，而且作为哲学家，所做的是完全相反的事情。他创立自己的哲学时并未不曾哭笑而只是倾听了理性的声音。他完全没有提出他所不需要的问题，也没有想出与他毫无关系的回答。他自己明确地说:"我志在使一切科学皆集中于一个最终目的。这就是要达到我们上文所说过的人的最高的完善境界。因此各门科学中凡是不能促进我们目的实现的东西，我们将一概斥之为无用；换言之，我们的一切行为与思想都必须集中于实现这唯一目的"[3]；他的"理智上对神的爱"，全都是用"笑、哭和诅咒"编织而成的，与科学的"理解"很少有共同之处。"理解"是为大众、为所有人而作出的，这是一种外部"欺骗":当你走向人群的时候，就应当做出一副善于理解的、无所怀疑的、平静安详的样子，但你的内心远非如此。斯宾诺莎有一片属于自己的内心世界。

这样，舍斯托夫区分了斯宾诺莎的双重面孔，一个是外传的、哲学史家所理解的斯宾诺莎，一个是内在的斯宾诺莎。

> 活在当今的人们甚至谁也没有料到，诚实的斯宾诺莎完全不如通常所认为的那样诚实。他所说的，经常说的，完全不是他所想的。他认为自己的哲学不是最好的，而只是真的——这不是真话。他创立这

---

[1] 斯宾诺莎:《斯宾诺莎书信集》，洪汉鼎译，北京：商务印书馆，1996年，第二部命题六。
[2] 斯宾诺莎:《斯宾诺莎书信集》，洪汉鼎译，北京：商务印书馆，1996年，第276页。
[3] 斯宾诺莎:《知性改进论》，贺麟译，北京：商务印书馆，1960年，第22页。

一哲学的时候不曾哭、笑和诅咒,而只是倾听这样一个理性对他所说的话,这个理性也就是那个对一切都漠不关心的(因而不是活的)法官,他宣布了三角形的三个角之和等于两个直角——这也不是真话。如果你不信,就请你去读一读《知性改进论》,哪怕是这本书的序言。那时你就会知道,斯宾诺莎也像当年的泰勒斯一样,掉进了深渊里,他在深渊里也呼唤上帝。同样,他说他在解释上帝、理智、人的情感时就像解释直线和平面一样,他也像他强加给人们的那个法官那样对善恶、好坏和美丑都漠不关心,而只是达到"理解"——这也不是真话。他给自己的思想穿上的数学法衣,是他"租赁"来的,为的是给自己的叙述增加几分重量,因为人们如此愿意把重量和重要性等同起来。但如果"剥下"这些法衣,你就会看到,真实的斯宾诺莎和历史给我们保留下来的斯宾诺莎很少相似。他认为自己的哲学不是真的,而是最好的,而不是像他对通信者所断言的那样。实际上他的观点并非如他向通信者所说的那样,而是认为自己的哲学是好的,而非真的……他寻找的不是真的东西,而是好的东西,但诚实的斯宾诺莎却对人们说了谎言:只有那个决定了三角形的三个角之和等于两个直角的人,能够解决人的躁动不安的灵魂中所产生的一切问题。但近代人却把这一谎言当作唯一可能的最高真理来接受。[1]

斯宾诺莎感到他杀死了自己在世界上最爱的上帝。杀死上帝,这是履行上帝的自由愿望,但这不是他自己的自由心愿。读一读很少被读的《知性改进论》的开头几行。这不是笛卡尔的兴高采烈的"怀疑一切",不是费希特的伦理学理念论,不是黑格尔的高贵的泛逻辑主义,也不是胡塞尔对理性和科学的信仰。在斯宾诺莎的全部作品中没有庆祝和欢呼的痕迹。

他杀死了上帝,他在历史学家看来是杀死了上帝,但在他自己内心深处"朦胧地"感到,——"但我们却感到并且经验到我们是永恒

---

[1] Шестов Л. *Сочинения в 2-х томах*. Т. 2. Москва: Издательство «Наука», 1993, С.17. 参见舍斯托夫:《在约伯的天平上》,董友等译,北京: 生活·读书·新知三联书店, 1989 年,第 14—15 页。

的"[1]，——没有上帝就没有生命，真正的生命不是在历史的前景中，而是在永恒的前景中。这种"朦胧的"、隐蔽的、略微可见的、甚至是他自己和别人不总是能见的"知识"，表现在他的全部哲学中。但不是以清楚明白的判断的形式，这样的判断是历史从他那里接受的和他自己从时代精神那里接受的；而是以古怪的、神秘的、无法捕捉的、不被注意的声音，这些声音用我们的语言甚至都不能叫作旷野呼声，它们的名字叫作——无声。[2]

可见，舍斯托夫对斯宾诺莎的全部批判，与其说是批判斯宾诺莎哲学本身，莫如说是批判现代哲学片面的科学主义倾向。因为"自愿作科学的奴仆的现代哲学，只从斯宾诺莎那里拿来了他为大众所准备的东西。现代哲学相信，问题应当从中立的材料中得出。现代哲学把美、善、喜、哭、笑和诅咒统统作为垃圾、作为无用的废物清除掉了，却未料到，这些正是生命中最珍贵的东西，应当、只应当从这些材料中挖掘真正的哲学问题。先知就是这样提问题的，古代的伟大贤哲也是这样提出问题的，中世纪人也还会这样提问题。现在只有少数孤独的思想家懂得这一点了"[3]。

关于斯宾诺莎的内在一面，舍斯托夫还写道："斯宾诺莎不仅表现为一个智慧者，而且表现为一个圣徒。他对我们来说是醉汉中的唯一清醒者，正如亚里士多德曾经说阿那克萨戈拉那样。"[4] 舍斯托夫还援引了施莱尔马赫对斯宾诺莎的赞扬："请你们和我一起敬拜神圣的受迫害的斯宾诺莎的幽灵吧！"[5] 施莱尔马赫接下来的话是："他身上贯穿着高尚的世界灵魂，无限之物是他的全部，宇宙是他的唯一的永恒的爱；以自己的圣洁和深刻的谦卑呈现在永恒世界，他自己成为这永恒世界的一面最适当的镜子。"

然而毕竟，斯宾诺莎作为近代理性主义的杰出代表，在哲学史上已经

---

[1] 斯宾诺莎：《伦理学》，第254页。

[2] Шестов Л. *Сочинения в 2-х томах*. Т. 2. Москва: Издательство «Наука», 1993, C.276-277. 参见舍斯托夫：《在约伯的天平上》，董友等译，北京：生活·读书·新知三联书店，1989年，第283—284页。

[3] Шестов Лев: На весах Иова.В его: Сочинения в 2-х томах. Том 2. М., 1993，C.169-170.

[4] Шестов Л. *Сочинения в 2-х томах*. Т. 2. Москва: Издательство «Наука», 1993, C.17.

[5] Шлейрмахер, Фридрих. Речи о религии. Санкт-Петербург: АО «Алетейя», 1994, C.85.

确立了牢固地位。总体来看，我们认为，斯宾诺莎与舍斯托夫的分歧体现了一般理性主义哲学与存在哲学的分歧。在一定意义上可以说，理性主义哲学更侧重于对"公共生活"中应当具有的"普遍生活真理"的证明和教导，存在哲学则更侧重于对"私人生活"中所实际存在的"个体生命真实"的反映和描述。两个哲学派别都具有各自的真理性和意义，但都有可能被曲解和误用。它们的真理性和意义已由它们各自在哲学史上的地位与影响得到证明，但如果把斯宾诺莎的理性主义理解为对"私人生活"的描述，从而是对"个体生命真实"的抹煞，或者认为斯宾诺莎相信真实的人是无情无欲的石头；如果把舍斯托夫的存在哲学当作对"公共生活"的教导，从而是对"普遍生活真理"的否定，或者认为舍斯托夫倡导人们去"以头撞墙"——这些都是曲解和误用。但舍斯托夫的哲学提示我们，在对社会现实中的人进行客观分析时，我们也不应忘记，即使在应当遵循理性的公共生活中，人的行为动机也无法脱离他的"个体生命真实"。

第八章　对道德理性的存在哲学反思
——论康德

哲学史上常说，康德的批判哲学具有划时代的意义。他实现了一场哲学革命，把哲学思维的主导领域从本体论（形而上学）转向了认识论（知识学说）。然而，这场得到高度评价的伟大哲学变革，却受到俄国存在哲学和宗教哲学的批评。陀思妥耶夫斯基通过文学语言和形象，把康德的二律背反看作是《卡拉马佐夫兄弟》中的唯一杀人凶手，是人的生命根基上的深渊，是魔鬼。[1] 舍斯托夫则在哲学上对康德伦理学进行了三方面批判。首先，舍斯托夫认为，康德以实证科学为标准批判和否定形而上学是错误的；其次，康德赋予人的理性以自主地位，否定超理性经验的意义，也是错误的；再次，康德的实践理性和道德命令作为理论理性的逻辑推论，也不具有理论说服力，而只是抽象的劝导。这里反映了舍斯托夫与康德在对哲学的问题与任务、理性的自律与自足、人的理性与非理性、道德律令的作用与局限等问题上的诸多重大思想分歧。

---

[1] Голосовкер Я.Э. *Достоевский и Кант. Размышления читателя над романом «Братья Карамазовы» и трактатом Канта «Критика чистого разума»*. Москва: Издательство АН СССР, 1963, C. 34.

第一节 哲学的问题、任务与方法

舍斯托夫与康德的分歧不在于具体的哲学论述方式,而在于哲学思考的出发点和根本原则。之所以如此,首先是因为他们所处的时代不同,康德处于18世纪的理性启蒙时代,他面临的任务是破除传统形而上学真理的"任性"(Hirngespinst)与"幻想"(Grille),在认识论中重新提出和解决真理问题,因此他认为哲学的根本问题是认识论问题,哲学的目标在于寻求具有普遍性和必然性的真理,哲学的方法是理性思维。舍斯托夫则处于20世纪的后启蒙时代,在他之前早已出现了克尔凯郭尔、陀思妥耶夫斯基和尼采等人对理性主义的批判。作为存在哲学家,他认为哲学的根本问题不是知识问题,而是人的生存问题,哲学的任务不是寻求和确立普遍原则,而是探究和解决人的生命的终极问题,哲学的方法不是回顾或反思,而是与必然性作斗争。

从这些基本前提出发,舍斯托夫批评康德《纯粹理性批判》的问题提法。康德在"序言"中提问,一般形而上学作为科学是如何可能的?舍斯托夫就此问道:康德这是在问谁?他认为谁有权决定什么可能什么不可能?显然不是经验,因为康德认为经验不能提供真知识,经验只表明某物存在,但没有告诉我们此物"应当这样存在,而不是那样存在"。经验不给我们提供"真正的普遍性和必然性,而对于如此渴求这种认识的理性来说,经验更多地是使之愤怒,而不是令其满足"[1]。康德是在诉诸理性来解决形而上学是否可能的问题。那么理性凭借什么来决定呢?理性确认,只有能够提供普遍必然知识的思维才是可能的。自然科学具有这样的能力,因而是可能的;先前的形而上学不具有这一能力,因此是不可能的。舍斯托夫对此作了两点批评:

第一,在舍斯托夫看来,哲学不应当是认识论,而应当是形而上学,哲学的根本问题应当是人的生命的终极问题,就是康德所说的那些理性无法证明的"道德公设"问题,即上帝是否存在、灵魂是否不死、意志是否

---

[1] 康德:《纯粹理性批判》,蓝公武译,北京:商务印书馆,1960年,第32页。(译文略有调整,下同)

自由的问题。用舍斯托夫的说法，就是要寻找"那个能够使饱受苦难的人类得到生命之水的源泉"在哪里。这个源泉在哪里？在这三个公设中，最根本的问题显然是上帝存在问题。只有上帝存在，才能为人的灵魂永生提供保证，也才能给人反抗必然性的自由意志提供依据和希望。而上帝存在的问题，不是知识论的问题，而是生存论的问题，上帝存在的确证是每个人用自己的生命"活"出来的，是向自己灵魂深处的不断追问，而不是从外部获得的现成答案。然而，按照康德的观点，"在问上帝是否存在、灵魂是否不死、意志是否自由的时候，我们预先就表示愿意接受有人将给我们的回答，甚至也不打听一下，准备给我们回答的人的天性和本质如何。我们得到的回答若是上帝存在，就意味着上帝存在，若是上帝不存在，就意味着上帝不存在，这样，留给我们的一无所有，除了服从"[1]。这个能够给我们提供回答的人，在康德那里就是自主的理性。"康德只关心怎样讨好那个同上帝、灵魂和自由都无任何关系的理性。"[2]而理性所追求的普遍必然的知识，是以科学为效仿对象的。这就涉及哲学是否应向科学看齐的问题，也就是后来胡塞尔所说的，哲学是否应当成为严格的科学的问题。

第二，舍斯托夫揭露了康德的自相矛盾。康德在此既然是在进行"理性批判"，却为什么又完全相信理性？为什么要相信理性的断言？为什么必须满足理性的要求？理性是否拥有这样的决定权？康德在《纯粹理性批判》最后部分（"先验方法论"之第二章第二节）把理性的全部领域归结为三个问题："我之理性所有之一切关心事项（思辨的和实践的），皆总括在以下之三问题中：（一）我所能知者为何？（二）我所应行者为何？（三）我所可期望者为何？"[3]康德把这些问题与科学问题同等对待。"他在学习实证科学的时候，就问过，哪些山是地球上最高的山，太阳的直径等于多少，声或光的运动速度有多快等等。他已习惯于认为，什么时候都可以问，总是有人可问。关于所有问题，都应当去问同一个回答者，就是

---

[1] 舍斯托夫：《雅典和耶路撒冷：宗教哲学论》，徐凤林译，杭州：浙江人民出版社，2000年，第72页。
[2] 舍斯托夫：《雅典和耶路撒冷：宗教哲学论》，徐凤林译，杭州：浙江人民出版社，2000年，第65页。
[3] 康德：《纯粹理性批判》，蓝公武译，北京：商务印书馆，1960年，第554页。

那个他曾经问过关于山、太阳、声和光的人,全部的'知'、'行'和'期望'都在此人的掌管之下。"[1]这个人还是那个自主的理性,即以科学为标准的理性自身。确切地说,这个人是理性所达到的普遍必然真理。然而康德却没有问,"普遍必然真理给人预备好的是什么,理性为什么渴求这些真理"[2]。这是康德的理性批判的不彻底性。实际上在舍斯托夫看来,这根本不是批判理性,而是为理性辩护。真正的理性批判思想体现在陀思妥耶夫斯基的地下室人那里。

在康德那里,理性的原则、规范、法则体系是一切人类知识和全部科学的前提和出发点,这些法则凌驾于人和万物之上,距离有灵性的人和无灵性的万物一样遥远,它们为人的思想和行为划定了范围,也就是划定了"可能性"的终极界限。而陀思妥耶夫斯基的出发点是具体的活人的自由,它是超越一切利益的最大利益。

> 如果说什么时候曾经有过"纯粹理性批判",那么这种批判应当在陀思妥耶夫斯基那里去寻找——在他的《地下室手记》和完全出自手记的长篇小说中去寻找。康德在这个标题下给予我们的东西,不是对纯粹理性的批判,而是对纯粹理性的辩护……他确信,实证科学以它们的"成就",也就是它们带给人们"好处""证明了"自己,因此实证科学没有接受审判,而是它们自己成为审判法官。如果形而上学想要存在,它就应当事先请求数学和自然科学的准许和祝福……陀思妥耶夫斯基虽然对康德毫不了解,但他也提出了同样的问题——不过他的洞见更深。康德是用一般人类的眼睛看世界,而陀思妥耶夫斯基,我们知道,有"自己的"眼睛。

> 在陀思妥耶夫斯基那里,不是实证科学审判形而上学,而是形而上学审判实证科学。康德问:形而上学是不是可能的?如果是可能的,我们就将继续我们先辈的尝试,如果是不可能的,我们就将抛弃这些尝试,我们将爱上我们的局限性并且崇拜这一局限性。可能性——是

---

[1] 舍斯托夫:《雅典和耶路撒冷:宗教哲学论》,徐凤林译,杭州:浙江人民出版社,2000年,第72页。
[2] 舍斯托夫:《旷野呼告——克尔凯郭尔与存在哲学》,方珊译,北京:华夏出版社,1991年,第115页。

自然的界限，其中包含着某种令人安慰的东西，甚至神秘的东西。

……地下室人高声喊道：撒谎！欺骗！上帝要求不可能之物，上帝只要求不可能之物。我向你们声明，你们的石墙，你们的"不可能之物"，只是借口，你们的上帝，不要求不可能之物的上帝，不是上帝，而是丑陋的偶像，是那些你们从来没有也永远不可能超越的大大小小的利益之一。[1]

康德之所以不可能批判理性，其原因之一是他对哲学的理解。他所理解的哲学只能是在理性限度内的哲学。理性范围内的哲学只有一种方法——反思。而舍斯托夫则把哲学理解为斗争，反抗必然性的斗争。"康德（和我们大家一样）把哲学理解为回顾、反思。而回顾的前提是：我们所回顾的东西具有永恒不变的结构，无论是人还是'最高存在物'都不能摆脱非他所制定的、也不是为他所制定的'存在结构'的统治。无论这种自己发生的存在秩序是怎样的——它都是一成不变的给定物，应当接受，不可与之斗争。……由于哲学从来都曾是而且迄今依然是'回顾'，所以，我们的全部终极真理都不是解放人的真理，而是束缚人的真理。哲学家们都大谈自由，但他们中几乎没人敢于希望自由，他们全都寻求必然性，而必然性是全部探索的终结……因此，哲学不应是回顾、反思，如我们已习惯认为的那样，——回顾是全部哲学的终结；哲学应当是敢于无所顾虑、不向任何东西回头的勇往直前的愿望。……哲学不是反思，而是斗争。这场斗争没有也不可能有终结。如经上所说，天国是靠强力夺取的（太11：12）。"[2]

我们常常听说哲学是沉思或思辨。然而沉思和思辨，人的思维，人的心理，完全不可能归结为某些物理化学过程，而是具有无限神秘性，像人的生命本身一样。思维中不仅有向后的回顾和总结，也有向前的努力和斗争。关于"哲学是反思还是斗争"这一主题，我们将在舍斯托夫对克尔凯

---

[1] Шестов Л. *Сочинения в 2-х томах*. Т. 2. Москва: Издательство «Наука», 1993, С.42-43. 参见舍斯托夫：《在约伯的天平上》，董友等译，北京：生活·读书·新知三联书店，1989年，第40—41页。
[2] 舍斯托夫：《雅典和耶路撒冷：宗教哲学论》，徐凤林译，杭州：浙江人民出版社，2000年，第341页。

郭尔和胡塞尔的评论中进一步展开。

第二节　理性自律的局限

在伦理学说史上，有人把伦理学划分为康德之前的伦理学和康德之后的伦理学。康德道德哲学之所以具有划时代意义，就在于他确立了一种使人的道德理性应当和能够自己塑造自己的自律伦理学。舍斯托夫指出了这种自律伦理学的重大缺陷。

康德哲学的批判对象是先前形而上学真理的不可靠性，确立牢固可靠的真知识，即找到"存在者不能不如此存在"的必然性。这样的真理知识显然应当由理性思维自身来确立，不能像古代戏剧那样依靠"解围之神"（Deus ex machina）[1]的帮助，也不能像笛卡尔所说的那样容许"最高存在物"（Hoheres Wesen，或最高本质）的原初设定。这是理性自律的基本原则。早在《纯粹理性批判》发表的十年之前，康德就在致友人赫尔茨的信中写道："在确定我们知识的起源和意义的时候，求助于'解围之神'乃是一个最荒谬的选择：它除了结论上的恶循环之外，还有一个缺陷，就是给任何奇想的或笃信的或梦想的思维提供了支持"；"说最高存在物已经英明地赋予了我们这样的（先验）概念和原理（也就是永恒真理），就意味着从根本上消灭哲学"[2]。换言之，在康德那里，哲学不容许自然理性可把握的领域之外的超验之神或最高存在物的干预。

舍斯托夫从多个方面批评康德哲学排除超验信仰维度的理性自律、自主和自足这一思维原则。第一，全部批判哲学都是建立在不容许超验信仰的理性自律原则基础上的。但这一原则也是一种无根据的信条。康德在《纯粹理性批判》中说他自己摆脱了"信条主义的瞌睡"，但他却没有反问自己，"他自己不也是怀有对真理自律的信仰和对'经验'的仇恨吗？不

---

[1] 原意是指在希腊剧院采用的一种舞台技巧。在剧情发展遇到无法解决问题的关键时刻，从机械装置中降下一个神来解围或干预事态发展。

[2] Кант И. Статьи и письма. Москва: Издательство «Наука», 1980, С.529.

也信奉了关于理性自律这一毫无根据的'信条'吗？这个信条所意味的倒不是瞌睡，但不正是沉睡不醒，甚至或许是人类精神的死亡吗？把自己交给活的上帝，这是可怕的；而听命于那种不知以何种方式扎根于存在之中的无人格的必然性，却是不可怕的，而是快乐的和安宁的！"[1] 康德认为先前的形而上学真理是无根据的信条，意味着人精神上的瞌睡，批判哲学则要确立以清醒的理性认识为基础的真理观。但在舍斯托夫看来，首先，批判哲学的理性自律原则也是一个无根据的信条；其次，理性自足带来的结果更遭，因为如果人听命于上帝，还可以有得救的希望，如果使人完全听命于必然性，这是十分可怕的。"这个必然性也就是这样一种虚无，我们不得不说它存在，虽然到处也没有它，到处都找不到它，但它以神秘莫测的方式嵌入人的生命，残害和扭曲人的生命，就像人无法逃避的命运。"[2] 再次，批判哲学以研究理性的能力为主要任务，它把"理性是某种一成不变的、永远与自身等同的东西"作为前提，在舍斯托夫看来，这个前提是十分任意和没有任何根据的。[3]

第二，追求必然性的理性思维不容许自由和创造。而追求自由和创造是哲学的使命。舍斯托夫指出，当化学家、物理学家或地质学家与"解围之神"或"最高存在物"断绝关系的时候，他们是有自己的根据的，但哲学家则不应如此。然而康德却以科学为榜样，他不仅在清醒时，而且在睡梦中，不仅在面对别人时，而且在独处时，都片刻没能摆脱理性追求普遍性和必然性这一原则的统治。在这一原则下，"全部现实都被压扁和强行钉在这样一种思维的二维平面之上：这种思维的确不'容许'，也就是不包含'解围之神'和'最高存在物'，因此，它把那些带有意外性、自由、创举印迹的东西，那些不希望和不寻求消极存在，而是希望和寻求创造性的、不受任何束缚和决定的行动的东西，全都看作是最大的荒谬"[4]。在

---

[1] 舍斯托夫：《雅典和耶路撒冷：宗教哲学论》，徐凤林译，杭州：浙江人民出版社，2000年，第8页。
[2] Шестов Л. Киргегард и экзистенциальная философия(Глас вопиющего в пустыне). Москва: Издательство Прогресс-Гнозис, 1992. С.87.
[3] Бердяев Н.А. Трагедия и обыденность // Шестов Л. И. *Сочинения в двух томах*. Т. 2. Томск: Издательство «Водолей», 1996, С.9-10. 参见舍斯托夫：《无根据颂》，张冰译，北京：华夏出版社，1999年，第10页。
[4] 舍斯托夫：《雅典和耶路撒冷：宗教哲学论》，徐凤林译，杭州：浙江人民出版社，2000年，第59页。

这种二维平面的思维中没有自由的位置。如果总是在机械运动、自我运动、循环运动中寻找世界的终极奥秘，如果一切都是"自然的"，万物都由机械论主宰，就根本没有自由。在舍斯托夫那里，哲学家不应以对事实真理的认知和论证为满足，更重要的是对价值真理的追求。因此，我们不仅要阅读哲学家的理论叙述，还要倾听哲学家的内心自白。柏拉图所说的洞穴的囚徒，或路德所说的"受奴役的意志"（de servo arbitrio），或斯宾诺莎所公开承认的：他所写的一切都不是出于自由愿望，而是出于外部强制，——这些自白才更加接近真理，标志着普罗提诺所说的"真正的觉醒"[1]，或者标志着"对自由的渴念和为自由而悲伤"[2]。

　　第三，康德的理性自足否定上帝存在。虽然康德只是在理论理性中排除了上帝存在的问题，而在实践理性中又设定了上帝存在，但在舍斯托夫看来，康德实际上是以自己的理性原则否定了上帝存在。他如此解释康德的推理："我们理性的研究能达到的只是现象领域，在时空中发生的感性经验领域；上帝——是在现象之外的，在时空之外的；因此，关于上帝是否存在的问题是处于理性研究所及的领域之外的。理性不确认也不否定上帝存在，它只是说'我不知道上帝是否存在'。康德不仅不能给寻求上帝的人以支持，而且以自己的'公设'把对找到上帝的可能性的一切希望都扼杀在摇篮里。'理性不确认也不否定上帝存在'——这意味着，我们与上帝毫不相干，也不应当有任何相干。"[3]而否定上帝存在就意味着外部必然性的统治，抽象法则的统治。康德虽然提出"人为自然立法"，人是目的而不可作为手段，但舍斯托夫认为，在康德哲学中最高原则是法则、规则。"康德思想的最恰当表达是：不是自然也不是人设立法则，而是法则给自然和人立法。换言之，太初有法则……无论自然还是道德，都是从规则中，从自主的、自足的规则中生长出来的，这些规则本身具有超经验的、非时间性的存在。"[4]用

---

[1] Плотин. Эннеады, I, 6, 6, 72："当灵魂在肉体中，它是沉睡的；而真正的觉醒是它从肉体中起来反抗，而不是与肉体共处。"
[2] 舍斯托夫：《雅典和耶路撒冷：宗教哲学论》，徐凤林译，杭州：浙江人民出版社，2000年，第61页。
[3] Шестов Л. Власть идей(Д.Мережковский. Л.Толстой и Достоевский. Т.II). Глава V. 参见舍斯托夫：《钥匙的统治》，张冰译，上海：上海人民出版社，2004年，第280页。
[4] Шестов Л. *Сочинения в 2-х томах*. Т. 2. Москва: Издательство «Наука», 1993, С.44. 参见舍斯托夫：《在约伯的天平上》，董友等译，北京：生活·读书·新知三联书店，1989年，第42—43页。

抽象法则代替活的上帝，这正是舍斯托夫所竭力批判的。也是由于对上帝存在的质疑和否定，康德甚至被某些俄国批评者说成是既是智慧的又是邪恶的，是"索菲亚和魔鬼"[1]。这反映了俄国思想家对康德评价的道德化倾向。

第四，理性原则不具有普遍适用性，人不总是遵循理性。舍斯托夫强调了人生中的非理性因素。人在不同年龄阶段和不同健康状态下，对理性的态度和观点是不同的。一个朝气蓬勃、刚刚跨入生活的年轻人与一个疲惫不堪、已经开始给自己的一生做总结的老人之间很难相互理解。这样的年轻人不可能和康德及康德主义者一起把规范、规律、秩序当作最高准则。他完全不寻求"理解"。理解意味着把未知的东西归结为已知的东西，但一切已知的东西他都见过了，经历过了，审问过了，他头也不回地逃离已知之物。如果他还可能怀有某种希望的话，那么只能是假设未知的东西与已知的东西不能有任何共同之处，甚至已知的东西并不是像通常所认为的那样已知，因此，那些用来安慰某些个别人和整个民族的无数信仰和前提，只是些骗人的虚构，它们虽然可能不失为美，但它们是远离现实的，是不长久的。在他的术语词典里，"理解"和"终结"这样的词语或许根本就没有。难道需要理解世界，难道需要把我们对世界的认识局限于我们从前已经体验和了解的东西？他只有一个愿望——向前走。他要去哪里，在哪里能找到栖身之地？这些问题对他来说已失去意义。他越来越确信，"安宁""栖息地"以及与此意义相同的词，远远不具有它们在哲学中被评估的价值。[2]

康德的理性至上原则表现在道德领域，就是康德的两个信念：其一，每一个人，每一个理性存在物，永远都会感觉到自己的生命与道德原则有不可分割的联系，道德原则发生动摇是不可思议的；其二，每一个人都想要尊重自己并最害怕对自己感到厌恶，对自己感到厌恶也是不可思议的。舍斯托夫认为，这两个信念作为康德全部批判哲学的前提和出发点，其本

---

[1] Ахутин А.В. София и черт. Кант перед русской религиозной метафизикой. 1990.

[2] Шестов Л. И. *Сочинения в двух томах*. Т. 1. Томск: Издательство «Водолей», 1996, С.12. 参见舍斯托夫：《无根据颂》，张冰译，北京：华夏出版社，1999 年，第 11—12 页。

身却是一种毫无根据的概括和预设。"他从哪里得知,每一个人都有这样的体验?他从哪里得知,每个人的明天将会怎样?他认为自己的这些概括和预设不但没有扩展,而且缩小了、无限地缩小了我们本来已经很贫乏很可怜的经验。"[1]舍斯托夫反驳说,对第一个信念而言,如果康德读过尼采或思考过保罗书信,他也会确信,他所确信的道德原则不是那么牢固的:只需要一次地下的强烈推动,就足以让地上的牢固性土崩瓦解;对第二个信念来说,如果康德看看圣徒传记——圣特雷莎、十字约翰,或者哪怕是路德的书,他就会确信,他认为不可思议的事情是在现实中发生过的。无论圣特雷莎、十字约翰还是路德,都无数次感觉到他们比世上的任何人都更糟。

第三节 实践理性的证明

如前所述,在俄国思想家那里,对康德道德哲学的批评总是多于对康德认识论思想的阐释。舍斯托夫尤其如此,他没有进入《纯粹理性批判》的理论体系进行内在批评,但却对《实践理性批判》有个别的文本解释和具体批判。

舍斯托夫指出,《实践理性批判》不是为解决现实的道德问题而写的,而仅仅是为了理论体系的完善。《实践理性批判》仅仅是《纯粹理性批判》的附属建筑。绝对命令是按照绝对因果律的样子来建构的,而康德之所以这样建构,仅仅是为了体系的完整性。对康德来说,如果说在纯粹理性领域里理性遇到了二律背反,那么在道德生活领域里,已经没有真正的矛盾了。"矗立在他面前的是一幢尚未完工的形而上学大厦,他的任务仅仅是在不改变既定的、仅执行了一半的方案的情况下,把已经开始的事情做完。于是,便有了绝对命令,有了意志自由等公设。所有这类对我们来说如此至关重要的问题,对康德来说,却只具有建筑材料的意义。这样或那样的解决在多大程度上接近现实,他毫不关心。他只关心这种解决在多大程度上符合

---

[1] Шестов Л. *Сочинения в 2-х томах*. Т. 1. Москва: Издательство «Наука», 1993, С.76. 参见舍斯托夫:《钥匙的统治》,张冰译,上海:上海人民出版社,2004年,第55页。

纯粹理性批判——是加强了还是毁坏了逻辑体系的建筑学和谐。"[1]

不管舍斯托夫怎样说，我们看到，《实践理性批判》毕竟通过一系列概念、判断和推理，提出和论证了一种理性自律的道德学说。但舍斯托夫揭露和指出了这一伦理道德学说中的诸多问题。舍斯托夫认为，形式主义是康德伦理学的灵魂，正如"理论"是"认识"的灵魂一样。康德伦理学依靠自己的定律为生，而不是依靠掌管其他领域的定律。也就是说，康德伦理学只局限于道德概念、观念的"自律"形式，而没有真正关涉人的实践生活领域。只有借助于这种"形式主义"，所谓"自律伦理学"才是可能的。如果从这种伦理学中抽出形式主义，就意味着消灭伦理学。在这个意义上，舍斯托夫断言，马克斯·舍勒力图克服康德的形式主义和论证质料伦理学的尝试注定会遭到失败。[2]

具体来说，舍斯托夫认为，《实践理性批判》并没有像康德所希望的那样实现对道德律的"证明"，而只是用义务感、人格等观念，用祈祷、威胁等方法所进行的道德劝导。舍斯托夫通过对《实践理性批判》中三段文本的解释来批评康德。前两段是关于义务感与人格理念。康德伦理学的基础是纯粹的、永远不与任何东西混淆的义务感。康德在《实践理性批判》第一卷第三章"纯粹实践理性的动力"中对义务进行了热情的颂扬：

> 义务啊！好一个崇高伟大的名称，你丝毫不取悦于人，丝毫不奉承人，你要求人们服从，虽然是为了唤起人们的意志；你决不以任何令人自然生厌生畏的东西来进行威胁，而只是确立一条法则，这条法则自己进入心灵，甚至还赢得不情愿的尊重（无论人们如何并不经常遵守它），在这条法则面前，一切禀好尽管暗事抵制，却也无言以对：你当之无愧的源泉在哪里？你那与禀好傲然断绝一切亲缘关系的高贵出身，其根源何在？人类唯一能够自己给予自身的尊严，其必要条件是从哪里产生的？[3]

---

[1] 舍斯托夫：《无根据颂》，张冰译，北京：华夏出版社，1999年，第208页。
[2] 舍斯托夫：《雅典和耶路撒冷》、《宗教哲学论》，徐凤林译，杭州：浙江人民出版社，2000年，第61页。
[3] 康德：《实践理性批判》，韩水法译，北京：商务印书馆，1999年，第94页。此处参照了俄文版，译文有调整，下同。

对此，舍斯托夫指出，"这是用'纯粹理性'所达到的概念写的一篇祈祷文"[1]。在论述纯粹理论理性批判和纯粹实践理性批判时，本来不应有祈祷的位置。然而，康德却在义务面前祈祷，这还被大家误认为是"证明"。但这不是证明，而是黑格尔和黑格尔主义者所说的"在精神和真理中的崇拜"。

与义务观念相关，康德还论述了超越具体个人生命的"人格理念"。这一人格理念也成为其自律伦理学之可能性的前提。舍斯托夫引述了《实践理性批判》同一章中的相关文句：

> 这个唤起敬重的人格理念向我们展现了我们本性（按其使命）的崇高品格，这一理念同时使我们发现我们的行为与这一理念无法相比，并消除了我们的自命不凡，它甚至对于最为庸常的人类理性也是自然而然的和容易理解的……它是对完全有别于生命的东西的敬重的结果，与这种东西相比，生命及其一切快乐是毫无意义的。人依然活着仅仅是出于义务感，而非因为他发现生命有一丝一毫的味道。[2]

通过这段话，舍斯托夫强调指出，康德伦理学的宗旨不是对人的现实生命的价值和自由的肯定，而是关于义务、道德律的神圣性、理性存在物的自主性等观念的道德劝导。"康德服从了自己的使命，或照黑格尔的说法，服从了时代精神，他不厌恶以劝导作为找到真理的方式。而劝导在保证普遍性和必然性上不亚于证明。"[3]但问题在于，伦理学是一种理性认知还是道德说教？显然，康德更看重的是"讲理"，虽然讲理与说教有时难以分割，但不能彼此偷换。

康德在道德律与意志自由的关系问题上，显然更强调道德律高于意志自由。这一思想明显体现在康德关于"意志自由与绝对实践律的互为前提性"的论证中。这里，康德通过举例来说明：

---

[1] 舍斯托夫：《雅典和耶路撒冷：宗教哲学论》，徐凤林译，杭州：浙江人民出版社，2000年，第62页。
[2] 康德：《实践理性批判》，韩水法译，北京：商务印书馆，1999年，第95—96页。
[3] 舍斯托夫：《雅典和耶路撒冷：宗教哲学论》，徐凤林译，杭州：浙江人民出版社，2000年，第67页。

假定有一个人，他确认自己的淫欲禀好在遇到可爱对象和行淫机会时，是他完全不能克制的；但如果在他遇到这种机会的那所房屋的门前树起一座绞架，以作为在他宣泄了淫欲之后将他吊在上面之用，这样他是否还不能克制自己的禀好呢？人们毋需费时猜测他将如何作答。但是，倘若问他说，如果他的君主以立刻将他处死相威胁，要他提出伪证以控告一位这个君主想以堂皇的口实处死的正人君子，那么在这种情形下他是否认为有可能克制他的贪生之念，而不论这个念头是多么强烈呢？或许他不敢肯定，他会这样做还是不会这样做；但是他必定毫不犹豫地承认，这对于他原是可能的。因此他就判定，他之所以能够做某事，乃是由于他意识到他应当做这事，并且在自身之中认识到这样一种自由，若无道德法则，这自由便是他所不知道的。[1]

这段话试图证明这样一种观点：一方面，意志自由是受实践性、可实现性制约的，意志自由是以绝对实践律（即意志自由的可实践性或可实现性）为前提的，即内在的意志自由是受外部现实制约的。另一方面，道德律的实践性也以内在的意志自由为前提。但舍斯托夫认为康德用这样的例子来证明自由受实践律的制约，是不适当和不充分的。舍斯托夫从三个方面加以批评。第一，这段话是对人的自由的完全否定；第二，不应当用经验上的威胁来进行纯粹理念上的证明；第三，并非在任何场合下和对任何人来说，死亡的威胁都能限制他的意志自由，还有相反的价值观念和现实例证。

显然，在康德特意举出的这个例子中，人的自由处于十分可悲的境地。此人在两个场合下都面临道德选择，在前一个场合，面对绞刑架，他只能克制自己的淫邪禀好；在后一个场合，他是不顾"不义"的道德谴责而选择保全自己性命，还是应当克制自己的贪生之念？显然，他应当服从"舍生取义"的道德律，但康德还认为这是此人的"自由"。舍斯托夫的问题是，这还是自由吗？"这里还剩下了康德及其前后的哲学优秀代表们所说的自由的哪怕是一点点影子吗？"[2]自由在此终结了，或者说，人的自

---

[1] 康德：《实践理性批判》，韩水法译，北京：商务印书馆，1999年，第30—31页。
[2] 舍斯托夫：《雅典和耶路撒冷：宗教哲学论》，徐凤林译，杭州：浙江人民出版社，2000年，第68页。

由被归结为服从。而道德律在此是通过什么来实现的呢？不是通过"先天的"判断和推理，而是通过"后天的"经验的威胁。绞架令"淫邪之徒"害怕，尽管似乎完全不应该用它来干预纯粹先天判断的事务。看来，若不借助于经验的强迫，"纯粹"理念用其他方式永远也不能取得它所如此看重的胜利。但是，舍斯托夫问道：康德为什么还要谋求这种道德律的"实现"？为什么要以绞架来威胁"淫邪之徒"？为什么不容许他有遵从自己禀好的"自由"，既然自由被认为是人的基本特权？这里体现了舍斯托夫与康德对"自由"概念的不同理解。康德的"意志自由"是责任主体的在道德必然性中的自由，而舍斯托夫的"自由"是人的无拘无束的意愿。

舍斯托夫进一步指出，康德判定那个有淫欲禀好的人将会遏制自己的禀好，这个判定是武断的，"这里的问题并非那么简单，自明性也并非自明"。他列举了古希腊神话中的俄耳甫斯和皮格玛利翁，西班牙传说中的唐璜，普希金的《埃及之夜》，以及《旧约·雅歌》中的词句作为相反的例证。俄耳甫斯为救欧律狄刻不怕下到阴间；唐璜敢于把手伸给了贵妇人的雕像，不惜被拖入地狱；在普希金那里，甚至一个质朴的青年也为克娄巴特拉的一夜而献出生命；而《雅歌》的作者写道"爱如死一样坚强"（歌 8：6）[1]。这些人物都没有服从康德所说的道德律，都为了自由的爱而不畏死。当然，我们看到，这里问题的复杂性还包括如何区分"淫欲"与"爱"的问题。为淫欲而死被人不齿，为爱而牺牲则受到称颂。但康德在谈到淫欲时也提到"可爱对象"。

第四节　道德行为来自理性还是情感

康德在道德领域依然贯穿理性原则，他确立了一种实践理性的最高道德法则，提出了道德的"绝对律令"："不论做什么，总应该做到使你的意志所遵循的准则永远同时能够成为一条普遍的立法原理。"[2]

---

[1] 舍斯托夫：《雅典和耶路撒冷：宗教哲学论》，徐凤林译，杭州：浙江人民出版社，2000年，第70页。
[2] 康德：《实践理性批判》，韩水法译，北京：商务印书馆，1999年，第30页。

康德的理性道德法则首先具有"首要性",它高于经验的道德情感。康德把道德心理分为两种,一种是道德理性或内在道德律,一种是道德情感。道德理性是首要的,是行为动机的第一源泉。人的道德行为的根本原因是人内心的道德律,人的义务感。道德的人为了履行义务而履行义务,出于对道德律的服从而履行义务,而这种道德律的源泉是什么,这是我们不可能认知的。道德情感则是次要的,是行为动机的第二源泉。康德把道德情感又分为两种,一种是本能的、自发的道德情感,包含人的自然禀好和感性欲望等;另一种是对道德法则和绝对律令的敬畏之情。后者不是先前就存在于道德主体之内的,而是在理性基础上重建的道德情感,也就是在克服自发禀好和感性欲望过程中产生出来的,然后重新建立服从理性的、以绝对律令为基础的道德情感。这种道德情感产生于道德法则之后,是道德法则决定道德情感并使之成为可能。

其次,理性道德法则具有"独立性"。它脱离了情感领域和其他一切行为动机,只有完全建立在道德法则基础上的行为,才具有"纯粹"道德性。爱、友好、对知识的渴望、对美的惊叹等等——所有这一切都被康德归属于感性领域,这个领域自身作为活动的动机是不够高尚和纯洁的。来自自发情感的道德行为是不具有普遍道德意义的。经验道德原理不具有客观普遍有效性。

舍斯托夫指出,康德在把理性道德原则对人的全部其他动机的独立性看作是道德"纯粹性"的时候,完全没有料到,他在维护了道德动机的纯粹性,使道德动机脱离一切其他意愿的时候,也因此就否定了人的完整生命。帮助他人不要出于对他的爱,不要出于同情,不是为了使他人更好,而是出于对自己义务的意识。这种义务观念作为概念,不依赖于人所赖以生活的一切。舍斯托夫说,这样的抽象观念只有像康德这样(关在书斋里的)哲学家才想得出来。康德毫不费力地弃绝了人所珍重的一切,使生命服从于观念。他认为,越是牢固地加给人许多"不许",人在世间的生活就越安宁。而对生活在书斋里的人来说,"安宁"与"良好"是同义词。

舍斯托夫援引了德国诗人席勒来反驳康德的道德学说,席勒力图破坏康德理性道德原则的绝对意义:"我很乐意为朋友们服务,但遗憾的是我这样做是出于爱好。这样，一个念头常常令我苦恼，即我不具有美德。没有别的出路：你应当努力鄙视他们，然后带着厌恶去做义务吩咐你做的事。"[1] 出于自然友爱情感的善行不是美德，只有服从内心道德律的善行才是道德的，这样的美德观是席勒所不能接受的。

为了进一步说明道德情感和绝对律令的作用问题，以及与此相关的犯罪问题，舍斯托夫把康德的绝对道德律令与莎士比亚《麦克白》中体现的道德观加以对比，认为这一戏剧为我们揭示了绝对律令的负面意义和犯罪的心理本质。

在麦克白的犯罪行为前后，其行为动机是道德情感还是理性原则？如果按照康德道德绝对律令的观点，在麦克白杀害国王邓肯之前，他之所以不决意杀邓肯不是因为邓肯，而是为了不破坏自己的内心安宁。理性没有对麦克白进行这样的劝说："邓肯也是和你一样的人。你想活着他也想活着，那么你为什么要杀他。"理性对麦克白进行了这样的威胁："不要杀害他人，因为那样你将成为杀人犯。"在杀了邓肯之后，麦克白不是为邓肯而伤心，而是为自己失去了内心安宁而伤心。对康德来说，这种状况正是对绝对律令的赞扬。这是作为自在之物的"理性"的声音，这一理性存在的唯一目的是以自己的命令去对抗麦克白的感性欲望。不要杀人不是由于被害者，而是由于杀人违背绝对律令！舍斯托夫认为，如果把这种心理看作是人的"良心"，则是对人的尊严的严重贬低。因为这里既有人的自私自利，又有人的软弱，还有人的胆怯。[2]

从抽象理性原则出发，康德没有看到犯罪行为的背后是一个活人，而只看到"犯罪意志"，然后给犯罪者贴上"罪犯"的标签。他没有问自己，一个像他自己一样的人，忽然变成"罪犯"，这意味着什么。对康德来说，人是一些概念，他只限于把他们做成范畴，然后按照一定规则来对待这些概念和范畴。犯罪对他来说只是这样一种现象，它需要找到足够确切的谓语加以定义。这些观点与莎士比亚的道德观形成鲜明的对比。

---

[1] Шестов Л. *Шекспир и его критик Брандес* //*Сочинения в двух томах*. Т.1. Томск: Издательство «Водолей», 1996, C.138-139.

[2] Шестов Л. *Сочинения в двух томах*. Т.1. Томск: Издательство «Водолей», 1996, C.152.

康德用哲学语言重复了大众所说的话。他把这样一些公认的偏见纳入体系，包括关于罪犯的阴暗灵魂，关于绝对命令，它杀死违背者，关于道德心，它与人的全部愿望相对立。莎士比亚则另有他论：绝对律令只是人的行为的调节者，它的作用是纯粹外部的；它的力量就像是警察机构对犯罪的警告。道义领域开始于绝对命令（也就是一切强制，哪怕是内在强制）终结的地方。律令对人的权力和无力，只有从实践观点看才能引起人们的很大兴趣，它是为了保障社会秩序和安全。但人的道德高度不是看他是否愿意服从规则，而是看他是否有能力在他人身上感觉到自己，是否有能力感觉到邓肯像自己的父亲。这里不能说某个人"想做坏人"，另一个人"想做好人"。一切仅仅归结为一个人在多大程度上能够做好人，因为谁也不希望做坏人，做罪犯。哲学家们发明"自由意志公设"专门是为了颂扬他们自己的美德，并使一切与他们有不同感受的人脱离上帝。希望做罪犯和坏人，这也表达了意志自由！还有比这一说法更加自相矛盾的吗？然而未必存在这样一个人们很少能够摆脱的偏见。当我们说他人想做恶人的时候，是为了有理由把我们内心的复仇感叫作"正义的"。莎士比亚则寻找另外的东西，并且找到了。他把麦克白描写成一个最可怕的恶人的类型之一。这个恶人比任何人都更害怕绝对律令。但绝对律令没有使他免于犯罪，而且没有使他从杀人的路上返回。麦克白任何时候都不想"成为一个罪犯"，却因此成为杀人凶手。假如他能够做到不想杀邓肯，那么邓肯就会仍然活着。但绝对律令教导人只考虑自己，关心自己灵魂的纯洁和良心安宁。它只会警告预防第一次犯罪——通过惩罚的威胁来警告，但它必然使人走向进一步的犯罪，正如莎士比亚在《麦克白》中所指出的那样。麦克白杀邓肯几乎是偶然的。他的全部其他恶行则是必然的。[1]

这样，舍斯托夫认为，莎士比亚从根本上改变了关于"罪犯""恶人"的通常观念。在康德那里，罪犯"想要做坏人"，在莎士比亚那里，罪犯

---

[1] Шестов Л. *Сочинения в двух томах*. Т.1. Томск: Издательство «Водолей», 1996, C.158.

想活着，但他不善于使自己的内心需要顺从他人的要求，于是走上了被我们称之为"恶人的"道路。他所说的不是需要加以定义的犯罪行为，而是罪犯，他需要被理解，需要还给他"上帝的形象和样式"。所谓"罪犯"，就是这样一个人，他给"不像他父亲"的邻人"一个打击"之后，感到自己是被困的野兽，从而展开了与所有人的绝望斗争。"根本恶"在莎士比亚这里不是人对"恶"的偏爱：麦克白在杀邓肯之前，自己是鄙视和憎恨一切被称作"恶"的东西的。即便在杀人之后，麦克白依旧是憎恨这个"恶"和恶行本身的。但在杀人之后，他就回不到过去了，"反正都一样"，也就是说，别无选择：绝对命令不容许有其他道路。麦克白是绝对命令的牺牲品——成为杀人犯！虽然他不愿成为"坏人"，虽然他竭力寻找一样东西——与自己的良知和解，但他杀人了。在"麦克白"身上，我们关于犯罪的全部通常观念都被摧毁了。恶棍也有善良的本性。"恶意志"，也就是被我们看作是人生命中最危险和无法理解的东西，对莎士比亚来说是一个虚构，是人们戴在自己身边危险人物脸上的可怕面具，为的是让自己有理由加害于他们：当我们想到罪犯所带来的危害时，我们看到的只是这副面具。莎士比亚在罪犯的可怕外表背后所看到的不是恶魔，而是和所有人一样的人，在犯罪行为中所看到的不是故意的"罪恶"行径，而仅仅是人的需要与欲望同善良意愿的冲突。

  总体来说，舍斯托夫对康德伦理学的批评不具备理论体系的严谨性，但在这些批评中有许多思想的洞见。事实上，这些思想洞见在20世纪东西方思想对启蒙理性的反思中也能够找到某些共鸣。今天重新考察俄国哲学家对康德的批评，对于我们进一步理解康德思想与俄罗斯思想，以及道德问题本身，都能提供某种新的视角。

第九章　上帝如何成为绝对精神
——论黑格尔

舍斯托夫没有关于黑格尔哲学的专门著作和文章，只在关于"形而上学真理的源泉""克尔凯郭尔的存在哲学"和"近代理性主义"等论题中多次援引和评论。和舍斯托夫对待几乎所有哲学家的态度一样，这些评论也是以批评为主。这些批评尽管未必完全合理，但也能够折射出黑格尔哲学的某些方面和问题，特别是关于哲学与基督教思想的关系问题。

第一节　上帝与精神

黑格尔的宗教哲学包括两个方面，一是外在方面，即黑格尔对宗教的研究，关于宗教的哲学思考，集中体现在他的《宗教哲学》一书中；二是内在方面，即黑格尔在其哲学体系中运用和重新解释了某些基督教概念，以或隐或显的方式把哲学思辨与基督教思想结合在一起，这体现在他的全部哲学著作中。前一方面是容易看到的，也是舍斯托夫批评黑格尔的主要方面，但更重要且更需要解释的是后一方面。

广义地说，对基督教概念的哲学解释，从教父时代就已经开始。从早期教父的释经学，到奥古斯丁的"心理"神学；从经院哲学的上帝存在证明，到斯宾诺莎的"上帝即自然"，都是基督教与哲学的互动和交融。这种交融有可能带来两种后果，一是用哲学消解了信仰，二是为宗教观念提供了更具普遍理性意义的文化空间。在这个意义上可以说，当黑格尔把"亚伯拉罕的上帝"变成"哲学家的上帝"时，一方面是把活的信仰对象纳入了抽象的哲学概念，但另一方面，也是在自觉不自觉地利用人们的宗教情感（西方文化潜在的宗教内涵）给哲学概念注入了某种神圣意蕴，从而促进了基督教思想向世俗文化的介入。

我们说基督教作为西方文化的重要内容，不仅是说，基督教是西方文化单独的一部分，与其他文化领域并存，而且是说，基督教思想和精神在西方社会与文化的长期历史发展过程中，逐渐进入许多其他文化领域，或多或少彼此渗透，相互交融。其中哲学家们所做的工作是力图用学理的语言化解或转述基督教信仰的神秘内容。启蒙时代的理性学说、俄罗斯宗教哲学关于自由的思想、后现代主义的"他者"概念，都以不同方式包含着基督教的潜在语境。在这个意义上，也可以把黑格尔的宗教哲学看作是对基督教精神的理性解释。我们可以从黑格尔的哲学话语中看到他对"上帝""启示""信仰""忏悔"的解释：

"上帝"——就是绝对精神，绝对真理。哲学既以认识真理为目的，也就是以认识上帝为目的。上帝是可知的，因为理性和精神是上帝绝对精神发展到自我意识阶段，人认识上帝正是绝对精神对自己的认识。

"启示"——"精神之力以与自我意识相对立的普遍者的形态，向个体、向个别的经验的意识显示自身。"启示是普遍精神的自我体现，也即客观化，它是宗教的"主要的、本质的规定"。

"信仰"——是对真理的意识，是对真理的把握与认同。信仰"是对自在自为的上帝所是者之意识"。因此，信仰不是基于"奇迹"，基于奇迹的信仰是初始的、偶然的信仰形态，而不是真正的信仰。

"忏悔"——"精神具有使恶成为不曾发生的东西的权能。悔过和忏悔具有这样的意义：人通过上升到真理，领悟到犯罪已成为自在自为地被克服的东西，是自身无力量的东西。这种使曾经发生的成为不曾发生的，这种转变在感性形式中是不可能的，在精神的内在形式中却是可能的。"[1]

由此可见，如果说康德的宗教哲学主要是把基督教精神在道德领域重新展开，那么，黑格尔宗教哲学的特点则是把基督教观念加以哲学化，用哲学话语来表述基督教的某些观念。舍斯托夫批评黑格尔的这种做法是背离了基督教的根本精神，而不是对基督教信仰的辩护。

第二节　哲学与宗教

黑格尔在自己的哲学概念体系中，用"精神""绝对精神""真理"这样的概念把哲学和宗教联系在一起。因为"精神"一词与基督教所说的"灵"是同一个词。宗教和哲学具有共同的对象，即都以真理为对象，而绝对真理就是绝对精神，就是上帝。只不过，哲学和宗教把握真理的方式不同，宗教对真理的把握表现在预感、表象和祈祷这类感觉直观的方式里，哲学则以抽象的概念形式来把握真理。或者换一种说法，宗教和哲学都是绝对精神辩证发展的不同阶段，它们都是绝对精神在人的精神中的自我意识。

这样，关于黑格尔及其哲学与基督教的关系，就有两种相反的观点。一种认为，黑格尔是个有信仰的人，是个热忱的基督徒，他像《圣经》所要求的那样崇拜作为精神和真理的上帝，他试图在自己的哲学著作中为基督教信仰的"几乎"所有内容"作论证"。因此，一如当年的托马斯·阿奎那一样，托马斯用亚里士多德主义重新解释基督教，使其适合于经院哲学的"时代潮流"，托马斯因此被天主教会奉为"天使博士""普世教会博士"，那么，假如黑格尔是天主教徒，他就会被公认为"教会博士"，取代托马斯·阿奎那，因为托马斯·阿奎那的学说在一定程度上已经过时了，要求按照当代思潮重新解释。另一种观点则相反，认为黑格尔哲学虽然运用了某些基督教概念，但其实质是对基督教信仰的歪曲和消解。舍斯托夫

---

[1] Гегель. Ф. Философия религии. Т.2. Москва: Издательство «Мысль», 1975. С. 317.

就坚持这后一种观点，具体表现在以下两方面：

第一，哲学高于宗教。在黑格尔体系中，宗教是绝对精神的自我认识。上帝就是绝对精神、绝对观念。这个绝对观念不是一开始就完善的，而是经历了辩证发展。宗教的辩证发展要历经"自然宗教""自由的主观的宗教"和"绝对宗教"。基督教是"绝对而完善的宗教"。但宗教本身不是绝对精神自我认识的最后完成。黑格尔写道："宗教与哲学内容虽同，而形式却异，因此哲学的历史必然与宗教的历史有别。默祷只是虔诚地默念着那对象，而哲学便要通过思维的知识实现这种神人和合，因为精神要求回复到它自己的本质。"[1]因为精神虽然在绝对宗教里体现了它的真实形态，但这个形态仍然是以感性表象的形式体现出来的，不能完全体现绝对精神作为纯粹理念的本质，因此必须进一步发展，过渡到概念。用概念来把握绝对精神就是哲学。因此，哲学高于宗教。用概念思辨的哲学来取代以人的得救和与神合一为终极目的的基督教，这是与舍斯托夫所理解的基督教精神相违背的。

舍斯托夫进一步指出，在黑格尔那里，哲学之所以高于宗教，还因为哲学的理性思维所具有的检验和证明宗教内容是否具备真理性的绝对权威。黑格尔在《宗教哲学》中写道："在哲学中宗教从思想意识方面得到了自己的证明……思维是绝对法官，在它面前内容应当自己证明自己"；"基督教信仰的内容应当用哲学来证明，而不应当用历史来证明"[2]。这样，全部真理都只能由理性思维来证明，不容许"最高存在者"的现实性，这是与《圣经》中关于启示真理高于哲学真理的思想相对立的。

对黑格尔来说，知识高于信仰或信仰只是不完善的知识。黑格尔说："知识也就是信仰，因为信仰只不过是知识的特殊形式。"[3]然而基督教信仰则要超越和克服知识的局限。舍斯托夫认为，在《圣经》的"创世记"故事中第一次出现了对"纯粹理性"的批判，对"纯粹理性"所带来的知识的批判。亚当之所以犯罪，就是因为他要依靠自己的理性来"求知"

---

[1] 黑格尔：《哲学史讲演录》第一卷，贺麟、王太庆译，北京：商务印书馆，1959年，第64页。
[2] Гегель. Ф. Философия религии. Т.2. Москва: Издательство «Мысль», 1975. C.311, 316.
[3] 黑格尔：《宗教哲学》中卷，魏庆征译，北京：中国社会出版社，1999年，第700页。

（认识善恶），违背上帝的意志，因而成为有死的；只有完全信赖上帝才能得永生。用舍斯托夫的话来说就是：知识带来死，而信仰带来生命树。既然信仰不局限于知识，那么，信仰就不否定奇迹。

第二，信仰与奇迹。在黑格尔看来，信仰是知识的特殊形式，因此真正的信仰排除奇迹，开始于奇迹的信仰是原始的、低级的信仰。从奇迹这样的外物开始的信仰，是纯形式的信仰，基于奇迹的信仰已无法纳入受过教育的人的思维范围。这类信仰是内容有限的和偶然的信仰，亦即不是真正信仰，它的地位应当用真正的信仰来取代，真正信仰不具有偶然内容。舍斯托夫揭露了黑格尔对基督教信仰的背离，他指出，如果信仰也是知识，那么，变水为酒和复活拉撒路等《圣经》奇迹就是无意义的谎话。对黑格尔来说，也像对康德一样，信仰或他们称之为信仰的东西，处在理性的永恒监护之下。"信仰的基础不是精神关于奇迹的证明，而是精神关于绝对真理、绝对理念的证明，从这一观点看，奇迹很少能引起兴趣。"[1] 这里才暴露了黑格尔全部思维的基本前提：任何奇迹，无论是《圣经》上所见证的，还是《一千零一夜》里所讲述的，都是毫无价值的胡说八道，是被理论理性所推翻了的，也是实践理性所完全不能容许的。[2]

黑格尔不仅反对信仰中的奇迹，也反对一般知识中的奇迹。他说："奇迹只是对事物的自然联系的暴力，因而是对精神的暴力。"[3] 舍斯托夫认为恰恰相反，知识才是对人的暴力。因为知识是从"必然性"中诞生的，知识的诞生意味着人自身已被限制在必然性的权力之下，这已是对人的暴力。舍斯托夫进一步指出，事物的自然联系才是对精神的最大暴力。所谓"事物的自然联系"也就是必然性，而精神的本性在于追求超越必然性的自由，但黑格尔的"精神"在这一必然性面前是软弱无为和无能为力的——虽然他不敢承认这一点，只是用"自由"这个庄严词语来掩盖自己的软弱无能。他宣称"自由是对必然的认识"。相比之下，爱比克泰德要

---

[1] Гегель. Ф. Философия религии. Т.2. Москва: Издательство «Мысль», 1975. С.309.
[2] 舍斯托夫：《雅典和耶路撒冷：宗教哲学论》，徐凤林译，杭州：浙江人民出版社，2000年，第58页。
[3] Гегель. Ф. Философия религии. Т.2. Москва: Издательство «Мысль», 1975. С.308.

坦率得多，他说："哲学的开端是意识到自己在必然性面前的无能为力。"[1]

与否定奇迹相关，黑格尔哲学中的"现实"（"一切现实的都是合乎理性的"）被压扁和强行钉在这样一种思维的二维平面之上，这种思维不"容许"意外性、自由和创造。同样，黑格尔的"精神"也可以全部放在这个范围内，这种"精神"和他如此颂扬的"自由"一道，也是注定的循环，"其中最初的东西也是最后的东西，最后的东西也是最初的东西"。

这种"合乎理性的"自由在舍斯托夫看来已完全不是自由，因为黑格尔还强调个人必须服从普遍精神。

第三节　个人与时代

个人的无自由还体现在个人必须服从普遍精神，哲学只能表现时代精神。黑格尔在《哲学史讲演录》的导言中写道："哲学作为一个时代的精神的思维和认识，无论是怎样先验的东西，本质上却也是一种产物"；"每一种哲学，正因为它是某一特定发展水平的表现，所以它是属于自己时代的，是与这个时代的局限性相联系的。个人是自己民族之子、自己土地之子，个人只不过是以自己的特定方式表现自己民族和土地的本质。个人可以进行任何斗争，但要挣脱自己的时代，对他来说就像挣脱自己的皮肤一样是不可能的。因为他属于作为他自己的本质的普遍精神"[2]。这段话似乎表达了黑格尔的社会决定论或历史决定论观点，很像是唯物主义。

作为这一观点的具体体现，黑格尔《哲学史讲演录》中如此讲述"苏格拉底的命运"：黑格尔没有谴责苏格拉底，甚至谈论苏格拉底的悲剧。在黑格尔看来，苏格拉底是否有罪过，实质上已不那么重要。历史哲学的任务是寻找历史理性和意义，揭示发展过程的理想机制。苏格拉底恰好生活在从一种社会制度向另一种社会制度过渡的时代。旧制度有自己的意义，

---

[1] 舍斯托夫：《雅典和耶路撒冷：宗教哲学论》，徐凤林译，杭州：浙江人民出版社，2000年，第53页。
[2] Гегель. Ф. Собрание сочинений в 14 томах, Т.13, Москва: АН СССР. С.59. 参见黑格尔：《哲学史讲演录》第一卷，贺麟、王太庆译，北京：商务印书馆，1959年，第53—54、56—57页。

新制度也有自己的意义，一种制度要代替另一种制度，这也有自己的意义。旧制度在努力维护自己，新制度已经到来了。在两种制度的冲突中牺牲自然是不可避免的，办大事不必计较小节。苏格拉底就是这样一个牺牲品，他不能不死，但这没有什么了不起，因为存在的意义不在个别人和他们的成功或失败里，而在发展的普遍过程里。对发展的普遍过程而言，苏格拉底的死不会成为一种障碍。全部问题只在于让发展无阻碍地前进。[1]

黑格尔的这一观点显然是与舍斯托夫的存在哲学、生命哲学完全对立的。其对立首先在于对"精神"的不同理解。在黑格尔那里，"精神"一词已同基督教思想中"原初的生命之气"毫不相干了，精神不是个人的内在精神，而是某种超个人的普遍本质，具有客观性，类似于斯宾诺莎的"自然"或"必然性"。对舍斯托夫来说，精神是主体性的和个体性的，是个人反抗自然决定性的自由意志。舍斯托夫对黑格尔提出了三点批评。

第一，揭露了黑格尔的思想兴趣，指出黑格尔作为一位大哲学家，不但没有因哲学和个人都注定受时代局限而感到窘迫，反而对此很迷恋。舍斯托夫评论道："最大的理性主义者黑格尔教导我们说，哲学注定受自己时代精神的局限，并且人没有任何办法摆脱这一局限性。而这一点丝毫没有令他窘迫，甚至相反，令他着迷，因为这最像是人们早已渴望的科学真理，也就是那种被'清楚明白'地认识的东西，那种不可怀疑的东西，以至于上帝本身想要这样做，他这次也会使我们陷入错误。甚至当一个人在读了黑格尔关于个人是自己时代之子、他在自己的判断中所表达的不是真理、而只是普遍精神在一定历史时刻想要的东西这一论断之后，他个人不仅没有能力摆脱这一局限性，甚至不能感觉到这一局限性是一场令人厌恶和压抑的梦魇。"[2] 黑格尔之所以迷恋时代精神的决定性，是因为在他看来这是科学真理。这似乎没有什么不好，反而非常符合科学精神。但对舍斯托夫来说，首先时代精神决定哲学和个人思想这一论断是不是科学真理，就是个严重的问题，这在舍斯托夫这里显然不是也不可能是"真理"，真

---

[1] 舍斯托夫：《思辨与启示：索洛维约夫的宗教哲学》，载舍斯托夫：《思辨与启示》，方珊等译，上海：上海人民出版社，2005年，第9页。

[2] Шестов Л. *Сочинения в 2-х томах*. Москва: Издательство «Наука», 1993, Т. 2, С.256.

理只在争取自由的精神斗争中;其次,即便这是科学真理,那么哲学家是否"应当"迷恋,也是个严重的问题。石墙是科学真理,但"以头撞墙"才是哲学精神;"人固有一死"是科学真理,但"向死而生"才是哲学精神。这不是无视现实,也不是鼓励幻想,而是肯定人的精神自由权利,因为哲学家不应赞颂必然性。

第二,舍斯托夫用一个反例指出了黑格尔关于时代共同精神的说法是不正确的。因为笛卡尔与帕斯卡尔处于同一时代,都是杰出科学家和哲学家,但却说出了完全相反的观点。笛卡尔以思维的清楚明白作为真理,帕斯卡尔却说,我不要清楚明白,清楚明白扼杀真理。[1]同一时代有不同哲学体系,甚至完全对立的哲学观点,这样的例证显然可以举出许多。

第三,既然哲学与时代精神无关,那么,也就没有哲学史的历史继承性。舍斯托夫不接受关于哲学的历史进步的观点。他说:"哲学史想要在相继产生的哲学体系中看到继承关系,认为我们现代人不仅掌握了古代人所获得的一切,而且远远走在了前面,这种观点毕竟是严重错误的。黑格尔研究和崇拜普罗提诺,但没有开启普罗提诺关于'真正觉醒'[2]的奥秘。"[3]这一"奥秘"就是个人从时代精神的睡梦中觉醒,使哲学成为反抗必然性的"伟大的、最后的斗争"。

第四节 逻辑与生命

黑格尔哲学形态是一个庞大的概念逻辑体系,整个世界和人的全部生命都被纳入到这一体系中来。舍斯托夫指出,这种哲学是概念的自我运动,或精神的自我运动。从概念的自我运动中推导出世界和宇宙。[4]黑格尔在

---

[1] 舍斯托夫:《在约伯的天平上》,董友等译,北京:生活·读书·新知三联书店,1989年,第262页。
[2] 普罗提诺:《九章集》3,6,6。"灵魂只要在身体中就是在沉睡,真正的觉醒是脱离身体的真正复活,不是与身体一起复活,因为与身体一起复活是从一个梦转到另一个梦,从一张床转到另一张床,真正的重建是完全脱离与灵魂本性相反的身体。"(译自俄文版)
[3] 舍斯托夫:《在约伯的天平上》,董友等译,北京:生活·读书·新知三联书店,1989年,第370页。
[4] 舍斯托夫:《思辨与启示》,方珊等译,上海:上海人民出版社,2005年,第13页。

《逻辑学》中写道:"因此应当把逻辑学理解为纯粹理性体现,纯粹思想王国。这个王国就是真理,它是无遮掩的,自在自为的。因此也可以这样表述:此真理的内容是创造世界和有限精神之前的原初上帝的影像。"[1] 这样,哲学的真理只在逻辑概念中,而不在人的生命中。《逻辑学》中的另一段话更加鲜明地表达了这一思想:"人应当以自己的思想方式上升到抽象普遍性的高度,在这种状态下,对他来说什么都一样了,无论他自己是否存在,也就是他是否在有限生命中存在(因为这里指的是确定的生存状态)。甚至'天塌下来,你也不会害怕',——一个罗马人[2]如是说,而基督徒更应具有这种淡泊。"[3]

这样一来,舍斯托夫指出,哲学就不再是追求真理,甚至违背了黑格尔自己的教导,即他在《精神现象学》序言中宣布的:"但是,哲学应当竭力避免训导性(Die Philosophie aber muss sich hüten, erbaulich sein zu wollen"[4];哲学变成了训导或说教,正如斯宾诺莎关于"平静地对待命运中的事情"或康德关于"绝对命令"或"义务"的说教一样。黑格尔甚至比康德更加彻底。康德尚且容许上帝存在、灵魂不死、意志自由作为公设,而在黑格尔这里,人只要善于超越个体性和偶然性,善于上升到抽象的普遍性,善于"在精神和真理中崇拜"就足够了。"寻求上帝、灵魂不死和意志自由的形而上学,是不可能的;但它之所以不可能,不是因为理性被设置了某种界限,以及我们思维的范畴只适用于感性现实。黑格尔甚至为关于人的理性之界限问题的提出本身而愤怒。给人们揭示上帝、灵魂不死和意志自由的形而上学之所以不可能,是因为无论上帝、灵魂不死和意志自由都是不存在的。"[5]

舍斯托夫借用克尔凯郭尔来反对黑格尔。他提出这样的问题:黑格尔

---

[1] Гегель. Ф. Наука логики. Т.1. Москва: Издательство «Мысль», 1970. C.103, 113. 参见黑格尔:《逻辑学》上卷,杨一之译,北京:商务印书馆,1966年,第31页。

[2] 指古罗马诗人贺拉斯。

[3] Гегель. Ф. Наука логики. Т.1. Москва: Издательство «Мысль», 1970. C.148. 参见黑格尔:《逻辑学》上卷,杨一之译,北京:商务印书馆,1966年,第78页。

[4] 此句根据舍斯托夫的俄译文。比照黑格尔《精神现象学》(上卷,贺麟、王玖兴译,北京:商务印书馆,1979年)第6页:"但哲学必须竭力避免想成为有启示性的东西。"

[5] 舍斯托夫:《雅典和耶路撒冷:宗教哲学论》,徐凤林译,杭州:浙江人民出版社,2000年,第66页。

宣布一切现实的都是合理的和一切合理的都是现实的，在任何地方没有任何人反对现实，无论现实多么可怕，都可以和应当接受，这是正确的吗？然后援引了克尔凯郭尔的回答：克尔凯郭尔说，黑格尔"把现实神圣化"并认为这是自己的功绩和力量，实际上在此表现了他的软弱性和他的精神枯萎。黑格尔甚至不怀疑自己探索真理的方法的正确性，正如绝大多数人不怀疑这种方法一样。人们不理解真正可怕的东西，回避这种东西，按照大家所理解和接受的样子来看待生活。但能把这样的生活观叫作哲学吗？有这样的思维吗？不是相反吗？回避生命恐惧的人，无论是黑格尔还是普通人，都是拒绝哲学和思维。"人的懒惰性不能容忍疯狂和死亡向我们讲述的东西。"因此，克尔凯郭尔离开了大家公认的哲学家黑格尔，去找"私人思想家"，《圣经》义人约伯。克尔凯郭尔在自己身上找到勇气去倾听疯狂和死亡给我们讲述的东西，前往约伯那里，把他作为思想家，去寻找被黑格尔所拒绝的真理。黑格尔不想也不能听克尔凯郭尔和约伯：他们说出的都是疯狂和死亡，这些东西不能得到理性的辩护。从生命中被抛弃的人在黑格尔体系中没有位置，思辨哲学不理睬这些人，忘记了他们的存在。对思辨哲学很明显的是，个体人在时间中产生，也应当在时间中有自己的终结。人的任务、义务，甚至人的使命，就在于认识这一永远不变的真理，带着智慧的安宁接受这一真理并服从自己的命运。这也是约伯的朋友对约伯的劝告。[1]但约伯并没有接受这样的劝告和教导，勇敢地质疑"命运"，最终得到了上帝的肯定，上帝归还了约伯的一切。

  舍斯托夫还援引了别林斯基对黑格尔的批评。别林斯基曾经是黑格尔哲学的信奉者，但后来发现了这一哲学的致命缺陷，从而对此加以质疑。别林斯基写道："即使我真的爬上发展阶梯的最高一级，在那里我也会要求您让我清楚地知道生活条件和历史的全部牺牲者，偶然性、迷信、宗教裁判所、菲利普二世等等的全部牺牲者，否则，我就从那最高一级上一头栽下来。如果我不能为我的每一个骨肉兄弟、每一个与我血肉相连的人感到宽慰，我就不愿得到幸福，得到了也是枉然。"[2]舍斯托夫认为，别林

---

[1] Шестов Л. Киркегард - религиозный философ. http://dugward.ru/library/shestov/shestov_kirkegard.html.
[2] Белинский В.Г. Из писем В. П. Боткину. 1841 г. 1 Марта. http://izmy.info/node/844.

斯基向黑格尔哲学寻求解决生命问题的"真理",要求黑格尔为生活和历史的牺牲品负责,这是幼稚的、奇怪的,在黑格尔那里,真理只是理论、观念中的真理,可以与生活真理或生活本身无关。"假如黑格尔读了别林斯基的信,他会把别林斯基叫作野蛮人。难道可以要求哲学考虑到每一个历史的牺牲品!这难道是哲学的事吗?!当然,黑格尔确认,现实是合理的……'现实是合理的'在黑格尔那里只意味着,应当把科学放在先于一切的位置,因此,生命无论如何都应当被想象为是完全符合理性的要求的。至于实际上是否如此,唯心主义者并不关心,重要的是在讲台上和书本中宣告这一真理。"[1]

---

[1] Шестов Л. *Сочинения в двух томах*. Т.1. Томск: Издательство «Водолей», 1996, C.217-218. 参见舍斯托夫:《钥匙的统治》,张冰译,上海:上海人民出版社,2004年,第307—308页。

第十章　哲学是争取不可能之物的斗争
——论克尔凯郭尔

　　舍斯托夫是在胡塞尔的建议下开始读克尔凯郭尔的。1928年4月下旬，舍斯托夫与胡塞尔在阿姆斯特丹初次会面，彻夜长谈。他们就"什么是哲学"这一问题展开激烈争论。舍斯托夫说：哲学是伟大的、最后的斗争。胡塞尔尖锐地回答："不，哲学是反思。"但当舍斯托夫详细阐述希腊形而上学真理是"强迫的真理"的时候，胡塞尔却很用心地倾听。后来，胡塞尔还把舍斯托夫关于这一问题的文章发表在《逻各斯》杂志上[1]，并写信给舍斯托夫说："我们两人的方向是不同的，但我理解、并且重视你的那些问题。"[2] 舍斯托夫后来说，胡塞尔"是世界上唯一有权不理解我的问题的人，但也是世界上为数不多的能理解我的问题的人之一"[3]。正是由于胡塞尔对舍斯托夫哲学问题的理解，他才建议舍斯托夫去阅读当时

---

[1] 此文题为"被缚的巴门尼德"，后来经修改补充收录于《雅典和耶路撒冷》一书，即第一章"论形而上学真理的源泉"。

[2] 参见舍斯托夫：《纪念伟大的哲学家胡塞尔》，载舍斯托夫：《开端与终结》，方珊译，昆明：云南人民出版社，1998年，第336页。

[3] Баранова-Шестова. Жизнь Льва Шестова(Переписки с современниками).Париж，1983，II，С.28.

还鲜为人知的丹麦哲学家克尔凯郭尔[1]；也正是通过对克尔凯郭尔的研究，舍斯托夫进一步阐发了关于"哲学是争取不可能之物的斗争"这一核心思想。

第一节　哲学如何是"斗争"

我们大家都可以理解哲学是反思，从古希腊直至近现代哲学的主流都是如此。但如何理解哲学是斗争？这是怎样意义上的"哲学"和怎样意义上的"斗争"？

"斗争的哲学"思想首先是以舍斯托夫对哲学的特定理解为前提的。在他看来，哲学不是认识论的、思辨思维的理论成果，而是存在论的意志活动。因此他所理解的哲学不是希腊传统意义上的哲学，而是具有特定含义："哲学的终极任务不是建立体系，不是论证我们的知识，不是调和生活中可见的矛盾，——这都是实证科学的任务，与哲学相反，实证科学是为生活亦即暂时需要服务的，而不思考死亦即永恒问题。哲学的任务是在生中摆脱生，哪怕是部分地摆脱。犹如人啼哭着出世或大喊着从噩梦中惊醒一样，从生到死的过渡也显然应当伴随着无理性的、绝望的努力，这种努力的相应表现也将是无理性的、绝望的叫喊或疯狂的大哭。"[2]

对这种特定意义上的哲学，从本书以上各章节中，我们可以概括出舍斯托夫的三种定义：（1）"悲剧哲学"："陀思妥耶夫斯基和尼采的作品所包含的不是答案，而是问题。这个问题就是：那些被科学和道德所拒绝的人们还有没有希望？也就是说，悲剧哲学是不是可能的？"（《悲剧的哲学——陀思妥耶夫斯基与尼采》，1905年）；（2）"圣经哲学"："上帝按照自己的形象和样式创造了人并在创造之后赐福于人，这是圣经的灵魂，或许可以说，这是圣经哲学的本质"（《在约伯的天平上》，1929年）；

---

[1] 这个建议是在这次谈话的几个月后提出的，即1928年11月9日，在舍斯托夫应邀到弗赖堡讲学期间，此时胡塞尔任弗赖堡大学哲学教授。

[2] Шестов Л. *Сочинения в 2-х томах.* Т. 2. Москва: Издательство «Наука», 1993, C.215-216. 参见舍斯托夫:《在约伯的天平上》，董友等译，北京：生活·读书·新知三联书店，1989年，第218页。

（3）"宗教哲学"："宗教哲学不是寻求永恒存在，不是寻求存在的不变结构和秩序，不是反思……宗教哲学是伟大的和最后的斗争，为的是争取原初的自由和包含在这种自由中的神的'至善'"（《雅典和耶路撒冷：宗教哲学论》，1938年）。

这三种定义所描述的"哲学"概念具有一个共同的宗旨：哲学的基本问题和目的只有一个，就是探究和解决生命的终极问题，这个终极问题也只有一个，就是自由问题，确切地说，不是理论思维中的自由问题，而是个人实际生活中的为自由而斗争。但这一自由也不是通常意义上的自由，不是对必然性的认识和顺应，不是善恶之间的选择。舍斯托夫对自由有三种最高纲领主义的解释——自由意味着反抗必然性，自由意味着战胜死亡，自由意味着不容许恶进入世界。而什么力量能够赋予人这样的最高自由？不是人的理性，只有上帝信仰。

舍斯托夫的这种哲学观、自由观和信仰观，都在克尔凯郭尔的存在哲学中得到了支持和佐证。1937年10—11月他在法国广播电台的五次讲座《索伦·克尔凯郭尔——宗教哲学家》中精辟地概括了克尔凯郭尔的哲学观："柏拉图和紧跟其后的亚里士多德教导说：哲学的开端是惊奇。如果可以用几句话概述克尔凯郭尔的思想，那么必须说：人的最大不幸是对理性和理性思维的绝对信任，而哲学的开端不是惊奇，而是绝望。他在自己的作品中花样百般地重复说，哲学的任务在于摆脱理性思维的统治，勇于（只有绝望才能给人勇气）在大家习惯认为是悖论与荒诞的地方寻找真理。在被我们的经验和理性证明是全部可能性都终结的地方，在我们认为遇到了绝对不可能之物的石墙的地方，在显然已走投无路、一切都结束的地方，在人已经无能为力、毫无办法、只能心灰意冷的地方，在人停止和应当停止一切寻找和斗争的尝试的地方，按照克尔凯郭尔，只有在这些地方，才开始了真正的斗争，而哲学的任务就是这样的斗争。"[1]

通过舍斯托夫的论述及其对克尔凯郭尔的理解，我们认为，哲学之所以是"斗争"，可以归结为三个理由，或者在三种意义上来理解：第一，

---

[1] Шестов Л. Киргегард-религиозный философ // «Русские Записки», № 3, 1938.

斗争是人的生命不同于自然物的特征。"生命的基本特征是勇敢、敢想敢为（τόλμα），全部生命就是创造性的'敢想敢为'，因此就是永远的、不可归结为现成之物和可理解之物的神秘剧（мистерия）。"[1] 无生命的自然万物对自己的命运完全无所谓，它们的存在无论如何都不能被剥夺。只有生物才斗争。生物需要某种东西，需要某种有可能不存在的和有可能被剥夺的东西，因此如果想要获得和保留它，就必须进行斗争。这种"需要"，这种"失去"和"保留"的可能性，以及因此而产生的斗争的必要性——这是某种神秘的、超自然的因素。"哲学也应当从这一'需要'、从对这一需要的破解开始自己的问题和研究。因为在生命及其'需要'出现之前不可能有任何问题。甚至在生物需要之外的因果性问题，都是空洞的、无意义的问题，甚至完全不是问题，而是最纯粹的幻影。"[2]

第二，理性主义哲学对必然性的服从不能解决人的终极问题，只有抗争的意志-思维努力才是生命的最后真实，才称得上是对终极问题的探究和解决。舍斯托夫也从这一原则出发解释哲学史，他所理解的哲学史不是在书本上流传的哲学学说或理论体系的历史，真正的哲学史是在现实的哲学史之外的、看不见的精神斗争的历史。哲学史家把哲学史描述为人的顺从史。但舍斯托夫认为，现有的哲学学说的历史不能表现人类精神斗争的历史，现有的文化史也不能涵盖人类的全部活动、意图和成就。"黑格尔的历史哲学是对生命的粗糙而有害的伪造。他的合理的现实既不是合理的，也不是现实的。敢想敢为不是人的偶然罪孽，而是人的伟大真理。宣告顺从的人按其内在需要是最勇敢的人。顺从对他们来说只是为自己的权利而斗争的方式和手段。"[3] 舍斯托夫尖锐地提出了这一问题："善于不回顾地思考，创立不回顾的思维的'逻辑'，——哲学和哲学家是否将在某一时刻终于明白，这才是人的首要的和迫切的任务，是通往'唯一需要'之路

---

[1] Шестов Л. *Сочинения в 2-х томах*. Т. 2. Москва: Издательство «Наука», 1993, C.168. 参见舍斯托夫：《在约伯的天平上》，董友等译，北京：生活·读书·新知三联书店，1989年，第172页。

[2] Шестов Л. *Сочинения в 2-х томах*. Т. 2. Москва: Издательство «Наука», 1993, C.198. 参见舍斯托夫：《在约伯的天平上》，董友等译，北京：生活·读书·新知三联书店，1989年，第202页。

[3] Шестов Л. *Сочинения в 2-х томах*. Т. 2. Москва: Издательство «Наука», 1993, C.250. 参见舍斯托夫：《在约伯的天平上》，董友等译，北京：生活·读书·新知三联书店，1989年，第253页。

呢？难道作为回顾思维之基础的惯性和惯性定律及其对意外可能性的永恒恐惧，永远也不能使我们脱离精神发展的历史给我们注定的那种半睡眠的、植物般的生存状态吗"；"哲学不应是回顾、反思，如我们以习惯认为的那样，——回顾是全部哲学的终结；哲学应当是敢于无所顾虑、不向任何东西回头的勇往直前的愿望……哲学不是反思，而是斗争。这场斗争没有也不可能有终结。"[1]

第三，通常的哲学可能是人们闲暇时的智力活动，也可能是处于正常生命状态下的人，为了得到关于世界的普遍知识所进行的冷静的科学研究。这种思考是人人都可以进行的，但与个体生命的终极问题没有直接关系，或者说是可有可无的。而舍斯托夫所理解的哲学，主要是处于痛苦乃至绝望状态下的人，是面临死亡恐惧的人所进行的抗争，这种抗争不是单凭智力，而是通过情感、意志等全部生命存在，不是为求知，而是为得救。在这样的生命活动中，思维和存在成为一体。[2] 在这种状态下，思维的斗争也就是存在的斗争。

把生存性的存在哲学与传统理性主义的思辨哲学对立起来，正是克尔凯郭尔哲学的根本思想。

第二节　存在哲学如何反对思辨哲学

舍斯托夫认为，克尔凯郭尔反对传统意义上的哲学，不是由于对哲学史的无知，而是在熟知古代和近代哲学思想史的基础上进行的，因此他才能够独辟蹊径，就是用自己的存在哲学来对抗思辨哲学。"人类智慧和健全理智几百年来所积累的通常思想，克尔凯郭尔都是同样知晓的，就像不跟随他走而更喜欢走思想大路的人一样知晓。既然他仍然走了另外的道路，那么，不是因为他不够博学或不懂得那些唤起他们通常思想的东西。他知晓这一切，懂得这一切，比其他人更知晓和更懂得。然而，或者更确

---

[1] 舍斯托夫：《雅典和耶路撒冷：宗教哲学论》，徐凤林译，杭州：浙江人民出版社，2000年，第339、341页。
[2] 参见本书第二章第二节"临界境遇"部分。

切地说，正是因此，他才走上了自己的非同寻常的、与所有人格格不入的道路……把约伯与柏拉图和黑格尔，也就是全部古代和近代哲学对立起来——这是对我们全部文化的最大挑战，但贯穿于克尔凯郭尔全部作品中的最宝贵思想正在于此。从这里也产生了他所谓的存在哲学，这种哲学，照克尔凯郭尔学说，应当取代思辨哲学。"[1]

那么，存在哲学凭据什么力量来对"全部古代和近代哲学"进行最大挑战呢？凭据《圣经》中的上帝信仰。

克尔凯郭尔以圣经信仰世界观为根据来反抗古希腊和近代思辨哲学。那么，这两者有什么根本差别？或者说，圣经信仰世界观相对于思辨哲学有什么优越性呢？可以说，克尔凯郭尔的存在哲学与思辨哲学的对立，在根本上是个体人性中心论的世界观与自然中心论世界观的对立。简而言之，在舍斯托夫看来，圣经信仰世界观的优越性就在于，圣经信仰以人生的终极问题即生死与自由问题为核心和出发点，并且能够给人带来根本的精神安慰。因为圣经世界观中的人是上帝所造并为上帝所爱，因此在上帝信仰中的人将能达到与上帝同在的得救之境，从而获得真正的幸福和永生；而思辨哲学的出发点和领域是与人的生命无关的自然存在，或者说思辨哲学力图把人的生命归结为自然存在，因此，思辨哲学则以理性和必然性来消解生命终极问题，教导人平静地甚至快乐地服从必然性，这被舍斯托夫认为是对人的虚假安慰。"理性思维所看到的凡产生和被造者必有毁灭的规律被我们认为是万物永远固有的：希腊哲学对此深信不疑，印度智慧也是如此，远离希腊人和印度人的我们也不能摆脱这一自明真理的统治。……只有《圣经》在这方面是一个神秘莫解的例外。其中讲述了与人们用自己的理智眼睛所看到的东西直接相反的东西。我们在《创世记》开头读到，万物都是创造者所造，万物皆有开端。但这不仅没有被看作是存在的缺损、不足、罪孽的条件，而是被看作是世间万物成为美好之物的保证。"[2] 只有《圣经》的上帝能够保障人走向生命的完满和人的永生。

舍斯托夫的这一观点也从克尔凯郭尔的思想中得到了支持，区别只在

---

[1] Шестов Л. Киргегард ——религиозный философ // «Русские Записки», № 3, 1938.

[2] Шестов Л. Киргегард ——религиозный философ // «Русские Записки», № 3, 1938.

于，如果说克尔凯郭尔在对信仰的态度上还有所保留的话，那么舍斯托夫则是更加激进和坚决。克尔凯郭尔在《恐惧与颤栗》导言中写道："我能够沉思和理解英雄，但我的思想无法进入亚伯拉罕。每当我企图上升到他的高度的时候，我马上就掉下来，因为展现给我的东西是悖论。但我因此并不贬低信仰的意义，相反，对我来说信仰是人被赋予的最高的东西，我认为哲学把某种另外的东西放在信仰的位置，是不诚实的"[1]；"我的意图是以问题的形式抽取出亚伯拉罕的故事中所包含的全部辩证法因素，以便展示，信仰是何等奇怪的悖论：此悖论把杀人变成神圣的、合乎神的愿望的事，此悖论把以撒还给了亚伯拉罕，此悖论是任何思维都无法把握的，因为信仰正是从思维结束的地方开始的"[2]。舍斯托夫对此总结说："克尔凯郭尔清楚地看到，'信仰骑士是掌管一切有限之物的真正幸运者'这样的论断，是对我们的自然思维给我们指出的一切东西的挑战。为此他不是向理性寻求庇护，而是向荒诞，也就是向被我们的理性认为是荒诞之物的信仰。他从自己的经验得知，'与理性相反的信仰是苦难'。但只有这样的信仰，这种不向理性寻找证明、在理性那里也找不到证明的信仰，才是圣经的信仰。只有这样的信仰，才能使人有希望战胜那通过理性进入世界并统治世界的残酷必然性。"[3]

这样，在舍斯托夫对圣经思想的理解中，信仰是与知识对立的。在圣经人学中，人本是无知的，无知时也无罪。正是知识（关于善恶之别的知识）导致人的堕落（原罪）。因此，舍斯托夫在赞同克尔凯郭尔信仰观的同时，又批评他对《圣经》中人的原初无罪状态的解释。克尔凯郭尔在《恐惧概念》[4]（V，36）中写道：

> 无罪即无知。人在无罪状态中不是在精神（灵）的方面被规定的，而是在心理的方面，在同自己天性的直接统一中。精神在人身上还在

---

[1] 克尔凯郭尔：《恐惧与颤栗》，一谌等译，北京：华夏出版社，1999年，第29页。
[2] 克尔凯郭尔：《恐惧与颤栗》，一谌等译，北京：华夏出版社，1999年，第29页。
[3] Шестов Л. Киргегард ——религиозный философ / «Русские Записки», № 3, 1938.
[4] "恐惧"（Angest）一词有多种译法，也译作"焦虑""忧惧"等。本章根据舍斯托夫的俄文译法（страх）译作"恐惧"。

沉睡。这样的理解完全符合《圣经》，《圣经》否认人在无罪状态有善恶之别的知识。在无罪状态有和平和安宁，同时还有某种东西——当然不是不安，也不是斗争：因为没有斗争的理由。那么这是什么？——是虚无！这个虚无能产生什么作用？它产生恐惧。无罪状态最深的奥秘就在于，它同时也是恐惧……恐惧概念从来未曾引起心理学的兴趣，因此我应当注意到，应当把恐惧认真地区别于疾病等状态：后者属于某种确定的东西，而恐惧则是这样一种自由的现实，这种自由是在任何可能性之前的可能性。[1]

舍斯托夫对这一解释作了三方面批评：

第一，无知不是缺陷。舍斯托夫指出，《圣经》的确否认人在天真状态下有善恶之别的知识。但这不是人的弱点和缺陷，而是人的力量和伟大的优越性。刚刚由造物主之手被造出来的人连羞耻也不知，这也是人的伟大优越性。善恶知识以及羞耻感，只是在他吃了禁果之后才有的。

第二，是无知状态下精神在沉睡，还是知识使精神沉睡？克尔凯郭尔这里所说的"精神"或"灵"是指人的独立理性、自我意识。正是由于它们的沉睡，人才与自然物直接统一，而当其因知识而觉醒，人便区别于自然事物了。这已接近于理性主义哲学观点，因为按照黑格尔的哲学史观，"那令人识别善恶的知识之树上的果实，是来自自身的知识，也就是理性——这是往后一切时代的哲学的普遍原则"[2]。而舍斯托夫所说的"精神"或"灵"则是指人身上超自然、超理性的东西，神性的东西。舍斯托夫说，克尔凯郭尔是依据自己的理性来确认在不知善恶之别的人身上灵还在沉睡的，"但在《圣经》里没有这样认为。在《圣经》里所说的是相反的东西——人的一切不幸皆由知识而生。按照《圣经》，知识在本性上排除信仰，知识在本质上也是罪孽，或原罪。和克尔凯郭尔相反，应当说，正是知识树的果实使人的灵（精神）沉睡了。正因为如此上帝禁止亚当吃

---

[1] 此段据舍斯托夫《旷野呼告——克尔凯郭尔与存在哲学》一书中的引文译出。Шестов Л. Киргегард и экзиюнциальная философия(Глас вопиюего в пустыне). Москва: Издательство Прогресс-Гнозис, 1992. С.83.

[2] 黑格尔:《哲学史讲演录》第二卷，贺麟、王太庆译，北京：商务印书馆，1960年，第44—45页。

这些果实。上帝对亚当说:'只是分别善恶树上的果子,你不可吃,因为你吃的日子必定死'(创2:17)——这话完全不适合我们的知识观和善恶观,但其含义是完全明确的,不容许做任何解释。我再说一次,在这句话里,只有在这句话里,才在人类历史上唯一一次响起了称得上是对纯粹理性的批判的声音"[1]。这样,舍斯托夫认为,对理性的批判不是从康德开始的,而是在《圣经》的"创世记"故事中第一次出现的,这是对纯粹理性所带来的知识的批判,这就是:知识带来死亡,信仰带来生命。

第三,无知状态中没有虚无和恐惧。在此虽无知识,却有完满的生命和神赐的自由,因为人在这一状态下与上帝同在,全善无恶。因此舍斯托夫问道,关于无知状态中有虚无和恐惧的观点克尔凯郭尔是从哪里得来的,是谁给他揭开了无罪状态的奥秘?因为在《圣经》里关于这些只字未提。按照《圣经》,恐惧和羞耻是在堕落后才有的,而且不来自无知,而来自知识。所以恐惧不是自由的现实,而是丧失自由的表现。舍斯托夫指出:

> 像虚无一样决定着我们命运的自由是没有也不可能有的,有的是上帝所造的自由的人,他的自由正在于,他既不需要知识,也不需要区分善恶。伊甸园中的无知与堕落的人的知识相比完全不是贫乏。这种无知完全是另外一种东西,比我们的全部知识都无限丰富和富有内涵:有人(比如陀思妥耶夫斯基在《一个荒唐人的梦》中)能够在无意中发现这个秘密,甚至讲述这个秘密。一切知识的开端——是恐惧。当人在走向上帝之前开始追问:这是怎样的上帝?他是否符合我给自己制定的关于最高存在者的观念?——当他这样追问的时候,他就又犯了亚当所犯过的罪;虽然他自己认为这是实现了自己的自由。他以给他带来禁树之果的知识来检验上帝,却不曾料到,他的恐惧,他的全部担忧标志着自由是丧失:自然的人不恐惧,什么也不怕,自由的人不询问,不左顾右盼——因此他对上帝的关系不表现在知识中,而表现在信仰中。信仰也是这样一种自由,它是由创造者同生命一起

---

[1] 舍斯托夫:《雅典和耶路撒冷:宗教哲学论》,徐凤林译,杭州:浙江人民出版社,2000年,第169页。

吹进人身体的。[1]

克尔凯郭尔和舍斯托夫都认为信仰高于理性。然而，每一个在信仰之外的现代人都可能会对舍斯托夫的观点提出这样的疑问：一是理性主义哲学通过劝诫人服从必然性和命运给人带来的安慰，一是"圣经哲学"诉诸上帝信仰和上帝全能给人带来的安慰，到底哪个是真实的安慰，哪个是虚假的安慰？斯宾诺莎的哲学教导人"应当平静地对待命运中的事情"不是更加现实的安慰吗？圣经上帝给人的"永生"许诺不是更加虚假的幻想吗？对于这样的疑问，我们也试图借用舍斯托夫的思路来回答：难道通晓古今西方哲学和宗教思想史的舍斯托夫不懂得理性的"现实"和上帝的"不现实"吗？他不懂得上帝并不能给人现世生命的不死吗？显然不可能不懂得。既然懂得，却仍要强调圣经信仰的优越性，是因为他有另外的思想根据——什么是哲学思考的出发点和第一现实，是理智的服从还是情感的反抗。如果说古代和近代理性主义哲学所教导的对必然性的服从是人的终极安慰，那么，为什么几千年来人们从来没有停止过对这一必然性的情感抗争？为什么人们在对现实进行了"理解"之后仍然会"哭，笑和诅咒"？可见，这在理解之后的或与理解相对立的情感抗争才是生命的最后真实，而哲学就应当从这样的真实出发，其宗旨是争取人的真正自由。而这种自由不是在必然性之中的自由，也不是在善恶之间进行选择的自由，而是一切皆可能的自由。

第三节　自由如何是可能性

舍斯托夫特别强调克尔凯郭尔的这段话："对上帝来说一切皆可能。说上帝，就意味着说一切皆可能。对宿命论者来说则是一切皆必然。必然性就是他的上帝：这就意味着，没有上帝"[2]；因此舍斯托夫认为，"'对

---

[1] Шестов Л. Николай Бердяев.Гнозис и экзистенциальная философия //Л.Шестов.*Сочинения в 1 томе*. Москва, 1996. C.411-412.

[2] Шестов Л. Киргегард ——религиозный философ // «Русские Записки», № 3, 1938.

上帝来说没有任何不可能的事'——这是克尔凯郭尔最珍贵的、最深刻的、唯一的思想，同时也是使存在哲学不同于思辨哲学的思想"[1]。按照舍斯托夫的解释，克尔凯郭尔拒绝关于必然性在世界中居统治地位的希腊思想，也拒绝关于伦理是最高原则的希腊思想，把善恶选择的自由看作是堕落者的自由，是奴役。真正的自由是可能性。这一可能性不受必然性的统治，不受理性所划定的不可能性之界限的限制。这是由上帝信仰来保证的可能性，即一切皆可能。这是一种受造的自由，它来自上帝对受造万物的最初规定"甚好"（добро зело）：在创造的第六天，"神看着一切所造的都甚好"（创1：31）；这种自由也来自神对人的伟大承诺："对你们来说没有任何不可能的事了。"（太17：20；可9：23；加17：6）

舍斯托夫在克尔凯郭尔关于约伯书的思考中揭示了这种自由观。"克尔凯郭尔离开黑格尔奔向私人思想家约伯，他在约伯的简短话语中找到的比在德国唯心主义诸多体系和希腊哲学辩论中找到的更多。也许，在克尔凯郭尔的作品中最令人震惊、最具有挑衅性、同时最富有魅力的东西，我们可以在他关于约伯书的思考中找到。"[2]

哲学家和神学家在《约伯记》中通常看到的是人的无辜受苦和神义论的问题。约伯与三个朋友争论自己遭受苦难的问题。朋友们确认约伯有罪过，因此应遭受降临于他的那些灾难，约伯开始时接受，后来却加以反驳，说自己是无辜的。最终上帝确认了约伯的无辜，归还了约伯的财产和子女。但舍斯托夫认为，这只是《约伯记》的一个片断，全部《约伯记》的意义在于，约伯没有听从智慧的忠告，最终不愿意也不能够向自己生存的恐惧妥协，不仅与朋友争论，而且向上帝提出抗议。"如果简短概括约伯朋友的长篇讲话，那就是：既然不可战胜，就应当接受。相反，如果简要概括约伯对朋友们的回答，那就是：世上没有任何力量能够强迫他把他的遭遇当作应有的和终极的东西加以接受。换言之，不仅必然性的'权利'

---

[1] Шестов Л.Николай Бердяев.Гнозис и экзистенциальная философия//Л.Шестов.Сочинения в 1 томе. Москва,1996. С.407.

[2] Шестов Л.Николай Бердяев.Гнозис и экзистенциальная философия//Л.Шестов.Сочинения в 1 томе. Москва, 1996. С.403.

（合法性），而且它的'权力'（统治力量），都是成问题的"[1]。这里表现了约伯反抗必然性的勇气和自由，正是由于这样的自由精神符合上帝对人的最高恩赐，上帝从而归还了约伯的一切。

约伯的三个朋友以利法、比勒达和琐法的话代表着智慧和善本身，代表"受奴役的意志"（路德语），失去自由的意志。人在现实的统治之下，不能不成为这样的人。他们除了自身处于现实的统治之下以外，还注定认为世界上的一切，无论有生命的还是无生命的，低级的还是高级的，弱小的还是强大的，都处于这些真理的统治之下。如果让约伯在他生活幸福的年代去安慰"被逐出普遍者怀抱"（克尔凯郭尔语）的人，他也未必能够想出任何比他的三个朋友对他说的话更好的话来。约伯起初也像"智慧的人"一样，平静地接受了命运的打击，他起初把全部"哭"和"诅咒"（斯宾诺莎语）埋藏在心底，顺从地说："赐予的是神，收回的也是神，主的名是应当称颂的"（伯1：21）。但是，随着加诸他的灾难的增多，他所受的"哭和诅咒"的压力愈来愈大：最后终于冲破了束缚他自由的理性厚壁，开始反叛上帝，要求归还自己的财产、儿女和健康。舍斯托夫认为这正是约伯的意义，《约伯记》也是从这里才真正开始。三个朋友的话只是插曲。克尔凯郭尔在《重复》一书中也是如此揭示约伯的意义的："约伯的意义不在于他说了这样的话——赐予的是神，收回的也是神，主的名是应当称颂的；他在开始时是这样说的，但后来就没再重复。约伯的意义在于，他使处于信仰边界上的争论更加激化了，在他内心爆发了无可遏止的强烈欲望的这种可怕的反叛……约伯的意义正在于，他没有用虚假的安慰来扼杀和缓和自由的激情。"[2] 克尔凯郭尔"把约伯的勇敢和放肆看作是人对上帝的唯一正确的关系"，这种勇敢和反抗不是渎神，而是虔诚信仰的表现，因为信仰是争取不可能之物的疯狂斗争——这正是约伯所采取的行动。信仰开始于这样的时刻，此时一切可能性显然都已结束，我们的经验和理解都毫不动摇地证明，对人来说已经没有并且不可能有任何希望了。而克尔凯郭尔的存在哲学正开始于绝望。理性和知识使人陷入绝望，

---

[1] 舍斯托夫：《旷野呼告——克尔凯郭尔与存在哲学》，方珊译，北京：华夏出版社，1991年，第44页。
[2] 舍斯托夫：《雅典和耶路撒冷：宗教哲学论》，徐凤林译，杭州：浙江人民出版社，2000年，第162页。

只有对圣经上帝的信仰才能成为人在绝望中的希望和寄托。"信仰之所以是存在哲学的源泉，正是因为信仰敢于反抗知识，向知识本身提出问题。存在哲学是'来自深渊'（de profundis）的哲学。它不询问，不追问，而是呼求，以同思辨哲学完全不同的维度来丰富思维。他所期待的不是来自我们理性的回答，不是来自可见之物的回答，而是来自上帝的回答。期待这样的上帝的回答，对这个上帝来说没有任何不可能的东西，这个上帝持有全部真理，掌管过去、现在和未来。"[1]

这样，《约伯记》的真正启示在于，对外部命运的服从、虔诚，本质上并不是虔诚，而是渎神，因为服从意味着失去自由，而上帝造人是让人得自由。自由是上帝的最大恩典，放弃自由服从必然性就是渎神。约伯是从"赐予的是神，收回的也是神，主的名是应当称颂的"开始的。但经过检验表明，这不是虔诚，而是渎神，对抗命运的自由激情才是对上帝的虔诚。为什么这样说呢？因为在这个故事的最后，上帝承认了约伯的反叛和要求是正确的，不是在语言上，而是在行动上：上帝归还了约伯所失去的一切。这样，可以认为，在约伯心中似乎有两个上帝，他所反叛的是那个不辨是非、横加痛苦的假上帝，或厄运，也就是不听劝说的、对一切都无动于衷的必然性；而约伯所虔信和呼求的是那真正的、公义的上帝。上帝也给予了回答。这主要不是对人的虔诚的考验，而是对人的自由的考验。上帝最终归还约伯的财产和子女，是对人的最高自由的肯定。

"一切皆可能？"这样的自由岂不是无法实现的幻想吗？舍斯托夫明确地承认，这是无法实现的；他还断言，克尔凯郭尔也完全清楚地知道这是无法实现的，也就是不可能的。但是有两个问题，第一个问题是，对人来说，无法实现和不可能性就是一了百了吗？就是人的终极命运吗？如果说不可能性是经验和理解的确切结论，那么，"是谁赋予了经验和理解最终决定权？是谁教导我们这样的信念，即我们的知识，甚至是关于事实的

---

[1] Шестов Л.Николай Бердяев.Гнозис и экзистенциальная философия//Л.Шестов.Сочинения в 1 томе. Москва, 1996. С.402-403.

知识？是某种终极的和不可改变的东西？"[1] 显然，人类的宗教信仰和超越精神表明，无法实现和不可能性不是人的生命的全部现实。"一切皆可能"也是人生的现实，是人"心向往之"的精神现实；而无法实现和不可能性或必然性，则使人陷入绝望。在此，舍斯托夫的问题在于："必然性真的被赋予了支配人和世界的命运的权力吗？人怎么能接受这一权力呢？对人生有重要意义和价值的伦理，怎能去维护那无意义的、令人厌恶的、愚钝的、耳聋的、盲目的必然性呢？当必然性统治世界的时候，人还能在世界上生活吗？当人确认，必然性不满足于外部强制手段，而且把人的良心诱惑到自己一边，这时，人能不陷入绝望吗？"[2]

第二个问题是，这种自由的无法实现和不可能性是任何人都知晓的，克尔凯郭尔和舍斯托夫与康德和黑格尔一样知晓，这是理性证明的真理。但是，哲学家应当因此而庆祝理性的胜利吗？哲学家应当颂扬证明这些真理的永恒性的理性吗？理性主义哲学家确信，自由是受必然性所限的，对真实发生的事件上帝本身也没有可能加以改变，上帝在此也无能为力。用谢林的话说，这是不得不与必然性和谐相处的自由。但舍斯托夫借克尔凯郭尔的思想问道：这种自由"还是自由的自由吗？是不是路德所说的受奴役的自由，被知识所麻痹的自由？克尔凯郭尔也提出同样的问题，但他没有诉诸理性，而是诉诸创造者——不是询问，而是呼求。无论理性怎样向他证明一切都有终结，苏格拉底被毒死，这些结果无法避免等等，克尔凯郭尔仍旧坚持自己的看法：对上帝来说没有不可能的事。甚至上帝自己所宣布的真理，都不会成为终极的、不依赖于上帝的、独立自主的存在。相反，上帝的不变性意味着，上帝所造的一切，甚至真理，都（永恒不变地）处于他的权力之下和服从于他"[3]。这里提出了上帝与真理的关系问题，"永恒真理"与"受造真理"的问题。存在哲学追求依赖于上帝的"受造真理"，因为它容许和承诺了人的精神自由，拒斥思辨哲学的抽象的"永

---

[1] Шестов Л.Николай Бердяев.Гнозис и экзистенциальная философия/Л.Шестов.Сочинения в 1 томе. Москва, 1996. C.403-404.
[2] 舍斯托夫：《旷野呼告——克尔凯郭尔与存在哲学》，方珊译，北京：华夏出版社，1991年，第44—45页。
[3] Шестов Л.Николай Бердяев.Гнозис и экзистенциальная философия/Л.Шестов.Сочинения в 1 томе. Москва, 1996. C.413-414.

恒真理"，因为其中没有人的真正自由。

　　当然，舍斯托夫对克尔凯郭尔的论述不是客观介绍，而是六经注我和借题发挥，这是他评论古今思想史的一贯方法。但他借用克尔凯郭尔的言论所阐发的哲学思想、提出的哲学问题和独到见解，无疑是对现代存在哲学的重要贡献，具有一般哲学意义，对于现代人的生命思考具有启发意义。

第十一章　善的哲学与悲剧哲学
——论尼采

19 世纪末和 20 世纪初，几乎没有哪一个俄国大思想家不曾关注尼采。尼采在俄国文化界的影响是多方面的。无论唯心主义哲学家的宗教探索，还是象征主义文学运动，乃至马克思主义，都从各自不同的观点吸收和利用了尼采的某些思想。其中尤以俄国新宗教意识运动的哲学家与尼采哲学的关系最有特点，他们既受到尼采哲学的鼓舞并揭示尼采思想的意义，也有对尼采观点的批评。这既反映了俄国哲学家的基督教哲学的基本立场，也为尼采及其相关问题的研究提供了独特的思想路向。

尼采的道德批判和价值重估思想深刻地影响了现代和后现代哲学，他也因此常常被作为"非道德论者"的典型。然而，和当时大多数俄国哲学家一样，舍斯托夫却在尼采的道德批判背后，揭示了尼采对最高之善的追求，区分了尼采道德学说中所包含的善的哲学和善的"布道"。当尼采的不幸命运使他对自己青年时代的道德理想产生怀疑、对传统道德观念进行揭露和批判的时候，尼采是在进行关于善的哲学探索；当他面对无法解决的个体生存悲剧问题不得不停止追问，转而用"超人""贵族主义""爱命运"进行自我辩护的时候，就开始了关于善的布道。但尼采从其生命历程中揭示出来的"悲剧哲学"，则提出了个体生命与道德关系的尖锐问题。

第一节 尼采与俄国新宗教意识

"新宗教意识"是 20 世纪初在俄国自由派知识分子中产生的宗教-哲学思潮，又称"俄国宗教哲学复兴"运动。其基本宗旨是，第一，反对 19 世纪下半叶以来在俄国文化思想界盛行的庸俗唯物主义和虚无主义，倡导唯心主义和宗教价值，主张把人的内在精神作为人生和社会的决定因素。第二，这一思想运动也并非主张回到传统基督教，而是力图对基督教-东正教进行更新和改造，在此基础上建立新的文化、政治、个人和社会生活。这一思潮的思想来源主要是陀思妥耶夫斯基、托尔斯泰和索洛维约夫，而尼采对基督教现状和西方文明的批判以及对新人类的追求，也恰好适应了这一思想运动的需要，因此尼采成为"20 世纪初俄国宗教复兴的鼓舞者之一"[1]。

俄国思想家对尼采的理解总是与西方不同。在西方，尼采首先是文化哲学家，他对基督教道德的批判成为无神论的社会达尔文主义甚至法西斯主义的理论根据；"上帝死了"和价值重估被理解为"超感性世界没有作用力了，没有任何生命力了，形而上学终结了"[2]。而在俄国，尼采首先是一种宗教现象。这是因为俄罗斯灵魂具有笃信精神和对基督教的深层理解，在俄国宗教哲学家的观念中，宗教不是生活的一个领域或个人的一种情感和爱好，而是人生的根本原则，无论人是否意识到。不可能在宗教之外寻求生命的意义。俄罗斯思想中固有一种寻神的因素，在表面的、官方承认的、理性化的宗教背后，总有超理性的、神秘的宗教体验。尽管 20 世纪初的俄国宗教思想是东正教基础上的宗教现代主义，但这种俄国式的现代主义非常不同于西方的天主教和新教现代主义。俄国现代主义的基本

---

[1] Бердяев Н.А. Русский духовный ренессанс начала XX в. и журнал «Путь» (к десятилетию «Пути») // Н.Бердяев о русской философии. Часть 2. Свердловск: Издательство Уральского университета, 1991, С.222.
[2] 海德格尔：《林中路》，孙周兴译，上海：上海译文出版社，1997 年，第 224 页。

理由不是使基督教符合现代科学和现代政治生活，完全不意味着怀疑耶稣基督的神性。它的理由是纯粹宗教的、精神的、神秘主义的。

一种有代表性的观点认为"尼采哲学的大前提是无神论"[1]。然而在俄国宗教哲学家眼里，这位公然猛烈抨击基督教和直接宣布"上帝死了"的尼采，并不是一个一般意义上的无神论者。别尔嘉耶夫认为，尼采并非简单否定基督教，"他被认为是基督教的最可怕的敌人，但他也是为基督和基督教问题所苦的人。他和基督作斗争，但基督又是他内心深处可爱的，他身上无疑有强烈的基督教成分。""说尼采是无神论者，这是简单化的观点。这种观点不理解，意识和有意识的思想没有穷尽人的深度。尼采是带着痛苦说出上帝被杀死了的。尼采的无神论和费尔巴哈的无神论之间有巨大差别。尼采希望上帝回来。查拉图斯特拉说：'噢，转回来吧，我的不可知的上帝！我的痛苦，和最后幸福'。"别尔嘉耶夫如此归纳"尼采生活和创作的基本问题：在没有上帝的时候如何感受神圣？在世界和人如此卑贱的时候如何感受迷狂？在世界如此平凡的时候如何上到高山？"[2]尼采的无神论是受苦的无神论，受苦的无神论是宗教经验的一种形式，甚至是笃信的一种形式。

尼采思想是近代非宗教人道主义危机的表现——这是俄国哲学家的常见论题。这种危机的根源何在？就在于非宗教的人道主义包含着内在矛盾。它主张个性自由，相信人有成为自己生活主宰的绝对价值，然而世俗的人又是庸俗、渺小的，具有兽性，甚至有魔鬼般的恶。这个在人本身之中无法解决的矛盾冲突在尼采思想中达到了极其尖锐的程度，导致人本身被克服和超越，走向了超人。查拉图斯特拉说："人是应当被超越的。你们曾作怎样的努力去超越他呢？直到现在，一切生物都创造了高出他自己的种类，难道你们愿意做这大潮的回浪，难道你们愿意返于兽类，不肯超越人吗？猿之于人是什么？一个可笑之物和一种令人痛苦的耻辱。人之于超人也应如此：一个可笑之物和一种令人痛苦的耻辱。""人之重要之处

---

[1] 例如，参见陈鼓应：《尼采新论》第二篇，香港：商务印书馆，1988 年。
[2] Бердяев Н.А. О назначении человека. Москва: Издательсво «Республика», 1993, С. 263, 273-274. 参见尼采：《查拉斯图拉如是说》，尹溟译，北京：文化艺术出版社，1987 年，第 259 页。引者按："查拉斯图拉"又译作"查拉图斯特拉"，本书从后一个译名。

正在于他是一座桥而不是目的。在人身上可爱的地方只在于他是过渡和灭亡。""心把我吸引到超人，超人是我的第一和我的唯一，而不是人……如果我喜欢人身上的什么东西，那就是，他是过渡，是日落和消亡。"[1]

在俄国哲学家看来，这就表明了非宗教人道主义本身的瓦解。别尔嘉耶夫在《创造的意义》（1916年）一书中写道：

> 人道主义人类学的危机在尼采身上达到了完结。在尼采之后，在他的事业和命运之后，人道主义已经不可能了。《查拉图斯特拉如是说》是无恩典的伟大的人的书，是被抛弃的、被抛给自己的人的作品。被抛给自己力量的人从来没有升得这么高。人道主义的危机在其极限上应当导致超人思想，导致对人和人性的克服。对尼采来说，终极价值不是人的价值，而是超人的价值，也就是说，人道主义被克服了。对他来说，人是羞耻和痛苦，人应当被克服，人应当走向比人更高的东西，即超人。在尼采这里，人道主义不是从上面、靠恩典被战胜的，而是从下面、被人本身的力量战胜的，——这也是尼采的伟大功绩。尼采是新宗教人类学的先驱。[2]

弗兰克也指出了尼采在"19世纪末庸俗人道主义的瓦解中的伟大功绩"：尽管尼采具有反宗教的、反基督教的情绪，但他拒绝崇拜经验的、平庸的、自然的人，或者用他自己的话来说，"人性的，太人性的"人，——在这种拒绝中表现出了他的精神的某种真正宗教意向，包含着对某种基本的、被忘却的真理的提示，包含着一种朦胧的洞见：作为纯粹自然存在物的人，是与人的最高理念相背离的，人身上真正人性的东西正是他的最高的、"超人的"、亦即神人的存在，在这个意义上自然人的因素的确是应当被克服和照亮的。在他的简练公式"人是一种应当被超越的东西"中，得出了庸俗人道主义之内在毁灭的结论，宣判了这种人道主义的

---

[1] 尼采：《查拉斯图拉如是说》，尹溟译，北京：文化艺术出版社，1987年，第259页。
[2] Бердяев Н.А. Смысл творчества // *Сочинения*. Москва: Издательсво «Правда», 1989, С.322-323.

死刑。[1]

从早期斯拉夫派霍米亚科夫开始，俄国宗教哲学家就提出一些超出传统神学的新思想。索洛维约夫在青年时代立志改造脱离了生命内容与活力的基督教，要"给基督教的永恒内容赋予新的形式"。新宗教意识哲学家也试图对传统基督教思想加以补充和发展，其重要一点是关于人的创造性。他们在尼采思想中看到了对人的创造性的渴望。别尔嘉耶夫把人类历史划分为三个宗教时代——律法的宗教时代、赎罪的宗教时代和创造的宗教时代。创造的宗教时代是继《旧约》和《新约》之后的第三启示。生命与存在的宗教意义不仅限于赎罪，生命和存在担负着积极的、创造性的任务。从罪孽和毁灭中得救不是宗教生命的终极目的。拯救总是"从……中"，而生命应当是"为了……"。拯救所不需要的许多东西，对于拯救本身所为的目的、对于存在的创造性提升却是需要的。人的目的不是得救，而是创造性的提升。渴望得救和恐惧毁灭的宗教只是一种暂时的过渡。"在全部历史上从来没人像尼采那样感到了人的创造使命，这种创造使命无论是教父的人类学还是人道主义人类学都没有意识到。他诅咒善人和正义者，因为他们憎恶创造的人。"[2] 尼采因创造的渴望而燃烧。但他在宗教上只知道律法和赎罪，而在律法和赎罪中没有人的创造启示，因此他憎恨律法和赎罪。尼采之所以憎恨上帝，也是因为他被这样一种不幸的思想所控制：如果上帝存在，人的创造就是不可能的。

尼采之所以在俄国有非凡影响不单纯是因为外部作用，而是因为尼采与俄罗斯灵魂的气质有某些相似之处，更是因为尼采某些思想适应了当时俄国精神运动的需要。因此，俄国哲学家深受尼采启发并不意味着他们对尼采学说的全盘接受，他们是站在自己立场审视尼采的，也对尼采思想进行了批判，主要集中在尼采的宗教观念、超人学说和对基督教道德的态度上。

维亚切斯拉夫·伊万诺夫指出：

---

[1] Франк С. Л. Духовные основы общества. Москва: Издательсво «Республика», 1992, С. 416; 弗兰克：《实在与人》，李昭时译，杭州：浙江人民出版社，2000 年，第 164—166 页。

[2] Бердяев Н.А. О назначении человека. Москва: Издательсво «Республика», 1993, С.334-335.

尼采将宗教看作是由于把人在自身中感受和意识到的一切最美好和强大的东西不正确地客体化而产生的。这种对宗教创造的根本否定关闭和破坏了他的灵魂。他最后试图在超人中把自己的"自我"加以客体化（他认为似乎是可能的），这也是徒劳的：他的超人——只不过是超主体。在从"狄奥尼索斯式的"查拉图斯特拉口中说出的超人学说中，尼采在对狄奥尼索斯的态度上的致命的二重性，达到了危机地步，通过转向反狄奥尼索斯的方式来解决，最后以制定"强力意志"学说而告终。认为走向超人的冲动出自强力意志，这是最反狄奥尼索斯精神的：狄奥尼索斯的强力成为神奇的和无个性的，按照尼采的说法，是机械-物质性的和自私-暴力的……尼采的悲剧性过错在于，他不相信他自己向世界开启的神。他把狄奥尼索斯原则理解为审美原则，把生命理解为"审美现象"。但这首先是一种宗教原则。[1]

人是应当被克服和超越的，人不应仅仅是人自身，这是尼采的可贵启示。但如何超越人呢？在这一点上尼采与俄国哲学家大异其趣。尼采主张走向超人，俄国哲学家主张走向神人。尼采的超人学说和俄国哲学家的神人观念的区别在于，俄国哲学家把尼采"超越人"的要求解释为推翻人的理念本身。在超人中人没有保留下来，人被作为耻辱之物，作为软弱和卑微之物克服掉了，人只是超人出现的手段。超人是人崇拜的偶像，超人吞没了人和一切人性的东西，是一种更加高级的生物物种。而神人观念则认为人是神和人的两位一体——人是软弱的受造物和超越的神性原则之体现者的结合——这是一个基本的、不可消除的本体论事实。尼采抛弃了人身上自古就有的这样一种实在性——无论此实在性被正确还是错误地理解——这种实在性就是，人总是被作为最高的、使生命有意义的神性原则在世界中的体现，也正是这种实在性使他区别于一切其他纯粹自然物。尼采用超人来代替这种实在性。

为什么会这样呢？因为尼采思想自身中的矛盾。他一方面在进行深层的人性探索，另一方面又受到庸俗人道主义的反基督教和反宗教趋势的影

---

[1] Иванов Вяч. Родное и вселенное. Москва: Издательсво «Республика», 1993, (О Дионисе и культуре).

响和束缚，所以他不能不对超人加以生物学的论证；而俄国哲学家的神人论则吸收了基督教的基督论的非理性和神秘因素，因此他们看到在尼采的人论中没有两个本质，没有相遇，没有神人性的奥秘，只有一个本质。这里，尼采和陀思妥耶夫斯基形成了鲜明的对比。陀思妥耶夫斯基早在尼采之前就研究了"神人"和"人神"的不同，"人神"就类似于尼采的超人。陀思妥耶夫斯基知晓"人神"的诱惑，他以其思想实验深刻揭示了人在走向人神之路上的毁灭。但他还知晓另外的东西，还看到了基督之光，正是在这光中显露出了"人神"的黑暗。[1]在尼采那里，超人思想消灭了人，而在陀思妥耶夫斯基这里，神永远也不吞没人，人没有消失在神中，人一直保留到最后。因为人的存在以神的存在为前提，杀死神就是杀死人。在尼采的超人中则既没有神也没有人。

尼采对基督教道德的批判是其学说中反响最强烈的地方，也是招致俄国哲学家批评最多的地方。尼采认为基督教道德是奴隶道德、贱民道德和软弱的道德，并憎恨这种道德。他把这种道德和主人道德、贵族-高尚道德、强力道德相对立。俄国哲学家认为这是因为尼采对基督教和基督教道德的不理解。别尔嘉耶夫说，尼采对基督教道德的批判，其动机是深刻而有价值的，但这种批判本身是完全不正确的。尼采仿佛是一个丧失了洞见终极奥秘能力的宗教盲人。基督教全然不是尼采所领受的那样。基督的宗教是人的高尚力量的宗教，它是和人的一切软弱和屈从相对立的。基督教道德不是奴隶-贱民的道德，而是贵族-高尚的道德，是神子们及其嫡系的道德，是他们的高贵出身和崇高使命的道德。基督教是精神强者的宗教，而不是精神弱者的宗教。在基督教的神圣性中选择了精神强者，积累了精神力量。基督教道德是精神胜利的道德，而不是失败的道德。战胜"世界"的人，牺牲了此世之财富的人，正是强者，是真正的胜利者。和基督精神的力量和胜利相比，此世的任何力量和胜利都是微不足道的和虚幻的。此世的强者是精神上的弱者和失败者。真正的基督教道德给作为神子的属灵的人加上了对自己命运和世界命运的责任，为神子们排除了奴隶、贱民和

---

[1] Бердяев Н.А. Миросозерцание Достоевского // *Н.Бердяев о русской философии*. Часть 1. Свердловск: Издательство Уральского университета, 1991, C.54-55.

屈辱感的可能性。[1]

按俄国宗教哲学家的理解，基督教是反抗世界统治最强大的力量。如果不对基督教道德从律法方面理解，而从内在和精神方面理解，那么基督教道德是在所有方面为自己获取精神力量。基督教美德完全不是义务和规范，而是强力，是力量。尼采过于以康德的绝对命令精神来理解基督教道德。但实际上基督教道德和规范伦理学是大不相同的，规范论的唯心主义是软弱无力的，它不知晓从哪里获得实现善的规范和善的律法的力量。规范和律法是无力的，因为它们是无恩典的。而基督教把全部善都引向全部力量的源泉，也就是上帝。基督教道德不知晓束缚人的律法和规范，而是完全致力于在上帝那里获得精神力量。人在基督之外是软弱无力的，但在基督之中是强大的，因为基督战胜了世界。

第二节　论述尼采的著作与方法

舍斯托夫在自己的多部著作中集中论述和阐释尼采思想，并运用心理解读方法，提出了一些精辟见解。他对尼采哲学的解释，被认为是世界尼采研究史上的独特篇章。

舍斯托夫在19世纪90年代中期旅居欧洲的时候，就开始阅读尼采著作。他后来在给自己的朋友丰丹的信中讲述了自己当年阅读尼采的印象："我28岁那年就读尼采。我先读完了《善恶的彼岸》，但我不太懂，可能是因为格言形式……后来，我读了《论道德的谱系》。我从晚上8点开始，直到凌晨2点才读完。我不能入睡，我寻找证据来反驳这一恐怖的、无情的思想……当然，自然是残酷的，冷漠的。无疑，它伤害人是冷酷无情的，哀求不动的。但是要知道思想不是自然。没有任何根据说思想也愿意伤害弱者；为什么要帮助自然做可怕的事。我不能自禁……那时我还完全不了解尼采；我丝毫不知道他的生活。后来有一次，好像是在布罗克豪兹的出

---

[1] Бердяев Н.А. Смысл творчества //*Н.А.Бердяев*(Сочинения). Москва: Издательство «Правда», 1989, C.467.

版物中，我读到了他的生平简介。他也是遭到自然残酷迫害的人之一：自然认为他是弱者并推撞他。这一天我明白了。"[1]

阅读尼采给舍斯托夫造成了强烈的感触，使他在刚刚完成自己第一部著作《莎士比亚及其批评者勃兰兑斯》（1897年3月，罗马）之后就开始写关于尼采的评论著作。实际上，在舍斯托夫关于莎士比亚的著作中就已经多次提及尼采，并用《查拉图斯特拉如是说》中的一句话作为自己这本书的卷首语和最后一句话："我憎恨那些游手好闲的读书人。"

1899年，舍斯托夫出版了《托尔斯泰与尼采学说中的善：哲学与布道》一书；1902年，又在《艺术世界》杂志连载发表了《悲剧的哲学——陀思妥耶夫斯基与尼采》一书。这两本书的德文译本于1923—1924年出版后，引起德国学术界的关注。在1925年1月号的《圣杯》（Der Gral）杂志上发表了莱诺尔德·林德曼（Рейнольд Линдерман）的书评《关于尼采的新文献》，其中写道："关于尼采的外国文献，当然是特别的一章。但不能不提到两本重要的哲学著作，其中论述了尼采和两位19世纪俄国大作家。这两本书都是我们说过的关于尼采的文献的一部分。我指的是列夫·舍斯托夫的两本书《托尔斯泰与尼采》和《陀思妥耶夫斯基与尼采》，这两本书不久前（1923／1924年）在马砍（Marcan）出版社出版了翻译出色的德文译本。这两本书应当归入关于尼采的德文文献之列。或许，只有这个俄国人才会这样看尼采，但是他的心理洞见对于我们德国关于尼采的文献给予了有价值的补充。"[2]

舍斯托夫的书也引起了德国尼采学会成员的兴趣。1925年1月，舍斯托夫收到了德国尼采学会主席团成员弗雷德里希·维茨巴赫（Wurzbach）的约稿信，邀请他在德国尼采学会主办的年鉴《阿里亚那》（Ariadne）第一期上发表文章。舍斯托夫写道："我昨天收到了来自慕尼黑寄来的亲切来信——尼采学会的信。他们写道，我的书引起德国人的兴趣，在我之前还没有人用这样的视角来考察尼采。他们请我给他们主办的尼采年鉴提

---

[1] Баранова-Шестова Н. *Жизнь Льва Шестова. По переписке и воспоминаниям современников*, Paris: La Presse Libre, 1983. T.1, C.32.

[2] Баранова-Шестова Н. *Жизнь Льва Шестова. По переписке и воспоминаниям современников*, Paris: La Presse Libre, 1983. T.1, C.316.

交文章。我当然回信感谢并表示愿意合作。"[1] 舍斯托夫寄去了自己的论文《客西马尼夜：帕斯卡尔的哲学》，该刊于 1925 年出版。同年，舍斯托夫被推举为德国尼采学会 6 人主席团成员之一。1926 年，舍斯托夫的著作《钥匙的统治》德译本由德国"尼采学会"出版社出版。1930 年 6 月 19 日，舍斯托夫在德国尼采学会作了题为《反思与斗争——论哲学的任务》的报告，获得巨大成功。他在次日写给夫人的信中说："昨天我作了最后一场报告——非常成功。听众爆满，大家跺脚，拍手。所有人，甚至包括担心大家听不懂的维茨巴赫，都说我的德语完全令人满意。"[2]

除了上述两本关于尼采的主要著作外，舍斯托夫还在后来《雅典和耶路撒冷》一书第二章（"知识与意志自由"）第 9—10 节专门论述尼采哲学。此外，在《克尔凯郭尔与存在哲学》《在约伯的天平上》等著作中也多次提及尼采。

正如上述德国评论者所说，舍斯托夫的尼采研究有自己的独特方法——不是哲学概念的理论分析，而是对哲学家生命体验的"心理洞见"，也就是通过洞察哲学概念和学说背后哲学家的内在需要和心理动机，来解释哲学理论的意义。舍斯托夫曾援引尼采关于自己的"心理学方法"的话。尼采说："如果我在其他心理学家面前有什么优势的话，那么这个优势在于，我的观点在这样一种反向推论中更加尖锐，这种推论形式是容易犯错误的，是最困难和最冒险的推论形式：从作品推论创作者，从行为推论行为者，从理想推论需要这一理想的人，从每一个思想和评价体系推论掩盖在其下面的需要。"[3] 我们认为，这段话也适合于说明舍斯托夫的"心理学"方法。

舍斯托夫正是从这一立场出发划分尼采的哲学阶段。学界通常把尼采思想发展分为两个时期：第一时期是 1870—1882 年；第二时期是 1882—

---

[1] Баранова-Шестова Н. *Жизнь Льва Шестова. По переписке и воспоминаниям современников*, Paris: La Presse Libre, 1983. Т.1, С.316.

[2] Баранова-Шестова Н. *Жизнь Льва Шестова. По переписке и воспоминаниям современников*, Paris: La Presse Libre, 1983. Т.2, С.52.

[3] 《尼采选集》第八卷，第 194 页。转引自《Вопросы философии》，1990 №7, С.96.

1889年。[1] 舍斯托夫则把尼采哲学划分为三个阶段：第一阶段为早期著作《悲剧的诞生》（1872）。舍斯托夫认为，这部著作中所讲的悲剧思想不是真正的"悲剧哲学"，而更接近于抽象的形而上学。这是汲取了别人的经验（希腊思想家、瓦格纳、叔本华等），是外在于尼采个人体验的一些抽象思想的汇集。直到《人性的，太人性的》（1876）之前的尼采早期著作，都是"现成的诗学形象和哲学概念的优雅游戏"。

第二阶段，从《人性的，太人性的》开始，尼采脱离了叔本华和瓦格纳的影响，试图表达自己的观点。这是"他以自己的观点看世界的第一本书"。这时，他相信道德理想、善的理念。他在这本书中写道："开始一天生活的最好方式是，醒来后就要想一想，今天我能不能以某种方式让哪怕是一个人快乐。如果这种做法能够代替宗教习惯，那么你们只能从中得到好处。"[2] 也就是说，善是强大的，善能够取代上帝。假如人类能把自己的全部爱心不是交给超验的上帝，而是给予邻人，人类只能从中获得好处。尼采此时还相信可以通过善的方式得到拯救。

第三阶段以道德批判为核心，体现在《查拉图斯特拉如是说》（1883—1885）、《论道德的谱系》（1887）等著作中。1879年，可怕的疾病迫使尼采脱离教职，脱离社会，不得不在病魔的折磨中孤独地思考和写作。"在这种特殊情况下，善的力量受到了严峻考验。善能否取代他的全部生命？尼采哲学就是对这一问题的回答。"[3] 舍斯托夫认为这里真正体现了尼采哲学的独创性。这些著作的思想不是利用他人经验，而是表达自己的个人悲剧，他亲眼看见了这些悲剧并以非凡的力量来描述这些悲剧。当悲剧不再只是发生在希腊戏剧人物内心的历史故事，而是发生在尼采自己身上的真实事件的时候，他就抛弃了以审美方式阐述悲剧的那些理论。他已经懂得了，巨大的不幸不能因为可以用美和崇高的方式谈论它而得到辩护，粉饰人类不幸的艺术已经不适合于他了。"当尼采自己被迫与悲剧相遇的时

---

[1] 《尼采文集》，周国平等译，西宁：青海人民出版社，1995年，序言，第4页。
[2] 尼采：《人性的，太人性的》。转引自《Вопросы философии》，1990 №7, C.93。
[3] Шестов Л. Добро в учении гр. Толстого и Ницше (философия и проповедь). Глава 8 // Сочинения в двух томах. Т.1. Томск: Издательство «Водолей», 1996, C.267.

候，关于自己的阿波罗和狄奥尼索斯理论，关于悲剧从音乐精神中诞生的理论，他就根本不再提起了"[1]。对后期尼采来说，他在大学教书时总结关于希腊思想和音乐的历史知识而想出来的那些杰出思想成为无益的。[2]

19世纪末的一些德国教授批评尼采不是哲学家。有两方面理由：一是从尼采著作内容上看，他们说尼采的作品只是"思想家的体验"，只是"作为体验的思想"，也就是说不具有普遍性和理论意义；二是说尼采只是"格言的编写者"，不具备综合能力，不善于把自己的片断观察概括为一个整体。舍斯托夫认为，这些德国教授指责尼采的地方，或许正是他所具有的罕见优点之一。首先，对我们来说重要的不是他在自己头脑中想出来的观点，或者复述别人的公认的观点，而是表达他所体验到的思想和感受。这种表达是难能可贵的。舍斯托夫认为，在尼采身上发生的不幸，在许多人身上都发生过，所有这些人都对自己的不幸做出反应，但他们沉默不语，不善于或不敢于提高自己的声音来反抗那些不知晓他们的痛苦的人所制定的原则。"认为尼采的体验是独一的、新的、不曾有过的，这种看法是错误的。相反，这些体验或许比通常认为的更加常见得多。但人们通常对此沉默不语，他们在等待他们的普遍谴责面前顺从了。尼采的功绩仅在于，他敢于在他们之后提高自己的声音，大声地说出别人只是自言自语、甚至连自言自语都不敢说出的话，因为他们甚至害怕直接发出心声。或许，假如尼采不是处于别无选择、没什么可失去的境地，他也不会有这么勇敢。"[3]尼采敢于而且善于表达自己的切身体验，使他的思想探索更具有生命的真实。

其次，对我们最有意义、最需要的，也许是倾听这样一位不受理论

---

[1] 舍斯托夫的这个说法不确切。尼采后来不是完全没有提到狄奥尼索斯。尼采在总结自己写作历程的《瞧，这个人》中讲《查拉图斯特拉如是说》一书时写道："在这里，我的'狄奥尼索斯'概念成了至高无上的伟业。用他来衡量涉及整个人类的其他事业，都显得贫乏和有限。"但我们认为舍斯托夫的基本观点还是正确的，即尼采的早期思想，关于日神、酒神和悲剧的思想，确实与晚期思想（道德彼岸、永恒轮回、强力意志、超人）具有根本差异。

[2] Синеокая Ю. В. В мире нет ничего невозможного? (Л. Шестов о философии Ф. Ницше) // *Фридрих Ницше и философия в России* (Сборник статей). Составители: Н. В. Мотрошилова, Ю. В. Синеокая. СПб.: Русский Христианский гуманитарный институт, 1999, C.81.

[3] Шестов Л. Добро в учении гр. Толстого и Ницше (философия и проповедь). Глава 12 // *Сочинения в двух томах*. Т.1. Томск: Издательство «Водолей», 1996, C.292.

第十一章 善的哲学与悲剧哲学 | 165

体系束缚的哲学家的话。因为迄今为止，还没有哪一个哲学家不曾为了综合而受某一思想的束缚。在这种情况下，理论要求人必须说的，不是你的所见所感，而是那与曾经表达过的信念不相矛盾的东西。而且，一个具有一成不变理论的哲学家就不再能看见和感到一切不能纳入该理论所确立的框架中的东西了。在这方面尼采比其他人更加自由，他敢于这样讲话，即不总是回头看他以前说过的话，这些话是由于担心达不到被人们作为必要条件强加给任何哲学的逻辑完整性而说过的。这种自由表达部分归功于他（或许违背意愿地）采取的格言式叙述形式。

第三节　善的哲学与善的布道

　　善是人类普遍的道德理念，古往今来的哲学家、史学家、文学家都在努力对道德做出逻辑的或历史的或情感的证明。那么，尼采的道德学说有什么新意？尼采为什么要反抗传统道德、批判"善"？

　　尼采自己说："在至今存在的全部道德科学中——无论这听起来如何奇怪——都缺少道德问题本身，甚至没有人料到这里会有某种问题，那些哲学家们称之为道德证明和他们要求自己做的，只是对主导道德的善良信念的学术形式，也就是在这一道德范围内的事实之一，换言之，只是否定道德可以被设想为问题的形式。"[1]尼采的新意在于把道德和"善"作为问题的形式加以提出和检验。而之所以如此，是因为他对道德的独特关系不是抽象推理的结果。关于道德的意义问题不是在尼采的头脑中通过推理的途径来解决的，而是在他的灵魂深处的暗室里，通过最痛苦的体验解决的。假如尼采只是以冷漠理性的触角触及自己的"道德问题"，或者他只是在这样或那样的哲学体系中给道德寻找一个位置，那么，他很可能就不会得出任何新结果。

　　尼采通过自己的苦难与不幸获得了怎样的新认识，发现了什么秘密？舍斯托夫认为这个新认识和秘密可以用一句话来表达："麦克白的苦难不

---

[1]《尼采著作集》（俄文版）第七卷，第114页。转引自《Вопросы философии》，1990 №7，C.114。

仅是为作恶者准备的，而且是为行善者准备的。"麦克白是莎士比亚笔下的恶人，因作恶而备受道德与良心的惩罚。恶人因作恶而受良心谴责之苦，这是人们习以为常的道德观念。但是，难道善人也会因为善而遭受良心之苦吗？尼采看到了这一点。在善的背后，往往包含着行善者的痛苦。尼采写道："每一个深刻的思想家更害怕被理解，而不是不被理解。在后一种情况下他的虚荣心或许受一点苦，但在前一种情况下，受苦的是他的心灵，是他对人们的爱，这种爱总是在说：唉，为此你们也想承受我所承受的吗？"[1]"人无论为了什么，都不曾像为了自己的美德那样付出昂贵代价"；"谁没有为了自己的善良名声而牺牲自己本身？"[2]因此，良心也会起来反抗善。"你们想逃离自己奔向邻人，想以此来造就自己的美德，但我看透了你们这是自我弃绝。"[3]尼采出于对每个人的权利、自由与快乐，出于更高的善、更高的良心而反抗旧的"善"和表面的"良心"。

传统的"善"经常被用来作为谴责他人的工具和自我傲慢的借口。尼采则要求一种更普遍的爱和更高级的正义。"给我找到这样一种爱吧，它不但接受一切惩罚，而且担受一切罪恶；给我找到这样一种正义吧，它能够证明除了法官以外的一切人都无罪的。"[4]这种爱从不以自己为荣，从不炫耀自身，不作为评价他人道德的标准，而总是反思自己的不足；这种正义所承担的不是惩罚，也就是不是物质上的对他人的惩罚，而是自己的罪过。"享乐和纯洁无瑕——是最可耻的东西。它们不想让人们寻找它们。应当拥有它们，但应当寻找的是罪孽和苦难。"[5]舍斯托夫认为尼采的这一观点正是对《福音书》关于"太阳同样照义人和罪人"以及"关于税吏与法利赛人的寓言"[6]的注解。因为，舍斯托夫认为，每一个在道德上谴责别人、把罪过推到别人身上的人，都一定会自言自语说："主啊，

---

[1]《尼采著作集》第六卷，第 268 页。转引自《Вопросы философии》，1990 №7, C.96。
[2]《尼采著作集》第七卷，第 103、97 页。转引自《Вопросы философии》，1990 №7, C.97。
[3] 译自俄文电子版，参见尼采：《查拉斯图拉如是说》，尹溟译，北京：文化艺术出版社，1987 年，第 57 页（爱邻）。
[4] 参见尼采：《查拉斯图拉如是说》，尹溟译，北京：文化艺术出版社，1987 年，第 66 页（蛇之咬伤）。
[5] 参见尼采：《查拉斯图拉如是说》，尹溟译，北京：文化艺术出版社，1987 年，第 203 页（旧榜和新榜）。
[6] 福音书关于税吏和法利赛人两种不同祷告的寓言，参见《路加福音》18：9—14。法利赛人所做的是傲慢的表面的祈祷和忏悔，税吏所做的则是谦卑的真正的祈祷和忏悔。

感谢你，我不是这个税吏那样的人。"

由此可以看到，尼采的"非道德主义"和"敌基督"只是表象。舍斯托夫指出："仔细研究过尼采的人会毫无疑问地确信，他的攻击所针对的不是基督教，不是《福音书》，而是到处流行的关于基督教学说的这样一些地方，这些地方对所有人，包括尼采，掩盖了真理的意义与光明。"[1]

尼采批判道德的另一方面是揭露道德背后所隐藏的消极与软弱：

> 有谁想向下仔细看看，理想在人世间是怎样制造出来的吗？谁有这份勇气？……好吧。这有一个开口可以看见这间昏暗的作坊。稍等片刻，你这可爱的冒失家伙，你的眼睛必须先适应这变幻闪烁的光……好了，现在说吧，下面发生了什么？请告诉我，你看见了什么，怀着最危险的好奇心的人，——现在我是倾听者——
>
> ——"我什么也没看见，但是我听到得更多。在那里，从每个角落和小巷里都发出温柔的、狡猾的、难以分辨的窃窃私语。我觉得，这里人们在说谎；每个声音都像加了蜜糖一样娇柔。他们说软弱应当谎称作优点，这是毫无疑问的，——这种情况就像您说的一样。"
>
> ——还有什么？
>
> ——"不报复的无能应当被称作'善良'；卑贱的怯懦被称作'谦卑'；屈服于所恨的人被称作'顺从'（这个人就是他们所说的，他命令这一顺从，——他们称他是上帝）。"不会伤害人的弱者，他所充分具有的怯懦本身，他的乞求，他总是成为等候者的注定命运——所有这些在这里都得到一个非常精美的名称——"忍耐"，还被恰当地叫作美德；无能力报复被叫作不愿报复，或许甚至叫作宽恕（"因为他们不知道他们在做什么，只有我们知道他们做什么！"）。他们还说"爱自己的敌人"，边说边流汗。
>
> ——接下来呢？

---

[1] Шестов Л. Добро в учении гр. Толстого и Ницше (философия и проповедь). Глава 14 // *Сочинения в двух томах*. Т.1. Томск: Издательство «Водолей», 1996, C.310.

——毫无疑问,他们是悲惨可怜的,他们都是告密者和地下的伪币制造者,虽然他们挤作一团互相取暖。可是他们告诉我,他们的悲惨可怜是上帝拣选的标志,就像人们打的是那些他们最爱的狗一样;这种悲惨可怜也许还是一种准备、考验、试炼,或许比这些更多,是这样一种东西,它将来能够得到高额利息的黄金补偿,不是黄金,是幸福。他们把这叫作"极乐"[1]。

尼采以其独有的洞察力,在传统道德——善、爱、同情的背后,看到了某种软弱、消极、怯懦。"同情被那些弱小的人称作美德:他们不善于尊重伟大的不幸,伟大的丑陋和伟大的失败。"[2]尼采力图寻求比爱和同情更加强大的东西。在舍斯托夫看来,尼采在自己的学说中没有跟着复仇、仇恨和卑鄙的自私等这些直接感觉走。他通过劝说的话语致力于更加宏伟的目标——人的拯救和更新。"尼采反抗善不是因为他是一个冷酷无情的、毫无悲悯之心的人。这是不对的。他的人文情怀较之屠格涅夫、狄更斯或者维克多·雨果,也毫不逊色。他是有同情心的。"[3]如果他拒绝教导人们爱与同情,那么仅仅是因为,他以自己的痛苦经验懂得了,爱和同情不能带来任何东西,或者说,用同情所通常使用的方法能够做成的事太少了,即便是不限于对邻人的不幸发出柏拉图式的叹息和说几句好听的话,也无济于事。哲学家的任务不在于此,不在于宣传对邻人的爱与同情,而在于克制这些情感,回答这些情感所提出的问题。

舍斯托夫用托尔斯泰小说中的道德探索作对比。尼采与托尔斯泰一样,都要寻找比同情更高的东西。如果说托尔斯泰为了这种东西而强迫自己平静地观察安娜·卡列尼娜的不幸和伊万·伊里奇的濒死状态等,并且总是用关注和拷问的目光在他们的痛苦中寻找对同情所暗中提出的问题的解答,那么,尼采在自己的哲学中也在努力寻找同样的答案。尼采笔下的查拉图

---

[1] 尼采:《论道德的谱系》,《尼采文集·查拉图斯特拉卷》,周国平等译,西宁:青海人民出版社,1995年,第220—221页。
[2] 尼采:《查拉斯图拉如是说》,尹溟译,北京:文化艺术出版社,1987年,第270页(最丑陋的人)。
[3] Шестов Л. Добро в учении гр. Толстого и Ницше (философия и проповедь). Глава 13 // *Сочинения в двух томах*. Т.1. Томск: Издательство «Водолей», 1996, С.302.

斯特拉首先要寻找对世界的理解，寻找对那些尘世恐惧的理解——也就是对伟大的不幸、伟大的丑陋、伟大的失败的理解。

既然同情是软弱无力的，那么，一个不能没有同情心的人该怎么办呢？到哪里去寻找比同情更高、比爱更高的东西呢？同样是寻找高于同情之物，但寻找的深度与方向有所不同。托尔斯泰对这个问题的回答是，这种"更高的东西"仿佛对任何人，包括对他自己来说，都是不需要的。或者说，托尔斯泰满足于"爱是上帝"，不需要进一步寻找了。在这个公式中，人性道德是出发点和归宿，上帝内在于其中。但尼采显然不能这样认为，因为这意味着剥夺了上帝的神圣属性——全能、全知等等，并把这样一种苍白软弱的人的情感提升到了神性地位，这种情感只会在无需帮助的地方提供帮助，而在极其需要帮助的地方则无能为力。尼采力图用超越人性道德的上帝来解决道德的无力问题。

尼采的道德哲学完全不关心道德法则有利还是有害，能够保证社会机体的牢固性还是破坏这一牢固性。他是怀着这样一种希望来研究道德的——希望道德是万能的，希望道德替换上帝，希望人类能从这一替换中取得胜利——他不能满足于让道德只是带来某些好处，让道德在无需花费精力建立警察和法庭制度的情况下就能保持社会秩序和安全，不满足于使道德成为以灵活的方式进入人类灵魂的警察和法庭，使道德在连法律规范都不敢大声说话的地方强迫我们。对这些东西尼采很少关心，正如他很少关心世界上存在的一切机构一样。尼采"在道德中寻找神圣的足迹，但没找到"[1]。当作为一切传统价值的支撑者上帝"死了"之后，再没有什么能够赋予道德以力量。当长久的探索常常显得毫无出路的时候，尼采就偶尔进行善的布道。

不过，舍斯托夫认为，从哲学探索到学说布道，也是思想家生命追求的一种表现。像托尔斯泰、陀思妥耶夫斯基、尼采这样的思想家，"如果对付'伟大的丑陋、伟大的失败、伟大的不幸'的尝试以自己的失败而如此折磨他们，乃至他们被迫停止对生命的追问和寻求在布道中的遗忘，那

---

[1] Шестов Л. Добро в учении гр. Толстого и Ницше (философия и проповедь). Глава 13 // *Сочинения в двух томах*. Т.1. Томск: Издательство «Водолей», 1996, C.305.

么,这只能证明他们具有高要求的气质。对自己的问题没有答案,他们已经不能再生活下去了,无论有一个什么答案都比没有更好"[1]。

尼采开始保护和颂扬自己的个性,把人划分为高级和低级。不再谈论善了,它的地位被"超人"所取代。舍斯托夫认为超人这个角色不是新的,尼采以超人的名义所做的一切,就是托尔斯泰以善的名义所做的。当然,我们认为舍斯托夫对尼采超人学说的这一解释是片面的,因为超人学说中也包含着新的道德和生命探索的思想意义。但舍斯托夫在此则把这一观念与尼采的自我辩护联系在一起:需要用某种东西为自己辩护,需要忘记过去的不幸,需要自我拯救,需要摆脱那些没有真正答案的问题的困扰。于是尼采诉诸久经考验的老办法,这个办法已经许多次救治了病痛的和苦难的人心——这就是布道。

尼采所说的贵族主义,也是他的道德傲慢的体现。贵族主义翻译成简单的语言就是:"我和其他不多的人是伟人,其他人都是微不足道的小卒。做一个伟人是生活中最重要的、最美好的事。这个好事我有,其他人没有。主要的是其他人没有。"尼采最终把自己的痛苦、自己的耻辱、自己的不幸、自己在生活中不得不忍受的一切,都在这样一种意义上加以解释,即这使他成为区别于他人的贵族。

尼采在他的最后作品《瞧,这个人》中"我为什么这样聪明"一章结尾处写道:"我关于人之伟大的公式,就在'爱命运'这句话里:不希望改变过去的和未来的任何一个事实;不仅要忍受必然性——更不能掩盖它:一切理想主义在必然性面前都是虚伪的——而且要爱它。"[2] 按照舍斯托夫在后来著作中的解释,这时尼采忘记了他的强力意志和在善恶彼岸的自由,而开始赞颂对必然性的服从。[3]

这样,舍斯托夫区分了尼采道德学说中的"哲学"和"布道"。显然,他认为更有意义的是永远处于寻找答案之路上的哲学,而不是宣告既成学

---

[1] Шестов Л. Добро в учении гр. Толстого и Ницше (философия и проповедь). Глава 15 // *Сочинения в двух томах*. Т.1. Томск: Издательство «Водолей», 1996, С.314.

[2] 尼采:《权力意志》,张念东等译,北京:商务印书馆,1998 年,第 40 页。

[3] 舍斯托夫:《雅典和耶路撒冷:宗教哲学论》,徐凤林译,杭州:浙江人民出版社,2000 年,第 140 页。

说的"布道"。"托尔斯泰和尼采用自己的'善'和'超人'的布道来躲避现实。但他们的布道能够永远把生命问题向人掩盖起来吗？善和超人能否使人与不幸、与我们生活的无意义和解？显然，他们的布道只能满足那些在他们的作品和生活经验中除了诗之外什么也读不出来的人。而对于与生活发生严重冲突的人，则会把那些漂亮的论断当作耳旁风，而细心倾听托尔斯泰和尼采的真实感受。"[1]

舍斯托夫就是细心倾听尼采内心感受的特殊代表。用我们通常的观点看，这种"心理学"的解释或许曲解了或许超出了尼采思想自身的含义，而赋予了太多解释者的个人色彩。的确，舍斯托夫对尼采的重要概念都有与众不同的解释，如"悲剧的诞生""超人""永恒轮回"等，甚至对同一概念在不同地方也有不同解释，如对"爱命运"的解释，在《托尔斯泰与尼采学说中的善》中强调其反对道德理想主义的意义，而在《雅典和耶路撒冷》中强调其中表现的对必然性的服从。但舍斯托夫的这些解释也有其根据。因为，一方面，尼采思想的复杂性、矛盾性和写作风格本身就具有多种解释的可能性；另一方面，通常大哲学家对另外某个哲学家的解释，都不是原原本本地介绍，而是纳入自己的思想空间。正如海德格尔在《尼采》一书中所说："我们这种努力的目的并不在于传播一种对尼采哲学的介绍，一种也许更为正确的介绍。我们思考尼采的形而上学，只是为了追问值得追问的东西。"[2]

舍斯托夫是"六经注我"哲学家的典型代表。但这不意味着他的思想观点是毫无意义的主观偏见。他的哲学风格是与他对哲学的独特理解相联系的。在他看来，哲学不是人对外部现实的认识和反思，而是伴随着生命过程的思想活动，不是闲暇的思想，而是面对必然性而进行的思想对抗和斗争，这种斗争不以成败论英雄，而永远是向"不可能性"的边界进行的不断挑战。他之所以重视尼采，也是因为尼采思想的批判精神符合这一哲学理念。所以才有舍斯托夫在《托尔斯泰与尼采学说中的善》的结尾对尼

---

[1] Шестов Л. Добро в учении гр. Толстого и Ницше (философия и проповедь). Глава 15 // *Сочинения в двух томах*. Т.1. Томск: Издательство «Водолей», 1996, С.315.

[2] 海德格尔：《尼采》，孙周兴译，北京：商务印书馆，2008年，第955—956页。

采道德学说的总评价：

> 无论迄今为止对折磨人的生命问题做出最终和完满回答的尝试多么不成功，人们永远不会停止去做这样的尝试。也许，一个人不可能找到他所寻找的东西。但是，他将在通向永恒真理的道路上不断摆脱压制他的偏见，开辟新的——即便不是永恒的，也至少是更加广阔的天地。在这个意义上，尼采"在善恶彼岸"的公式是一个重要的、巨大的进步。[1]

第四节　个人反抗世界

在《悲剧的哲学——陀思妥耶夫斯基与尼采》一书中，舍斯托夫对尼采最感兴趣的，不是尼采的哲学观点，而是他独特的个性与精神历程。在舍斯托夫看来，真正的尼采是在他可怕的疾病中表现出来的。正是这种命运的转折，使尼采超越了传统的审美和道德观念，在灵魂的悲剧中探索生命的深层意义。[2]

尼采在年轻的时候是个浪漫主义者，脱离实际的幻想家。尼采的早期作品都是纯粹的浪漫主义，也就是用一系列现成的诗学形象和哲学概念所进行的优雅的游戏。这体现在他的早期著作《悲剧的诞生》以及两篇论文《教育家叔本华》《瓦格纳在拜罗伊特》中。直到《人性的，太人性的》一书，尼采第一次容许自己用自己的眼睛看世界和人。尼采不再服从于普遍，不再在自己的不幸中为人类从前的成就和新的希望而快乐。为了解决自己的问题，他已经不再像写早期作品时那样，诉诸哲学家、诗人、布道者，一句话，不再诉诸那些被人们世代相传的学说。他感到，在这一切之中无

---

[1] Шестов Л. Добро в учении гр. Толстого и Ницше (философия и проповедь). Глава 15 // *Сочинения в двух томах*. Т.1. Томск: Издательство «Водолей», 1996, С.315.

[2] Синеокая Ю. В. В мире нет ничего невозможного? (Л. Шестов о философии Ф. Ницше) // *Фридрих Ницше и философия в России*（Сборник статей）. Составители: Н. В. Мотрошилова, Ю. В. Синеокая. СПб.: Русский Христианский гуманитарный институт, 1999, С.79.

法找到对自己问题的回答，仿佛所有人类导师都说好了似的在对自己最重要的问题上沉默不语。于是，他决定用自己的命运来检验那些几千年来遗留下来的、被最优秀的人类智慧证明了许多次的理想，检验这些理想的正确性与真实性。

舍斯托夫在分析尼采的时候，也坚持了生命的真实反对理论的虚假这一观点。在他看来，理论是一回事，而实践是另一回事。不是抽象的一般理论决定着人们的生活，而是个人的生命实践。托尔斯泰曾经为理论与实践的划分感到非常愤怒。他说，如果理论和实践可以分开，那么就有可能出现许多愚蠢的理论。舍斯托夫反问：难道有哪怕是一个"明智的"理论吗？假如托尔斯泰在生活实践中坚持自己的理论观点，那托尔斯泰伯爵还能是他自己吗？或者，假如尼采自觉自愿地服从自己"理智"的结论，他会成为什么样子？但有幸的是，很少有人屈从于结论。在人的灵魂深处有另外一种强大的、不可遏制的力量。它控制着人们，嘲笑通常意义上作为明智选择的"自由意志"，致使人们做出最疯狂的行动。[1]

因此，在尼采著作中也有两种东西，一种是抽象理论，一种是与自己的生命实践相关的问题。当尼采状态好的时候，他就不是极端利己主义者，就是献身于科学和艺术的人。"但当命运在他面前提出的已不是理论问题，而是实践问题——保存什么，是他所歌颂的人类文化奇迹，还是他孤单的、偶然的生命？在这个时刻，他就将不得不拒绝自己最珍爱的理想，承认如果不能拯救一个尼采，那么全部文化、整个世界都一钱不值。"[2] 这就是尼采在自己的生命体验中所提出的问题。

那么，我们应当在尼采作品中寻求什么？舍斯托夫说："我们在尼采著作中不应该寻找那些他背离在他内心自然生长出来的需要而得出的结论。相反，这样的论断我们应当完全彻底地加以拒绝和废除，就像消除一

---

[1] Шестов Л. Достоевский и Ницше (Философия трагедии). Глава 21 // *Сочинения в двух томах*. Т.1. Томск: Издательство «Водолей», 1996, C.418.

[2] Шестов Л. Достоевский и Ницше (Философия трагедии). Глава 21 // *Сочинения в двух томах*. Т.1. Томск: Издательство «Водолей», 1996, C.416-417.

切非法企图一样"[1];我们应当倾听尼采在自己的著作中给我们讲述的自己的生活。我们要求尼采只讲自己生命的真实,他自己最终也想竭尽全力地讲述自己的真实体验,向读者公开自己的痛苦秘密。

那么,是怎样的体验和奥秘呢?是这样一种不幸的生活,它暗自破坏一切崇高与伟大,它为了保护自己而怀疑人类所崇拜的一切。在传统观念看来,这种不幸的生活是黑暗和混沌,是不具有任何思维潜力的处境,谁也不试图在这里寻找到有价值的思想。但舍斯托夫认为,正是从这里发出了关于"丰盛的生命"的判断,向我们传来了"新的话语";也许,在这里能够开启人的真实,而不是令人厌恶和折磨所有人的"人类真理"。

但是,揭示出这种生命的真实是很困难的。与陀思妥耶夫斯基的二重性一样,尼采对在生命边界处体验到的自己与世界对立、自我重于世界的思想,自己也感到恐惧和不能接受。"他直到自己生命的结束都没有完全接受它,而且这个思想越是顽强地追逐他,他就越是强烈地力图摆脱它。这一思想由于会给人带来毁灭性而令尼采害怕,它除了消灭和否定,除了虚无主义,显然什么都不能给人们带来。但弃绝这一思想不是那么容易的。尼采不是第一个也不是最后一个与它作斗争的人。我们看到,托尔斯泰伯爵为了从自己内心根除利己主义的一切残余而付出了多大的努力,陀思妥耶夫斯基也是如此。但利己主义不但没有减弱,反而加强了,总是以新的形式提出自己的权利:就像童话中的蛇,砍掉一个头又长出两个新的。"[2]

舍斯托夫认为这不仅仅是陀思妥耶夫斯基和尼采的个人问题,而是具有一般意义:"当一个人面临不可避免的毁灭威胁时,当他面前出现深渊时,当最后的希望破灭时,从他身上就会突然卸下他对他人、人类、未来、文明和进步等的一切沉重义务,替代这一切而出现的,是一个关于微不足道的自己的个人问题。全部悲剧人物都是'利己主义者'。他们中的每个

---

[1] Шестов Л. Достоевский и Ницше (Философия трагедии) Глава 22// *Сочинения в двух томах*. Т.1. Томск: Издательство «Водолей», 1996, С.419.

[2] Шестов Л. Достоевский и Ницше (Философия трагедии). Глава 21 // *Сочинения в двух томах*. Т.1. Томск: Издательство «Водолей», 1996, С.417.

人都由于自己的不幸而追究整个世界的责任。"[1]

对这个问题，舍斯托夫有一个简明的表述："整个世界与一个人发生冲突，仿佛这是两个大小相等的力量。"[2] 当代俄罗斯哲学家莫特罗什洛娃认为，舍斯托夫是世界上最早提出每一个个人与世界等量这一论点的人之一。[3] 每一个个人能与整个世界的价值和意义对等吗？个人有权与整个世界相对立，这岂不是大逆不道，极端的利己主义吗？显然，在舍斯托夫这里，这种对等不是一个幼稚或荒诞的说法，而是一个严肃的哲学问题。按照别尔嘉耶夫的观点，这不是一个简单的利己主义问题，而是"一个哲学问题、伦理问题和宗教问题。如果每一个人的个人存在不能得到永生，他得不到最大快乐、力量和完善，那么，未来人类的、无个人的世界的未来快乐、力量和完善就是应该受到诅咒的。这是个体性的问题，是人的生命的根本问题，是全部宗教的根源"[4]。

人们马上会问：然而这个问题是可以解决的吗？

显然，在舍斯托夫看来，在人类生命的现实世界，这是永远不可解决的问题。反抗的结果永远是失败，悲剧是必然的，但反抗也是真实和永恒的。舍斯托夫把这种反抗的精神努力称作"悲剧哲学"："尊重伟大的丑陋、伟大的不幸、伟大的失败！这是悲剧哲学的最新成就。"[5]

可以看到，悲剧哲学也就是生命哲学，关于个人生命尊严与价值的哲学。舍斯托夫在尼采对基督教的批判中看到了对生命哲学的新探索。他引用查拉图斯特拉的话来证明，尼采否定的是旧的上帝，仅仅等同于善的上帝，而在寻找新的宗教信仰。查拉图斯特拉对退职的老神父说，正是虔信使自己离开了那个"暧昧的""嗔怒的""复仇的"神。老神父听了查

---

[1] Шестов Л. Достоевский и Ницше (Философия трагедии). Глава 17 // *Сочинения в двух томах*. Т.1. Томск: Издательство «Водолей», 1996, С.396-397.

[2] Шестов Л. Достоевский и Ницше (Философия трагедии) Глава 22 // *Сочинения в двух томах*. Т.1. Томск: Издательство «Водолей», 1996, С.423.

[3] Мотрошилова Н.В. *Мыслители России и философия Запада*. Москва: Издательство «Республика». 2006. С.439.

[4] Бердяев Н.А. Трагедия и обыденность // Шестов Л. *Сочинения в двух томах*. Т.1. Томск: Издательство «Водолей», 1996, С.475.

[5] Шестов Л. Достоевский и Ницше (Философия трагедии) Глава 29 // *Сочинения в двух томах*. Т.1. Томск: Издательство «Водолей», 1996, С.463.

拉图斯特拉的话感叹地说:"哦,无信仰的查拉图斯特拉哟,你比你自己认为的更加虔信!是上帝本身使你走向无神。难道不正是虔信不容许你信上帝吗?"[1] 那么,尼采所寻求的上帝和宗教信仰是怎样的呢?在舍斯托夫看来,这样的宗教信仰应当完满地回答尼采对人生的全部追问,使人真正摆脱生存痛苦和悲剧。因为在尼采的观念中基督教就应当成为这样的宗教。否则的话就"最好是无神,最好是自己成为一尊神"。直至今日,人们通常说,人"应当"信,应当成为信教的人,无论此信仰和宗教能否真正救助个人于生存悲剧,给人以真正自由。照尼采的精神诉求,这个说法应改为,人"有权"信,有权成为信教的人。尼采的无神论历史就是寻找这一权利的历史。他不是自觉地要做一个无神论者。相反,尼采付出了自己心灵的全部力量,为的是找到那种能够真正解决个体生存问题的信仰。如果他没找到,则罪过不在他,也许是因为条件迫使他找不到。[2] 也许人根本就找不到他所要寻求的东西。但是问题在于,人从来没有停止这种寻求。

那么,舍斯托夫怎样寻求悲剧哲学问题的解决呢?他反对从理性主义哲学家的概念体系里寻求答案,而是主张"悲剧哲学"的最后话语是诉诸《圣经》信仰,像先知和使徒那样,依靠《圣经》思维来战胜悲剧感。

然而我们会问,诉求上帝,祈祷上帝,是行之有效的吗?这马上令人想起人们通常说的求神拜佛。从外部来看这是无效的,上帝不能拯救人于现实苦难和死亡。但关键在于心态。"悲剧哲学"所说的不是诉诸上帝就能改变外部状况,而是说人的内在感受的改变——从无信仰的境界进入有信仰的境界。从外部来看,无论有信仰的人还是无信仰的人都一样要服从自然规律,一样会受苦和死去。但不同在于:第一,外部的服从是毫无希望的终极判决,信仰中的服从则是暂时的试炼或惩罚,仍有得救的希望;第二,信仰使人的自发状态发生改变,这种改变内在地消解了个人与世界、个人与普遍性和必然性的对立。

---

[1] 尼采:《查拉图斯图拉如是说》,尹溟译,北京:文化艺术出版社,1987年,第266页(译文略有调整)。
[2] Шестов Л. Добро в учении гр. Толстого и Ницше (философия и проповедь). Глава 9 // *Сочинения в двух томах*. Т.1. Томск: Издательство «Водолей», 1996, С.273.

有信仰的人所服从的自然规律，所经历的苦难命运和死亡恐惧，已经不是"不听劝说"的外部自然了，外部的决定不是对他的命运无可上诉的终极判决。如果他的命运是在上帝之中的，被上帝决定的，那么，即便是世间的不幸命运、遭受苦难和走向死亡，也是暂时的，可以改变的，这种不幸可能是上帝对有罪者的惩罚，也可能是上帝对人信仰坚定性的试炼，但不是人的最后结果，即便是肉体的死亡，也不排斥灵魂的得救。人在悲剧和苦难中还有最后的希望。只有怀有希望的服从，才可能是快乐的服从。

诉诸最高存在，如果最高存在与人是外在关系，或从人的自发本能欲望来要求最高力量的解决，那么，它仍然是一种理性主义，是以人来要求神的理性主义；只有把人与最高存在的关系内在化，接受上帝成为人的救恩，使得人成为神人，像耶稣基督一样，消除傲慢的自我，服从上帝意志，这样，个人与世界的对立才会得到缓解。但这时人已进入了另一个境界——信仰的境界，他仿佛不再是先前的自己，而具有了另一种情感和心态，另一种愿望和诉求。以此方式，他在另一个境界里重新与必然性和解。

然而，进入信仰世界也并不意味着对人的存在问题的最后解决。只要有人的生命的存在和发展，就有个人与世界、自由与必然的不断斗争。这也是哲学和宗教问题永远存在的原因。"悲剧哲学"给人展现生命的真实，而不是提供普遍的真理。哲学学说想给悲剧的人生提供安慰。苏格拉底、斯宾诺莎、康德等理性主义哲学家试图用"理解"、对必然律或命运的服从、道德自律来消解人的生命悲剧。但舍斯托夫的"悲剧哲学"证明，哲学学说和理论不是普遍"真理"，而是说教。当然，这不是说这样的说教是不好的东西，相反，在现实生活中，在社会生活中，这样的说教是有益的、必要的。我们阅读和研究哲学、文学、艺术，就是想从中得到某些有益的说教，以便为我们自己的观点找到某种理论或道义的支持。

但这些学说不是哲学家所说的客观"真理"，不具有普遍必然的作用。活的生命在许多时刻不接受这些学说，不能从中得到安慰。所以，另一些哲学家和思想家不把自己的学说看作是给大家提供真理,他们的写作是他们自己的生命探索。因此,在他们那里只有揭露、批判和问题,而没有说教和答案。正如舍斯托夫所解释的陀思妥耶夫斯基和尼采那样。

第十二章　舍斯托夫与胡塞尔

在我们这本书所介绍的舍斯托夫所评论的十位西方哲学家中，只有胡塞尔是舍斯托夫的同时代人，胡塞尔比舍斯托夫年长七岁，同一年去世。他们曾几次见面，有过深层的思想交流和互动，并建立了个人友谊。他们之间的思想交流可谓哲学史上的一段佳话。

第一节　纪念伟大的哲学家胡塞尔

1938 年 4 月 27 日，大哲学家胡塞尔在弗赖堡家中去世，享年 79 岁。5 月，在巴黎用俄文出版的社会政治和文学杂志《俄罗斯札记》（*Русские Записки*）编辑部致信舍斯托夫，约他写一篇关于胡塞尔学说的文章，要求适合于大众阅读。当时的舍斯托夫大病初愈，感觉力不从心，便婉言谢绝。但编辑部很快再次请求，舍斯托夫 6 月 10 日回信说：

> 请你们不必再劝我关于胡塞尔文章的事了。我自己也非常想写，甚至认为我必须写。但问题是：我是否会有力气写？要知道我至今还不得不半日卧床。我的医生（也就是我妻子）估计，我的体力只有在

假期休息之后才能恢复。因此我害怕承诺——即便是假设的承诺：如果我能做到，我就在 8 月 1 日前写完，如果我做不到，我就不写了。不过无论是你们还是我自己都无需对这个承诺负任何责任。不是我不想做得更多，而是——唉！——我不能许诺：许人以言要信守，未许人言要自戒！[1]

9 月 9 日，舍斯托夫休假结束，从沙泰勒（Châtel）回到布洛涅（Boulogne），感到身体稍好。虽说早前说的 8 月 1 日早已过去，但他还是开始撰写关于胡塞尔的文章，只是觉得进度太慢。他在给友人本雅明·封丹[2]的信中说："很遗憾，我太累了，以至于一天只能写半页。这太少了。但我很高兴写这篇文章。因为，您想，还没有任何人理解胡塞尔，人们也不太理解我和他的斗争。您看看这本葡萄牙作家用法语出版的小册子（Vieira de Almeida. *Opuscule Philosophica*, III, Lisboa, 1936）[3]，他在这里对我的评价很好。他在注释里说，我第一个'对这位有点庸俗的思想家作了正确的回答'。您知道，事情完全不是这样的。我感到很可惜，有些人说读过我的书，好像还喜欢我的书，但是他们却如此这般不能很好地理解我。"[4]

实际上，舍斯托夫的这篇文章写得还是很快的，二十多页的长文，他在病榻上用了不到一个月的时间就写完了。可想而知，舍斯托夫在此前的几个月中必定有长时间的酝酿准备，已经深思熟虑。他在 10 月 6 日致信编辑部说：

> 向你们报告，我昨天写完了关于胡塞尔的文章——就剩下誊写了，为此还需要 10—12 天，——因为誊写很累人，必须慢慢来。文章大大地超过了篇幅。我无法删减，——因为这个题目让我非常受触动：

---

[1] Баранова-Шестова Н. *Жизнь Льва Шестова. По переписке и воспоминаниям современников*, Paris: La Presse Libre, Том 2. C. 182.

[2] Бенжамен Фодан（Benjamin Fondane,1898-1944），法国作家、哲学家，舍斯托夫的追随者。写过多篇关于舍斯托夫哲学的文章，并著有《与列夫·舍斯托夫的会见》一书。

[3] 维拉·德·阿尔梅达：《哲学小品》3，里斯本，1936 年。

[4] Баранова-Шестова Н. *Жизнь Льва Шестова. По переписке и воспоминаниям современников*, Paris: La Presse Libre, Том 2, C. 189.

我既想与读者分享我与胡塞尔的几次会面和交谈,又要叙述他的学说,还要讲解我和他的争论。[1]

文章最终于 10 月 20 日寄给了《俄罗斯札记》编辑部。整整一个月后,舍斯托夫在巴黎与世长辞,没能看到文章的发表。这就是著名的《纪念伟大的哲学家埃德蒙德·胡塞尔》一文,首次发表于《俄罗斯札记》1938 年 12 月号和 1939 年 1 月号(第 12、13 期),后来被译成多种文字[2],成为研究和理解胡塞尔思想的重要参考资料。《俄罗斯札记》的编者按写道:"我们推出的这篇文章——是列夫·伊萨科维奇·舍斯托夫巨大而珍贵的文学-哲学遗产的最后一篇。它在真正意义上是舍斯托夫的天鹅之歌,是他用了很大的、可以说是最后的精力和体力写成的。"[3] 的确,评述胡塞尔让病中的舍斯托夫耗尽了生命的最后力量。他自己在 1938 年 11 月 5 日给封丹的最后一封信中也证实了这一点:"非常遗憾,我得过段时间才能读你的书。我自己感觉很不好,很虚弱,体力耗尽,几乎整天躺着——这是写关于胡塞尔的文章的代价。"[4]

那么,舍斯托夫与胡塞尔有过怎样的思想交流,他们争论的核心问题是什么呢?在此,我们将按照舍斯托夫对胡塞尔的批评文章和他们几场会面的先后顺序,来分述舍斯托夫对胡塞尔哲学的理解和批评。

《纪念伟大的哲学家埃德蒙德·胡塞尔》中引用了胡塞尔说自己和舍斯托夫关系的一句话:"从来没有人像他这样尖锐地攻击我,——我们的友谊就是由此而来的。"[5] 胡塞尔所说的尖锐攻击,指的是舍斯托夫 1917 年发表的《记住死——关于胡塞尔的认识论》一文,其核心思想是对胡塞

---

[1] Баранова-Шестова Н. *Жизнь Льва Шестова. По переписке и воспоминаниям современников*, Paris: La Presse Libre, Том 2, С. 195.

[2] 这篇文章的法文版发表于《哲学评论》1940 年 1/2 月号,德文版发表于 1948 年,犹太文版发表于 1952 年,英文版 1962 年 6 月发表于美国《哲学与现象学研究》杂志第 22 卷第 4 期。中译文发表于《哲学译丛》1963 年第 10 期,谭湘凤译自英文版。

[3] Баранова-Шестова Н. *Жизнь Льва Шестова. По переписке и воспоминаниям современников*, Paris: La Presse Libre, Том 2, С. 206-207.

[4] Баранова-Шестова Н. *Жизнь Льва Шестова. По переписке и воспоминаниям современников*, Paris: La Presse Libre, Том 2, С. 197-198.

[5] Шестов Л. Памяти великого философа (Эдмунд Гуссерль) // Вопросы философии. 1989 №1.С. 144.

尔"科学的哲学"观的批评，其中体现了两种哲学观即"科学的哲学"与"宗教的哲学"的差别与对立。

第二节　莫斯科：哲学与"严格的科学"

舍斯托夫早年经常旅居欧洲，对欧洲哲学的新思潮较为了解，因此很早就开始关注和研究胡塞尔的哲学思想。1908年，他在圣彼得堡期间，就已阅读了胡塞尔的《逻辑研究》（1900/1901年）。1917年底，舍斯托夫在莫斯科出版的《哲学与心理学问题》杂志（12月号）上发表了长篇论文《记住死——关于胡塞尔的认识论》，有五十多页。这是舍斯托夫评论胡塞尔的第一篇文章。这篇文章主要是针对胡塞尔1911年发表的《哲学作为严格的科学》一文（后单独出版成书）而作，也稍有论及《逻辑研究》等著作。舍斯托夫写道："我在此不可能详细论述他的所有作品，而主要分析他不久前（1911年）在德国《逻各斯》杂志上发表的《哲学作为严格的科学》，他的其他著作只是为了解释而顺便提到。"[1]胡塞尔在这篇文章中批评了当代认识论中的心理主义和相对主义，论证了哲学力图成为严格科学的必要性和意义，也预告了哲学思维的一个新方向——先验现象学。舍斯托夫在这篇批评文章中，则对胡塞尔哲学观中的科学中心论、认识论中的观念论和现象学纲领中的理性主义观点进行了尖锐批评。

那么，舍斯托夫为什么不接受胡塞尔力图使哲学成为"严格的科学"这一基本思想？

胡塞尔宣布力图使哲学成为"严格的科学"，其理由我们可以大致归纳为三个方面：第一，为了摆脱哲学的困境。20世纪初曾流行的新康德主义和彻底经验主义，使哲学认识论陷入相对主义和怀疑主义。哲学认识的真理性最终取决于个人经验，没有普遍的客观真理。胡塞尔认为，哲学的

---

[1] Шестов Л. Memento mori (По поводу теории познания Эдмунда Гуссерля), I // *Сочинения в 2-х томах*. Т. 1. Москва: Издательство «Наука», 1993, С.189. 参见舍斯托夫：《钥匙的统治》，张冰译，上海：上海人民出版社，2004年，第150页。

未来出路和使命是摆脱相对主义和怀疑主义的困境，确立统一和客观的真理；第二，如何摆脱这一窘迫境地呢？胡塞尔认为，应当向科学学习，向科学看齐，抛弃从前的种种"世界观的哲学"，建立"科学的哲学"；第三，之所以向科学看齐，是因为科学具有普遍真理的本性和力量。

对胡塞尔的这三个理由，舍斯托夫只是局部肯定第一个理由，即胡塞尔克服相对主义的动机和贡献，而对后两个理由则都不能接受，也就是说，舍斯托夫与胡塞尔在关于哲学的本性和科学的力量问题上都存在着严重分歧。

舍斯托夫在这篇《记住死——关于胡塞尔的认识论》中两次肯定和称赞了胡塞尔在揭露和批判相对主义方面的突出功绩。"胡塞尔与其他人的不同在于，他在当代认识论中毫不留情地寻找相对主义的痕迹，在这方面表现出了常常具有挑衅性的坚定性和彻底性。我认为这是他的主要的和巨大的功绩"；"胡塞尔不愿明确地或暗中地接受任何形式的相对主义。对他来说，专门的（类的）相对主义是和个体的相对主义一样荒谬的。这种坚定性是胡塞尔的巨大功绩。"[1]

另一方面，我们说舍斯托夫对胡塞尔的第一个理由也只是"局部肯定"，是因为，那种令胡塞尔如此不安的哲学相对主义的困境，仿佛并不令舍斯托夫感到那么窘迫。因为在他看来，哲学之所以并不奢望也不可能达到科学那样的唯一真理，这不是因为它没有能力，而是由它不同于科学的本性决定的。

哲学与科学的一个差异在于，不同科学观点的争论可以因达到了对科学真理的清楚认识而告终，例如，对太阳系的科学认识结束了托勒密和哥白尼支持者关于地心说和日心说的争论。然而，不同哲学观点的争论则是永远存在的，因而分歧与争论也是正常的。舍斯托夫写道："显然，在哲学中，争论的根源完全不是对象的不清楚。这里，各种论断的矛盾和争论是来自事情的本质自身。赫拉克利特和巴门尼德不仅在此世，即便在彼

---

[1] Шестов Л. Memento mori (По поводу теории познания Эдмунда Гуссерля), III // *Сочинения в 2-х томах*. Т. 1. Москва: Издательство «Наука», 1993, С.199-200, 203. 参见舍斯托夫：《钥匙的统治》，张冰译，上海：上海人民出版社，2004年，第158—159、161页。

世相遇，也是不可能达成一致的。"[1]科学的对象是具体的现实事物，例如宇宙，太阳和地球的关系。对这些事物的认识是可以得出统一正确结论的。而哲学的对象则是观念或表象。巴门尼德把世界万物归结为存在，存在具有同一性，存在者不能不存在，甚至思维与存在也是同一的，这是一种对世界的直观，是高度的抽象思维；赫拉克利特则确信万物皆变，无物永驻，这也是一种思维直观。这两种不同的直观没有一个共同的现实标准。因此，舍斯托夫认为，这种不一致性，这种根本观点的分歧不应成为令哲学难堪的事。

舍斯托夫在另一处更明确地说："我希望，与科学不同，哲学迟早会得到这样一个定义：哲学是关于无论对谁都不是必然的真理的学说。这样，对哲学的这样一种经常的责难，说哲学本身归结为一系列互相驳斥的意见，——这种责难就将因此而被永远废除。哲学的这一特点没有什么不好，而有许多好处，不该责难，而应赞扬；相反，科学具有普遍必然判断则是不好的，甚至很坏的⋯⋯因为谁愿意承认永恒规律在自己之上呢？即便是颂扬必然性和永恒真理的斯宾诺莎，也不时发出叹息，这是他在为自由而伤感。"[2]可见，舍斯托夫是主张哲学上的多元真理论，其理由有二：其一，只有多元论能够为个人的自由生存空间提供支持；其二，哲学上的唯一真理论会为理性主义的独断论和霸权提供根据。

当然，我们看到，胡塞尔提出作为严格科学的哲学理念，是以他对科学观念的认识为前提的。这一认识可以概括为两点。第一，科学观念具有强大的力量，能够成为真理标准，甚至成为"理性本身"。他写道："也许在整个近代生活中都没有任何观念比科学的观念更强大地、更不可阻挡地向前挺进着。没有什么能够阻挡它的凯旋。事实上，就其合理的目的而论，它是无所不包的。如果设想它得到了理想的完善，那么它也就是理性本身，

---

[1] Шестов Л. Memento mori (По поводу теории познания Эдмунда Гуссерля), I // *Сочинения в 2-х томах*. Т. 1. Москва: Издательство «Наука», 1993, С.188-189. 参见舍斯托夫：《钥匙的统治》，张冰译，上海：上海人民出版社，2004 年，第 149 页。

[2] 舍斯托夫：《开端与终结》，方珊译，昆明：云南人民出版社，1998 年，第 77 页。

在它之外、在它之上也就不再可能有其他的权威"[1];"世界观可以争执,唯有科学才能决断,而它的决断带有永恒的烙印"[2]。第二,科学观念的永恒性。这是科学观念对传统的世界观哲学的显著优势。因为"世界观的观念在各个时代都是不同的。相反,科学的'观念'则是超时间的,而在这里,就意味着,它不受任何时代精神的相对性限制……科学是一个标识着绝对的、无时间的价值的标题。每一个这样的价值一旦被发现就会马上从属于所有进一步的人类的价值宝库,并且它显然也会立即对教化、智慧、世界观以及世界观哲学这些观念的质料内涵产生规定性的作用"[3]。

胡塞尔对科学观念的理解,是以科学技术的辉煌发展及其对人类生活的巨大影响为历史背景的。但另一方面,我们也看到,这种理解也具有其时代局限性。20世纪后半期出现的科学革命的"范式"和科学伦理学思想,对科学观念的决断性和永恒性提出了具体的质疑。舍斯托夫等俄国哲学家在20世纪初就反对以科学标准判断哲学问题,是有先见之明的。显然,这里的问题并不在于对科学观念本身的看法。科学的进步与成就,科学技术对人类和社会物质生活的改变,这是无可置疑的。问题在于,科学观念是否应当决定一切,是否应当成为哲学的标准。或者说,科学观念为什么应当成为哲学的标准,哲学为什么应当成为"严格的科学"?这是需要进行哲学证明的问题,这正是认识论应当解决的最大问题,而不是哲学可以直接接受的前提和出发点。胡塞尔没有提出这个问题,这也是胡塞尔的自相矛盾之处,因为他自己也是在这篇文章中写道:哲学"在任何地方都不可放弃彻底的无前提性"[4]。

舍斯托夫还指出,在力图使哲学成为科学这方面,胡塞尔的方法并不像初看上去那样具有独创性。因为康德也提出了形而上学能否成为科学

---

[1] Шестов Л. Memento mori (По поводу теории познания Эдмунда Гуссерля), II // *Сочинения в 2-х томах*. Т. 1. Москва: Издательство «Наука», 1993, С.194. 参见舍斯托夫:《钥匙的统治》,张冰译,上海:上海人民出版社,2004年,第154页;胡塞尔:《哲学作为严格的科学》,倪梁康译,北京:商务印书馆,1999年,第10—11页。

[2] 参见胡塞尔:《哲学作为严格的科学》,倪梁康译,北京:商务印书馆,1999年,第65页。舍斯托夫:《关于胡塞尔的认识论》第2节,参见舍斯托夫:《钥匙的统治》,第156页。

[3] 胡塞尔:《哲学作为严格的科学》,倪梁康译,北京:商务印书馆,1999年,第59页。

[4] 胡塞尔:《哲学作为严格的科学》,倪梁康译,北京:商务印书馆,1999年,第69页。

的问题。康德同样有一个不容争辩的原理：存在着实证科学，它们能够提供不可动摇的真理，从分析科学存在的可能性来证明形而上学的可能性。在康德看来，数学和自然科学是纯理性的重要成果，是人类认识的完满典型，它们具有普遍性和必然性。康德提出，数学命题和自然科学基本原理都既是先天的又是综合的，形而上学要成为一门可靠的学说，其论断也必须是先天综合性质的。但是，形而上学或哲学为什么要以科学为榜样？科学自身有可靠的根据吗？科学能够保证人免遭不幸吗？"如何回答这样的问题，到哪里去找答案，问谁，有没有一个可以到他那里去问这个问题的存在物？如果有，那么我们根据什么特征知道，我们到他那里是到了应当到的地方？——康德没有提出这些问题。康德最不关心给科学和纯粹理性提供证明。"[1] 同样，胡塞尔也没有提出这样的问题。"科学不想承认任何与自己并列的权威——这是胡塞尔基本的、最不可侵犯的思想。"[2]

舍斯托夫代替康德和胡塞尔提出了这么多对科学的质疑，其中最关键的是科学能否保证人免遭不幸。但我们或许会反问，那么哲学能使人免遭不幸吗？其实这两个问题背后隐藏着如何理解人的不幸的问题。在当今时代，我们至少可以理直气壮地说，科学技术能够使人免遭某些自然灾害，消除或减轻人的某些病痛。哲学能做到吗？显然，哲学沉思与此无关，在此也无能为力。但问题在于，科学有两点不能。第一，科学不能使人实现超越自然规律的理想。因此科学的哲学只能教导人们服从必然性，甚至快乐地服从。当然我们可以说，这样的理想是脱离实际的、不应有的幻想，但从人性本身来讲（而不是从现实可能性来看），应有和不应有的标准是什么？是人本身，人的自由本身。舍斯托夫说："在人的心灵深处存在着这样一种无可消除的需要和永恒的梦想——按照自己的意志生活。然而这个自己的意志既合理且是必然的，那还叫什么自己的意志？有这样的自己意志吗？人的世界上最需要的是按照自己的意志生活，哪怕是愚蠢的意志，

---

[1] Шестов Л. На весах Иова. // *Сочинения в 2-х томах*. Т. 2. Москва: Издательство «Наука», 1993, С.7.
[2] Шестов Л. Memento mori (По поводу теории познания Эдмунда Гуссерля), II // *Сочинения в 2-х томах*. Т. 1. Москва: Издательство «Наука», 1993, С.195. 参见舍斯托夫：《钥匙的统治》，张冰译，上海：上海人民出版社，2004 年，第 155 页。

只要是自己的意志。任何最雄辩的、最令人信服的证据都是枉然。"[1]科学不能够或不容许人超越必然性,而哲学则能够、确切地说是应当为人的超越性的自由做辩护,因为"哲学是争取不可能之物的斗争"。不过,我们应当清醒地看到,舍斯托夫的自由观意在反抗理性主义的霸权,而不是论证和支持人在现实世界中的为所欲为。

科学的第二点不能是,科学不能使人免遭最大的不幸——死亡。这一点是谁也不否认的,但谁也不因此而指责科学的无能。现代人已习惯于面对死亡的安之若命。有人还会反问,哲学能使人免遭死亡的不幸吗?那要看如何理解哲学。科学的哲学,或理性主义哲学,当然不能,甚至回避死的问题,并认为这是自由人的应有智慧。斯宾诺莎说:"自由的人绝少想到死;他的智慧不是死的默念,而是生的沉思。"[2]然而"宗教的哲学"虽不能避免人在现实世界中的死亡,却能够或力图解决死的问题,"了生死",宗教的哲学借助于宗教信仰的观念和力量来化解死亡的不幸。在基督宗教的生死观中,死亡不是人的存在的终结,而只是此世生命的结束,进入另一种存在状态,人的终极命运取决于上帝恩典的拯救,是与上帝合一的永生。

正是出于上述两个理由,舍斯托夫才不接受胡塞尔对科学的信念和力图使哲学成为科学的观念。他明确指出,科学做了许多,不等于科学能做一切;哲学与科学在一定意义上是彼此对立的。"我们给病人请医生,给即将死去的人找神父。医生竭力使病人回到世间生命,神父则祝福人走向永生。正如医生和神父的事业之间毫无共同之处一样,科学和哲学之间也毫无共同之处。它们非但不像通常人们所认为的那样互相帮助和互相补充,而且总是彼此敌对。"[3]当然,也有对哲学的另一种理解,即哲学是与生命安慰无关的纯粹理性思维。这样理解的哲学是与科学有密切关系的。

为了证明哲学应当成为严格的科学,胡塞尔区分了"科学的哲学"与

---

[1] 舍斯托夫:《雅典和耶路撒冷:宗教哲学论》,徐凤林译,杭州:浙江人民出版社,2000年,第282页。
[2] 斯宾诺莎:《伦理学》,贺麟译,北京:商务印书馆,1983年,第222页。
[3] Шестов Л. На весах Иова. // *Сочинения в 2-х томах*. Т. 2. Москва: Издательство «Наука», 1993, C.152.

"智慧或世界观哲学"。他指责有些前辈哲学家背离自己的真正事业,不追求哲学,而追求"智慧"或"世界观",因而背叛了自己的使命。按照胡塞尔的观点,哲学史最重要的时期是苏格拉底-柏拉图时代,近代则是笛卡尔时代。最后一代的哲学代表人物是康德、费希特、谢林、黑格尔,而普罗提诺和斯多葛派,已不是哲学家,而是智慧者,不是严格科学的代表,而是沉思于存在的原初问题和终极问题的即兴作者。

舍斯托夫显然不认同这样的简单划分,因为在他看来,哲学不应当仅仅归结为认识论,更根本的哲学问题仍然是世界观问题。虽然认识论从古代起就成为哲学的基本问题。不仅苏格拉底、柏拉图和亚里士多德,而且被称为希腊哲学之父的哲学家就已经给认识论问题赋予了奠基的意义。苏格拉底及其追随者与赫拉克利特及智者派之间的斗争在很大程度上是争取认识论的斗争。但是,舍斯托夫指出,"不应盲目支持我们从希腊遗产中得到的信念,即哲学按其逻辑结构是与任何其他科学同样的。正因为古希腊人(我们今天仍旧在他们的假设下生活和思考)如此坚决地试图把哲学从根本上变成科学,我们才应当对这一信念予以怀疑"[1]。当然,胡塞尔也承认,"哲学本质上是一门关于真正开端、关于起源、关于万物之本的科学"[2]。但是,这样的哲学是依靠严格的科学方法和知识所做不到的。具有此种使命的哲学要大于知识,大于科学。舍斯托夫援引普罗提诺和亚里士多德的说法:普罗提诺"有一个简短而精彩的定义:'什么是哲学?哲学是最重要的东西'。我们看到,普罗提诺甚至认为无需说哲学是科学还是不是科学,最重要的东西、最需要的东西、最有意义的东西,就是哲学,无论它是科学,还是艺术,还是同样远离科学和艺术,都无关紧要。现在我们再来看看亚里士多德怎么说:哲学是最神圣的和最重要的,因为哲学是最神圣的,而且以神为对象;任何其他科学即使比哲学更实用,也

---

[1] Шестов Л. Memento mori (По поводу теории познания Эдмунда Гуссерля), I // *Сочинения в 2-х томах*. Т. 1. Москва: Издательство «Наука», 1993, C.189. 参见舍斯托夫:《钥匙的统治》,张冰译,上海:上海人民出版社,2004年,第149页。
[2] 胡塞尔:《哲学作为严格的科学》,倪梁康译,北京:商务印书馆,1999年,第69页。

不比哲学更佳"[1]。

舍斯托夫显然赞同普罗提诺的观点，认为哲学的根本任务是探究生命的终极问题，是科学所无法取代的。哲学追问与科学追问的目的不同。科学追问是为了获得可靠真理，而哲学追问则永远不是为了得到科学意义上的普遍真理。例如，伏尔加河流入哪里，三角形内角之和等于多少，声音的传播速度是多少，这些是科学问题，问这些问题是为了得到确切的答案，我们也的确能够得到确切的答案，并且可以认为这些答案就是客观真理。然而，被康德作为形而上学之可能性前提的三个问题，即上帝是否存在、灵魂是否不死和意志是否自由，就不是在外部能够找到确切答案的。如果像问伏尔加河流入哪里那样寻找上帝是否存在、灵魂是否不死、意志是否自由等问题的答案并相信这个答案就是真理，就等于把自己对上帝、灵魂和自由所拥有的权利交给了一个与我们毫无关系、对任何事都不关心、对什么都无所谓的人或物。但是，此人或物有什么权力做出关于"什么对我们来说是世界上最重要的东西"这些问题的决定呢？退一步说，这样的问题也不是所有人都会问的，只有那些进行精神探索和渴求信仰的人才可能产生这样的疑问，那么，当他们问上帝是否存在或上帝是否公正或灵魂是否不死的时候，他们所需要的也不是确切答案，而完全是另外的东西——清楚明白的回答会令他发疯或绝望。

这种信仰者的思维领域和思维方式是胡塞尔所不关心的。他会把这样的思想看作是低级和幼稚，属于模糊不定的"世界观哲学"阶段，就像是占星术和炼金术，应当被伽利略天文学和拉瓦锡化学这样的精确科学所取代。胡塞尔所进行的是科学思维中的批判和重建，他试图建立"科学的哲学"，是想要避开传统的形而上学，借助于科学的客观方法，建立科学的认识论，即摆脱了主观性、唯我论和相对主义的认识论。这种认识论的基本问题，是"知识是如何可能的"问题，即为知识确立牢固的基础。这是康德及其后继者的根本问题，是20世纪初认识论学派的根本问题，也是

---

[1] Шестов Л. Memento mori (По поводу теории познания Эдмунда Гуссерля), II // *Сочинения в 2-х томах*. Т. 1. Москва: Издательство «Наука», 1993, С.193. 参见舍斯托夫：《钥匙的统治》，张冰译，上海：上海人民出版社，2004年，第153页；亚里士多德：《形而上学》，A2, 983a 以下。

胡塞尔的根本问题。

对胡塞尔认识论的根本问题，舍斯托夫提出了两点反驳。按照他的分析，"知识是如何可能的"这一问题包含两个部分，第一，问题的提出是以知识的自足性和有益性为前提的，认识论派哲学家预先相信，我们的知识具有这样的价值；第二，确认哲学认识论的任务是在这一信念前提下为知识提供证明。舍斯托夫针对这两个部分都进行了反驳。首先，哲学认识论的基本问题不应当仅仅是论证知识的可能性问题，即外界对象如何进入人的主观意识，而应当是人的生命需要的问题。困扰哲学认识论的不应是客观知识的不可能性问题，而应是这样一些本来可能的东西为什么不能实现的问题，"譬如说，使人们彼此相爱，这没有任何不可能。而在生活中，人对人是狼。同样，使人像某些其他动物一样活几百年，或者，甚至完全有可能使人不是在那个不知是谁或什么指定的日期到来的时候死去，而是在他自己想要死的时候死去，这也没有任何不可能。还有许多这样的例子，都是在现实中没有实现和不能实现的"，在舍斯托夫看来，这才应该是令认识论者不安的问题："为什么现有的东西不符合我们想要有的东西？有人会说，这不是认识论问题。问题就在于，无论什么是认识论问题本身，这个问题都比我们开头所说的问题（即知识是如何可能的）更加是认识论问题。"[1] 可见，舍斯托夫所说的认识论问题根本就不是西方哲学传统中的认识论问题，而是作为人的生命沉思的生存论问题，这是俄罗斯哲学的经典问题。

其次，即便胡塞尔成功地驳倒了当代认识论学者的心理主义和相对主义，在自己的认识论中成功地证明了知识的可靠性，为我们的知识确立了牢固的基础，那么，这也并不意味着完成了哲学的任务。因为问题还在于，有必要为知识大厦提供牢固根基吗？知识本身是自我完善的和有最高价值的吗？从舍斯托夫的宗教存在哲学看来，知识只是人的生命存在的一个有限领域，知识的潜在基础或目标是普遍性和必然性，是对人生自由的压抑，因此知识对人来说不是最高价值。关键问题在于，人愿意在他所生活的范

---

[1] 舍斯托夫：《雅典和耶路撒冷：宗教哲学论》，徐凤林译，杭州：浙江人民出版社，2000年，第287页。

围内思考，而不愿意在他所思考的范围内生活。

以上就是舍斯托夫在1917年发表的《记住死——关于胡塞尔的认识论》一文中对胡塞尔的主要批评。当然，此文中还涉及另外一些问题，我们留待下文中展开论述。值得注意的是，用"记住死"（Memento mori）这个拉丁词语来作为批评胡塞尔这样的大哲学家的文章题目，可以说是相当刻薄的，甚至不无恶意攻击之嫌。然而胡塞尔具有大哲学家的宽宏雅量，或许也是因为他没有在第一时间看到这篇俄语文章之故。直到8年多之后，1926年1月，这篇批评文章被翻译成法语（此时舍斯托夫已侨居巴黎），发表在法国《哲学评论》（*Ревю философик*）杂志上，在法国和德国哲学界造成了热烈反响。不久，胡塞尔的学生让·赫林（Jean Hering）发表了反驳舍斯托夫并为胡塞尔辩护的文章《从永恒的观点看》（Sub specie aeternitatis），随后，1927年1月，舍斯托夫又发表了反驳赫林的文章《什么是真理？——关于伦理学和本体论》。直到这时，舍斯托夫的尖锐批评才引起了胡塞尔的注意。但胡塞尔并没有怒不可遏，而是主动邀请舍斯托夫见面，因此才有了胡塞尔晚年与舍斯托夫的几场会面和思想交流。胡塞尔比舍斯托夫年长7岁，他们虽然观点迥异，但却能够彼此欣赏和尊重，建立了良好的私人关系。这或许与他们具有的另一个共同点有关：他们都有犹太血统。

舍斯托夫与胡塞尔在1928年到1930年间共有四场会面：1928年4月在阿姆斯特丹；同年11月在弗赖堡；1929年2月在巴黎；1930年6月在弗赖堡。在这些场合，他们面对面地深入讨论了许多问题，结合1917年评论文章中的问题，我们大致归纳为"明见性"问题、观念论问题、理性主义与生存哲学的对立等问题。

当然，我们在本章中按照会面时间和地点的先后顺序来分别叙述这些对话，这并非具有历史事实性，也就是说，没有历史证据表明他们是在阿姆斯特丹会面时专门讨论知识与明见性问题，在弗赖堡会面时专门讨论观念与现实问题，在巴黎会面时专门讨论理性与生命问题。但不同的时间地点并不影响他们对这些哲学问题所展开的讨论本身。

第三节　阿姆斯特丹：知识与明见性

　　1928 年 4 月 19 日，舍斯托夫应阿姆斯特丹哲学学会的邀请，来到阿姆斯特丹作了一场学术报告，题为《发狂的演说：关于普罗提诺的哲学》[1]。胡塞尔也应邀于稍后几天即 4 月 24 日和 27 日来此作两场报告（讲题为《现象学的心理学和先验现象学》）。胡塞尔曾事先约舍斯托夫在阿姆斯特丹等他几天以便见面，于是有了他们在这里的首场会面。24 日胡塞尔报告开始前的短暂见面自然没时间讨论问题，但在后来几天他们还有机会进行彻夜长谈。法国哲学家封丹后来回忆道："舍斯托夫和胡塞尔在阿姆斯特丹见面的时候，他们谈了一个通宵。早上又更加热烈地重新开始。胡塞尔夫人说：他们两人分都分不开，就像恋人一样。"[2]

　　舍斯托夫与胡塞尔的初次会面都讨论了哪些问题？他们是如何面对面激烈争论的？舍斯托夫在纪念胡塞尔的文章中记述了这些争论的片段。胡塞尔针对舍斯托夫的批评文章加以反驳，说明了自己哲学创作的由来和动机。他对舍斯托夫说：

> 您错了，您正像是把我变成了一尊石雕，放在高高的台座上，然后用锥子把雕像砸得粉碎。但是我就是这样的石雕吗？您似乎没有注意到是什么迫使我如此激烈地提出关于我们知识的本质问题和重新审察当今占统治地位的认识论，而这些认识论从前曾经是使我和其他哲学家同样感到满意的。我对逻辑的基本问题研究得越深，就越发感到，我们的科学，我们的知识，是不稳定的，动摇的。最后，我感到一种难以形容的恐惧：我深信，如果当代哲学就是关于知识本质的最终结论，那么，我们就没有知识可言了。有一次，我在讲座中讲述我从当代哲学家们那里接受过来的思想，我忽然感到，我没什么可说了，我面对听众两手空空，头脑空空。于是，我决定对我自己和我的听众所

---

[1] 见舍斯托夫：《在约伯的天平上》，董友等译，北京：生活·读书·新知三联书店，1989 年，第 339—381 页。
[2] Баранова-Шестова Н. *Жизнь Льва Шестова. По переписке и воспоминаниям современников*, Paris: La Presse Libre, Том 2, C. 12.

面临的全部认识论进行无情地、严厉地批判，这种批判引起了许多人的愤怒。另一方面，我开始在迄今为止无人探索过真理的地方去寻求真理，因为谁也不认为有可能在这里探索真理。这就是我的《逻辑研究》的由来——但是，您不想注意到这一点，您不愿意听见和看见，在我的斗争中、在我的不可遏止的"非此即彼"中，所表达的斗争是什么——所表达的是这样一种意识，如果不能通过我们理性的努力来克服我所产生的怀疑，如果我们注定像从前那样只是或多或少认真地去弥补那些在我们的认识论学说中每次都向我们展开的裂缝和漏洞，那么，我们的全部知识总有一天会坍塌，我们就会感到我们所面临的是曾经辉煌之物的悲惨废墟。[1]

这段话表明，第一，胡塞尔的哲学创作是围绕知识的本质和基础问题进行的，其宗旨是弥补当代认识论的缺陷，消除心理主义所导致的真理相对主义，力图重新确立知识的客观性和真理性。"类的对象"与个体现实对象具有同样的实在性，"意义的同一性"，回到观念的实在性；第二，胡塞尔是通过对逻辑问题的深入研究，通过概念分析，通过理性的努力来完成这一任务的。

首先是针对第二方面，舍斯托夫具体分析了胡塞尔在《逻辑研究》和《哲学作为严格的科学》中所进行的"理性努力"。他发现，胡塞尔关于知识的客观性和真理的普遍性的思想，最终建立在意识的"明见性"基础上。他针对胡塞尔的上述话语回答说："当然，您是对的：我曾经竭尽全力地猛烈抨击您的思想。但这正是因为也仅仅是因为，我感到了您的思维具有无可比拟的巨大力量……我的激烈攻击不仅不是贬低，而是相反，是强调您为哲学所做的事情具有的重大意义。为了与您作斗争，必须使全部内心力量都紧张起来，而任何紧张都要求热情和与此相关的激烈。我面临一个可怕的抉择：要么接受您所说的一切，不仅是您已经说过的东西，而且包括哲学所必然得出的一切结论；要么起来反抗您……您如此长久地和坚定不移地用自己的明见性来驱赶和纠缠我，以至于使我无路可走，要么

---

[1] Шестов Л. Памяти великого философа (Эдмунд Гуссерль) // Вопросы философии. 1989 №1.C. 145.

完全屈服于您，要么走出冒险的一步——起来反抗，已经不是反抗您，而是反抗那个迄今为止一直被认为是全部哲学、全部思维的永远确定无疑的基础的东西：明见性。"[1]

这个"明见性"确实是胡塞尔认识论的基础。他在《逻辑研究》的第一卷中写道："任何真正的认识，尤其是任何科学的认识都建立在明见性的基础上，明见性伸展得多远，知识的概念伸展得也就有多远。"[2]

那么，这个如此关键的"明见性"是什么？它如何构成客观知识与普遍真理的最后基础？我们从三个层次来说明。首先，确认类的对象即一般观念的实在性；其次，确认意义的同一性高于个人判断；最后，意义的同一性以意识的明见性为基础。为了避免经验主义心理学，胡塞尔确认类的对象（也就是观念对象）与个体对象（现实对象）相比具有同样权利，认为这是使客观认识成为可能的条件，而不是用心理学的解释来消解观念对象。2×2=4作为个人判断所具有的正确性无法摆脱相对性，只有当它作为类的对象即一般观念仍然具有真理性的时候，才能确认客观真理。这是依靠意义的同一性来实现的。我说2×2=4这个判断当然是纯粹心理活动，作为心理活动可以成为心理学的研究对象。但无论心理学家怎样给我们解释思维定律，他无论如何也不能从这些定律中得出不同于谬误的真理原则。认识论者完全不关心伊万或彼得关于2×2=4的判断，而是关心2×2=4的真理。关于同一对象的判断可以有许多，但真理只有一个。真理不依赖于主观感觉，是客观存在的，不论是否被思维运用或实现。

什么是"意义的同一性"，什么是意识的"明见性"，胡塞尔在《逻辑研究》第二卷中有明确表述，舍斯托夫也详细转引了这一表述：

> 一个超验的数的原理，当我们在书中读到它的时候，我们知道，这不是我们思想体验的个人特质。这一特质在每一种情况下都依不同个体而变化，但所说的原理的意义应当是同一的。不同的人对这一原理可以有不同理解和不同表达，但与个人体验的无限多样性相反，这

---

[1] Шестов Л. Памяти великого философа (Эдмунд Гуссерль) // Вопросы философии. 1989 №1.С. 146.
[2] 转引自吴增定：《明见性与主体性——试析胡塞尔现象学的内在张力》，《云南大学学报》2011年第6期。

些表达中所表现的东西,到处都是同一的;是严格意义上的同一。无论有多少人和多少判断活动,原理的意义不增加,判断在观念的、逻辑的意义上是统一的。我们在此维护意义的严格同一性,把它区别于心理性质的意义,不是出于细致划分的主观爱好,而是由于无疑的理论信念,即只有这样才能胜任逻辑的基本任务。并且,这里所说的不是简单的假设,需要在它所提出的解释中注明其效果;我们把这种意义的同一性作为直接接受的真理,我们在此所依靠的是全部认识问题中的最后权威——明见性:我看到,在我重复作出的判断和表象活动中我所思考和能思考的完全是同一的东西,同一的概念或原理;我看到,在讲到原理或真理的时候,我所指的不是个体感受或某个人的个体感受因素;我看到,这句反思性的话语的确是以通常所说的意义为对象的;最后,我看到,我在这一原理中所思考或领悟的东西,不论我是否思考它或我是否存在,甚至一般思想者和思想活动是否存在,它都是同一的和不变的。[1]

这里,胡塞尔把一般观念或判断所具有的"意义的同一性"作为"直接接受的真理",而这一真理所依靠的"全部认识问题中的最后权威"是四个"明见性":(1)判断与表象活动之对象的同一性;(2)我们关于某一原理或真理判断不是个体感受,不是个人心理特质,而是共同概念;(3)思维和判断的对象是意义;(4)意义不依赖于思想者和思想活动而永久存在。这四个判断不是依靠严格的理性推理得出的结论,而是意识的明见性所直接"看到"的。这样,我们的全部知识乃至整个世界观都建立在这一意识的明见性基础上,而意识所明见的是一般概念或原理。这是舍斯托夫完全不能接受的。

舍斯托夫清楚地看到了"明见性"在胡塞尔哲学中至关重要。他在1917年关于胡塞尔的文章中就指出:"在任何一种当代认识论中,问题都

---

[1] Edmund Husserl. *Logische Untersuchungen*. II, 99(胡塞尔:《逻辑研究》德文版,第2卷,第99页). 转译自 Шестов Л. Memento mori (По поводу теории познания Эдмунда Гуссерля), IV // *Сочинения в 2-х томах*. Т. 1. Москва: Издательство «Наука», 1993, С.211. 参见舍斯托夫:《钥匙的统治》,张冰译,上海:上海人民出版社,2004年,第168页。

没有像胡塞尔这样提得如此尖锐、勇敢和公开。胡塞尔不想要任何妥协：要么全有，要么全无。要么明见性是人类精神寻求真理时所力图达到的终点，而且这种明见性是用人的手段完全可以达到的，要么世间就会到来混乱和疯狂的王国。"[1]1927 年，舍斯托夫在反驳胡塞尔学生赫林时再次强调了这一点。赫林为胡塞尔辩护说，胡塞尔在把作为严格科学的哲学与古代的智慧和沉思对立起来的时候，没有完全拒绝智慧和沉思，而是也承认后者是有益的。舍斯托夫则认为，胡塞尔的思想完全不是赫林所说的那样，而是坚决主张理性的至高地位，"它不容许与自己并列的和高于自己的任何权威"。赫林没有发现这一理性的绝对性，他还在真诚地问："为什么不平静地承认，科学的哲学家在一定情况下也可以在宗教启示中、在宗教经验和传统中找到必要的精神食粮呢？"为什么不能容忍宗教？因为这背离了胡塞尔的基本原则，他的现象学建立在明见性基础上，永远也不可能走向赫林所说的妥协，因为这样的妥协就相当于否定了他给自己提出的任务。胡塞尔用无需证明的明见性来反驳对理性判断的干涉。

舍斯托夫对意识"明见性"的批评主要依据两种基本观点，第一，观念之物不能代替现实之物，这其实是生存论对抗知识论的另一种表现形式（详细见下一节）。第二，意识的"明见性"不是恒常不变的，也具有不确定性。人们在正常状态下具有一种意识和明见性，而在某些非正常状态下则具有另外的意识和明见性。比如说，醉酒状态，在毒品作用下的状态，迷狂状态，还有梦境。睡梦中的人与清醒中的人相比仿佛来自另一个世界。睡梦中的人有自己的现实，完全不同于觉醒时的现实。而且更重要的是，睡梦者也有自己的逻辑和自己的"先验性"，而且这种逻辑和先验性也完全不同于相对主义者所接受的相对真理，睡梦者的逻辑也是建立在明见性基础上的。清醒时的明见性固有这样的属性，即要克服怀疑，想成为最后标准，善于按照自己的愿望知道人的思想。但睡梦中的"明见性"也具有同样的作用。正如托尔斯泰在《忏悔录》的最后所写的，"在这里，

---

[1] Шестов Л. Memento mori (По поводу теории познания Эдмунда Гуссерля), V // *Сочинения в 2-х томах*. Т. 1. Москва: Издательство «Наука», 1993, C.213-214. 参见舍斯托夫:《钥匙的统治》,张冰译, 上海: 上海人民出版社，2004 年, 第 170 页。

就像在睡梦中经常发生的那样,我觉得我赖以维持的机制是自然的、明白的、无疑的,虽然醒来时这一机制就无意义了。我在睡梦中甚至感到惊讶,为什么我从前没有明白这一点"[1]。再者,我们在睡梦中也会经常感觉到,我们面前上演的事件是虚假的,它们是我们想象的结果,我们只是在睡梦中,为了摆脱我们所陷入的先验的虚假和疯狂之网,我们就必须醒来。也就是在梦中忽然出现两个绝对真理。如果我们在梦中也像胡塞尔那样做出判断,那么我们就应该认为这两个真理是相互矛盾的。既然我们确信,我们是在睡梦中的,我们的明见性是睡梦者的明见性,也就是骗人的明见性,那么,或许,我们关于我们是睡着的论断也是虚假的。

这样,在舍斯托夫看来,人的意识有各种状态,在不同状态下,"明见性"是各不相同的,它们所证明的东西也是彼此矛盾、相互吞没,而不是达成一致。他认为胡塞尔的"明见性"所依据的是意识的统一性和理性的独一性,就像平面几何中的线与面。然而实际上,意识则具有多样性和多维空间,就像立体几何。在平面上,从一个点向一条直线只能引出一条垂直线。但在立体的空间中,则可以有无数条垂直线。习惯于平面几何的人很难把握立体几何的原理。当他还没有掌握划分出第三维度的技能之前,他将固执地说从一个点到一条直线只有一条垂直线。

回到胡塞尔认识论的前提——知识的自足性问题。在承认知识的真理性这一前提下,在对认识过程进行逻辑分析的过程中,胡塞尔的思维是严谨周密的,"具有无可比拟的巨大力量",能够弥补知识大厦的裂缝。然而问题在于,舍斯托夫恰好不能接受知识的真理性和自主性这一前提。因此他对胡塞尔说:您像哈姆雷特一样"宣告说时代脱离了自己的常轨,时代的联系瓦解了,这是非常正确的——时代的联系正是由于企图发现我们知识基础中的最小裂缝而正在瓦解。然而,需要不惜代价地保护我们的知识吗?需要把时代重新引上它所脱离的常轨吗?也许应当相反?也许需要再推它一下——让它摔得粉碎"[2]。

---

[1] Толстой Л.Н. Исповедь. В чём моя вера? Ленинград: Издательство «Художественная литература», 1991.

[2] Шестов Л. Памяти великого философа (Эдмунд Гуссерль) // Вопросы философии. 1989 №1.С. 146.

舍斯托夫为什么不接受知识的真理性和自主性这一前提？难道知识不是"力量"，不是科学的基础，不是人类认识世界改造世界的有效手段吗？舍斯托夫所说的不是否定科学知识的有效性，而是反对用实证知识及其思辨方法取代和消解生命的终极问题——生死与自由问题。在他看来，这种方法把人更牢固地束缚在理性和知识范围内，而理性和知识对冷漠无情的必然性俯首听命，因而对人的悲剧命运无能为力。"我们获得的实证知识愈多，我们离生命的奥秘就愈远。我们思维的机制愈完善，我们就愈难以接近存在的源泉。知识压制我们，束缚我们，而完善的思维则将我们变成无意志的、顺从的存在物，在生活中只能寻求、发现和评价'秩序'和由'秩序'所设立的定律和规范。"[1]

这段话鲜明地表现了存在哲学与思辨哲学的对立。这也是在舍斯托夫与胡塞尔的初次会面中，所发生的关于"哲学是反思"与"哲学是伟大的、最后的斗争"的著名争论。这个问题我们已在本书第十章"克尔凯郭尔"中详细讨论过了。

第四节　弗赖堡：观念与现实

1928年11月9日，舍斯托夫应邀到弗赖堡讲学，在这里与胡塞尔再次会面，同时还结识了海德格尔。他在1928年11月9日给洛夫茨基（Ловцкий）的信中写道："我在这里已经做完了所有事情——看见了胡塞尔，他非常热情地会见了我，还认识了海德格尔，他是胡塞尔请来的，我在他那里坐了整个晚上。一切都非常有趣。"[2]

舍斯托夫与海德格尔在弗赖堡结识以后彼此有过通信。在舍斯托夫档案中存有两封海德格尔的来信，第一封信写于1929年1月8日，其中海德格尔回忆了与舍斯托夫的哲学谈话，并请舍斯托夫在巴黎给他安排讲座

---

[1] 舍斯托夫：《雅典和耶路撒冷：宗教哲学论》，徐凤林译，杭州：浙江人民出版社，2000年，第326页。
[2] Баранова-Шестова Н. *Жизнь Льва Шестова. По переписке и воспоминаниям современников*, Paris: La Presse Libre, Том 2, С. 20.

（讲座可能没成行）；第二封信写于1929年5月25日，海德格尔在信中说他刚刚完成自己的《康德讲座》手稿，正要把它改编成一篇学术演讲稿，要在弗赖堡大学讲。

这个演讲就是海德格尔1929年6月24日在弗赖堡大学所做的报告，题为《什么是形而上学》，于当年12月在波恩发表。关于这个报告，舍斯托夫在1930年1月22日写给洛夫茨基的信中说："它在6周以前发表。它很有趣。我觉得如果以我的名义把它赠送给M.E.爱丁戈恩，那将非常好：这个讲稿的价钱大概有1—1.5马克，因为总共才26页。你读读也很好，因为海德格尔在这里好像在实现我和他会面时对他预先说的话，他宣布'逻辑在原初追问的漩涡中化解了'，'逻辑的权力在哲学中告终'，与思维上的否定同在和比这更深的是坚决的对抗和强烈的反感，等等（第26、22、12页）。总之，胡塞尔被现象学本身摧毁了。"[1]

若干年之后，舍斯托夫又在致封丹的信中讲到了海德格尔的这篇文章："当我在胡塞尔那里看见海德格尔的时候，我向他引述了他著作中的一段，这段话在我看来足以破坏他的体系。我深信这一点。那时我还不知道，他写的东西反映了克尔凯郭尔的思想和影响，海德格尔的个人贡献只是力图把这些思想纳入到胡塞尔主义的框架……我不知道，也许，他的报告《什么是形而上学》就是我们谈话的结果……海德格尔走后，胡塞尔再次转向我，要我答应将阅读克尔凯郭尔。我不明白，他为什么坚持让我了解克尔凯郭尔，因为克尔凯郭尔的哲学思想与胡塞尔思想毫无共同之处。现在我觉得，他想让我读克尔凯郭尔，是为了我能更好地理解海德格尔。"[2]

1932年6月，封丹在《南部手册》（*Cahiers du Sud*）第141期发表了一篇关于海德格尔的文章，题为《在陀思妥耶夫斯基的道路上：马丁·海德格尔》。他把杂志寄给了舍斯托夫。舍斯托夫在1932年7月29日的回信中说："您的文章——我读了两遍——我觉得很成功。您正确地把对纯粹理性的批判作为核心问题提出来。从陀思妥耶夫斯基和海德格

---

[1] Баранова-Шестова Н. *Жизнь Льва Шестова. По переписке и воспоминаниям современников*, Paris: La Presse Libre, Том 2, C. 21-22.

[2] Баранова-Шестова Н. *Жизнь Льва Шестова. По переписке и воспоминаниям современников*, Paris: La Presse Libre, Том 2, C. 20-21.

尔著作的引文表明，理性不可能自己批评自己，哲学家应当提出完全独立的原则与理性对立。我感到有点可惜的只是，第386页的（第一行）引文翻译有点不足。陀思妥耶夫斯基所说的不是'我不喜欢'，而是'我憎恨'。此外，我认为，'海德格尔害怕对理性的真正批判'这一论断，最好代之以提出问题：他是否害怕跟随陀思妥耶夫斯基走到底？因为我们还不能得知，海德格尔的哲学将把人们带到哪里。总之文章是很出色的。"[1]这一小小的改动反映了舍斯托夫对海德格尔思想的深刻理解。首先，明确断言海德格尔害怕对理性的真正批判，是过于简单化的。海德格尔以"烦""畏""死"这些生命现实来对抗理性观念，可见他未必是害怕或拒绝对理性的真正批判。但他害怕的是像陀思妥耶夫斯基那样彻底的理性批判，害怕进入那个思维所无法企及的境界。其次，舍斯托夫认为也不能简单断定海德格尔哲学的未来走向，认为更为重要的是海德格尔所提出的问题。

海德格尔对胡塞尔的思想既有继承也有批评。从舍斯托夫与他们的交往中可知，海德格尔曾利用克尔凯郭尔的思想批评胡塞尔的理性与逻辑，这一批评受到了与舍斯托夫谈话的一定启发，或者说，至少是与舍斯托夫有共同旨趣的。与海德格尔一样，舍斯托夫也借鉴了克尔凯郭尔的存在哲学批评胡塞尔的观念论。

胡塞尔确立观念的实在性，是为了证明真理的绝对性。因为只有用绝对真理来统治哲学领域，才能建立"科学的哲学"，克服"世界观的哲学"，作为"智慧"和"沉思"的哲学，用胡塞尔自己的话来说，后者与前者相比，就仿佛占星术和炼金术与伽利略的天文学和拉瓦锡的化学相比一样。胡塞尔是从批评心理主义的相对真理论开始的。他区分了两种相对主义："个人的相对主义"和"类的相对主义"。密尔、拜因、冯特、西格瓦特、埃德曼、利普斯等人的心理主义不是个人的相对主义，因为这些英国和德国心理学家-认识论者从哲学立场上也看到了关于每个人都有自己的特殊真理的论断是无意义的。但他们是"类的相对主义者"，因为他们没有看

---

[1] Баранова-Шестова Н. *Жизнь Льва Шестова. По переписке и воспоминаниям современников*, Paris: La Presse Libre, Том 2, C. 99-100.

到，作为类的人有自己的特定真理，即纯粹属人的真理，这样的论断也是有矛盾的。这样的类的相对主义丝毫不优越于个人的相对主义。胡塞尔明确宣布："真实之物，即是自身绝对真实的；真理是同一的，无论人或怪物、天使或诸神是否以判断形式接受它。"[1]

这样的真理观显然是与舍斯托夫以基督教世界观为基础的"人类中心论"真理观格格不入的。舍斯托夫正是以"圣经哲学"的"受造真理"来对抗理性主义的"永恒真理"。他赞同西格瓦特的观点。心理学家西格瓦特认为，任何真实性的最后支柱，都要诉诸主观体验，即必然性的感觉、明见性的内心感受以及在此前提下不可能与我们所想的不同的意识，也就是对这种感觉之正确性和可靠性的信仰。这样，对西格瓦特来说，真理性只是一个公设，也就是无法证明的假设，最终以信念为根据。舍斯托夫说，既然像西格瓦特这样严谨的科学家，这样毕生投身于探索如何证明真理的人，老年时都承认我们的真理最终只能靠公设来维持，我们对自明感的信仰是我们科学信念的最后支柱，那么，我们就不能简单地绕开不管，或确认我们有权认为这一观点有内在矛盾而将其抛弃。

这里体现了两种真理观的差异。什么是真理？对胡塞尔来说，真理是统一法则，是超个体的普遍观念；对舍斯托夫来说，真理是生命的真实，是个人的生命意愿。其实，两种真理观并非完全不相容，它们的区别仅仅在于，胡塞尔并非看不到人类的情感意愿和个性差异，而是要寻求建立人类社会生活所必需的普遍原则，因为无原则的相对主义必然导致混乱和毁灭；舍斯托夫也不是要否定人类生活的普遍原则，而是力图不要让这些抽象观念扼杀了个人的自由，或成为扼杀个人自由的借口。

针对胡塞尔对相对主义的批评，舍斯托夫指出，胡塞尔明显地看到，决意把真理相对化的人会得出怎样荒谬的结论，但他完全没有发现，如果我们不超越内在之物领域而把我们的真理绝对化，则会面临同样的危险。舍斯托夫提醒说，我们应当关注这样一个突出的事实：无论人们怎样从哲

---

[1] 胡塞尔：《逻辑研究》德文版，第1卷，第100页，译自 Шестов Л. Memento mori (По поводу теории познания Эдмунда Гуссерля), III // Сочинения в 2-х томах. Т. 1. Москва: Издательство «Наука», 1993, С.200. 参见舍斯托夫：《钥匙的统治》，张冰译，上海：上海人民出版社，2004年，第159页。

学中驱逐相对主义,它都依然存在,它的生命力和感染力在千年流浪之后不但没有衰老,反而显然获得新生。胡塞尔自己也见证说,当今一些最善良和最富有洞见的学者以这样或那样的借口,不顾古代对相对主义的驱逐,不仅支持与相对主义这个罪人的经常来往,而且对他加以赞扬和尊重,仿佛他是最大的义人。奥秘何在?为什么理性的高声诅咒不够有效,胡塞尔还不得不再次提高自己的嗓音宣布把现代全部哲学流派都开除教籍?胡塞尔没有给自己提出这样的问题。他的哲学意向的性质禁止他顾及作为独立因素的现实和历史。他确认理性自主和观念的统治,对他来说,现实总是退居次要地位的。他事先就完全相信,一切事实都应纳入到思辨中,因为思辨拥有自己的全部纯粹先验性。他的逻辑研究断言,我们不会确认,从逻辑学和几何学观点看是荒谬的东西,在心理学上是可能的。

然而对舍斯托夫来说,生命现实总是大于观念的,活生生的现实不能完全纳入到思辨的观念之中。因为,借用克尔凯郭尔的话来说,人总是在他所生活的现实中思考,而不是在他所思考的观念中生活。因此不应惧怕思维中的矛盾,生命现实中的矛盾,思维与现实的矛盾,是完全正常的现象。人的生命现实不完全符合逻辑规则。存在某种界限,人在这界限之外已经不遵守一般逻辑规则了,而是遵守某种另外的规则,只不过这种规则的适当名称人们还没有找到,确切地说是永远也找不到。

胡塞尔关于认识对象学说的基本原理,确认了观念之物的存在,观念之物与现实之物的存在同属一类存在,是一类中的两种。不仅如此,而且观念存在是完全独立的存在,完全不依赖于现实之物的存在。甚至相反,现实世界从属于观念世界。观念世界是自古就有的秩序,现实世界依靠它来维持。现实世界昨天产生明天毁灭,观念秩序则不生不灭。即便世界上没有了活人,即便现实对象都将消失,但一般定律和普遍真理将继续存在。即便现实世界从来没有产生,这丝毫不影响观念世界,$2 \times 2 = 4$ 的法则是自身存在的,即使任何人都没有想过它。即使有引力的物体都消失了,引力定律依然存在。

舍斯托夫则断言,"观念原则的完全胜利意味着世界和生活的毁灭"。因此,与胡塞尔相反,舍斯托夫说:"把观念之物绝对化,意味着把全部现实相对化，甚至消灭全部现实。"[1] 他认为胡塞尔企图通过把理性与现实、观念与实在纳入同一个存在范畴（认为两者在其中拥有同等权利）的方法来调和观念与现实，这不是对问题的解决，而是使问题变得模糊。舍斯托夫还进一步指出，胡塞尔关于即便物体消失引力定律依然存在的这一论断是绝对错误的，因为不仅在物体消灭的情况下引力定律会停止存在，而且，即便在物体仍然存在的情况下，引力定律也可能停止自己的存在。而且，如约翰·穆勒所假设的，在另外的星球上物体有可能不是互相吸引，而是自由地聚散，不服从任何预先规划。我们关于规律性的观念，我们关于合理关系的观念，关于永恒意义的观念——都是纯粹来自经验的。舍斯托夫说，关于这一点胡塞尔自己也明白，只是他认为应当忘记这一点，以便不被开除理性的教籍。舍斯托夫则确认，应当考虑到这一点，必须考虑到这一点：这样就能弄清，即便 $2 \times 2 = 4$ 这样的数学公理，如果没有人们关于数的概念，也不可能存在；观念的实质及其超时间的和永恒的存在，是最暂时的和最短暂的实质。

胡塞尔说数学定律和引力定律是不依赖于人的思维和物体存在的，是在时间之外的、永恒的。对此，舍斯托夫进一步分析指出，应当区分"在时间之外的"和"永恒的"两个概念，这两者完全不是同义词。"在时间之外的"一词按照自己的含义更接近于"暂时的"。

> 观念的本质正是暂时的本质，任何理性证据都不能预防它注定腐朽。尽管观念在世界上还将长久地取得胜利，尽管在面临合理与现实的选择时人总是站在合理一边，尽管胡塞尔所说的观念统治是大多数正常人的心理表达。[2]

在此，我们注意到，舍斯托夫在论述了观念的暂时性之后，马上说了

---

[1] Шестов Л. Memento mori (По поводу теории познания Эдмунда Гуссерля), VI // *Сочинения в 2-х томах*. Т. 1. Москва: Издательство «Наука», 1993, C.220-221. 参见舍斯托夫：《钥匙的统治》，张冰译，上海：上海人民出版社，2004年，第175页。

[2] Шестов Л. Memento mori (По поводу теории познания Эдмунда Гуссерля), VI // *Сочинения в 2-х томах*. Т. 1. Москва: Издательство «Наука», 1993, C.222. 参见舍斯托夫：《钥匙的统治》，张冰译，上海：上海人民出版社，2004年，第177页。

三个"尽管"。这三个"尽管"对理解舍斯托夫思想的一般特点及其与胡塞尔的分歧，都很有意义。胡塞尔用数学公理和物理学定律"在时间之外"这一理性证据来证明观念的超验性、永恒性，舍斯托夫则相反，断言观念是暂时的、注定腐朽的；另一方面他又承认胡塞尔所说的观念统治表达了大多数正常人的心理，人们总是选择合理性，观念将会长久胜利。这里是否有自相矛盾？既然观念在世界上将长久胜利，在人的现实生活中起支配作用，也符合大多数人的心理，那么，难道这些不足以说明胡塞尔的观念论是正确的吗？还根据什么断定观念的注定腐朽呢？

如果我们进一步分析就会发现，所谓观念的胜利，理性的统治，只是理性主义者对人类现实生活的判断，或许只是社会生活的外部表象。因为，一方面，在现实生活中，正义与善的观念并不总是能够战胜邪恶的观念，理性的力量也并不总是能够克服情感的冲动；另一方面，在生存的"临界境遇"，在生命悲剧的"深渊"中，一切理念都将显得苍白无力，人们只寄希望于超越的上帝拯救。这样，我们可以说：胡塞尔是现实主义者，他关于观念的胜利和理性统治的思想符合大多数正常人的心理和愿望这一现实；同时，胡塞尔更是理想主义者，因为观念的胜利和理性的统治在根本上是人类的应有理想。这种理性主义背后是其固有的人论和哲学观，即"人是理性存在物"，哲学应当给人提供走向理性统治的道路和力量。舍斯托夫是另一种意义上的理想主义者，他不顾大多数正常人的心理现实，不顾理性在社会生活中的现实作用，仍然宣布观念注定腐朽。那么什么东西是永恒的、不朽的呢？是真实生命，是自由意愿。但这种真实生命和自由意愿在现实生活中是不可能的，或者确切地说，是无法实现的，它们表现于世界中的形式是生存"悲剧"和"争取不可能之物的斗争"，其目标也是一种理想；但舍斯托夫更是现实主义者，他的"悲剧哲学"和"斗争哲学"不是关于理性和道德的说教，而是力图揭露理性主义关于人的神话，展现人自身生存状态的真实，人实现自由所进行的斗争意志及其产生的悲剧体验，是最大的生命真实。

第五节　巴黎：理性与生命

1928 年 7 月 13 日，在与舍斯托夫在阿姆斯特丹初次会面后不久，胡塞尔写信给罗曼·英伽登说："我在荷兰过得很好，我很愿意在那里再多住些天。在当地听众中还有一位俄国人——舍斯托夫（就是在《哲学评论》上尖锐地攻击我和赫林的那个人）。他在辩论中的冲动举止和热烈情绪给我带来很大的愉悦。他劝我预先同意去巴黎作报告（巴黎人托他向我打探），几周前我果然收到了非常热情的正式邀请。"[1] 正是由于这次会面时舍斯托夫从中牵线，才有了胡塞尔的 1929 年 2 月 20 日至 3 月 8 日的巴黎之行和发表学术报告，即《巴黎讲演》，其中通过对笛卡尔哲学的解释简要阐述了现象学方法。在巴黎期间，胡塞尔得以同法国哲学家进行了进一步接触。

1929 年 2 月 23 日和 25 日，胡塞尔在索邦大学作了两场报告，有法国著名哲学家列维纳斯和马塞尔等人出席。聆听了第一场报告的捷克哲学家扬·帕托契卡在回忆胡塞尔的文章中说，他看见舍斯托夫在胡塞尔演讲结束后一跃而起地奔上讲坛，去向受到他如此多批评的人表示热烈祝贺。[2] 2 月 26 日，法国方面在索邦大学宴会厅为胡塞尔举行了盛大的招待会。

2 月 27 日，舍斯托夫邀请胡塞尔到自己家中做客，这是他与胡塞尔的第三场会面。

在这次谈话中，舍斯托夫向胡塞尔提出了这样的问题：苏格拉底被毒死了，这个事实是真实发生的。苏格拉底的学生柏拉图感到"被这一事实真理所压迫"，他不能不说、不能不想这样一个问题：世界上有没有一种力量和权力能够彻底迫使我们赞同这一事实？换句话说，世界上有没有一种力量能够超越这一事实真理？

这显然是在理性与信仰边界上的问题。或者确切地说，是从信仰世

---

[1] Баранова-Шестова Н. *Жизнь Льва Шестова. По переписке и воспоминаниям современников*, Paris: La Presse Libre, Том 2, С. 12.

[2] 参见扬·帕托契卡：《回忆埃德蒙德·胡塞尔》，倪梁康译，见倪梁康编：《回忆埃德蒙德·胡塞尔》，北京：商务印书馆，2018 年。

向理性世界提出的问题。在理性范围内，这样的超越力量显然是不存在的，甚至根本不可能提出这样的问题。舍斯托夫自己回答说，按照希腊哲学传统，对亚里士多德来说，这样的问题是不存在的，是荒谬的，亚里士多德相信，"毒死苏格拉底"和"毒死一条狗"的真理都同样是不顾任何人和神的反对而永远存在的。毒芹不区分苏格拉底和狗，我们也不应当区分。

舍斯托夫回忆说，在对胡塞尔提出了这个问题之后，原以为会引起胡塞尔的愤怒，但结果却不是这样。胡塞尔全神贯注地倾听，仿佛在他的内心深处早已领悟到，亚里士多德的"被真理所迫"中隐藏着某种错误和背叛。他似乎感到，亚里士多德的信念是建立在沙土之上的。当然，我们现在从外部来看，胡塞尔之所以认真倾听，没有反驳，或许是出于作为客人的礼貌，况且他的巴黎之行也得益于舍斯托夫的推荐。

后来，胡塞尔把舍斯托夫论述这一问题的文章《被缚的巴门尼德》发表在《逻各斯》杂志上，虽然这篇文章的篇幅和观点都不适合这份杂志，因为文中对"人们永远也无法摆脱像'苏格拉底被毒死'这样的事实真理"这一理性信念提出了争议。文章发表后，胡塞尔还写信给舍斯托夫说："你的道路和我的道路是不同的，但我理解和重视你提出的问题。"[1]

实际上，他们二人的哲学观不仅道路是不同的，而且出发点和立场也是不同的。胡塞尔企图克服传统哲学的不严格性，建立科学的哲学，用现象学方法和观念论赋予知识以坚实的基础，这些努力都是以理性为前提的。这一理性前提、理性的无限权力，正是舍斯托夫的批判对象。

那么，舍斯托夫具体批评了胡塞尔理性主义的哪些方面？他是站在怎样的立场，或用怎样的论据来批评的呢？

这一批评主要在三方面。首先，舍斯托夫批评胡塞尔的认识论不限于科学认识领域，而是以证明理性为目的。他指出，如果胡塞尔哲学不奢望发现"最高存在物"，那么，它或许能够满足自己的使命。它可以作为对数学和类似数学的科学的认识论而为自己找到证明。但它想要的更多，胡塞尔哲学要回答人类的"永恒"问题。胡塞尔自己对"什么是哲学"这一

---

[1] Шестов Л. Памяти великого философа (Эдмунд Гуссерль) // Вопросы философии. 1989 №1.С. 147.

问题的回答是:"哲学本质上是一门关于真正开端、关于起源、关于万物之本的科学。"[1] 与此相符合,胡塞尔的认识论也和其他认识论一样,其目标是无论如何都要恢复和证明理性。胡塞尔一次也没有说,认识论应当用一切方法来检验理性是否真的拥有它所要求的主权。而在舍斯托夫看来,认识论的任务正应当在于检验理性的权限,或是对理性的批判。认识论的基本问题不是"知识是如何可能的"这个问题,而应当是:为什么现有的东西不符合我们想要有的东西?有人说这不是认识论问题。舍斯托夫强调,无论什么是认识论问题本身,这个问题都比"外物是怎样进入我内心的"问题更加是认识论问题。

然而,我们看到,真正的理性批判在哲学史上是没有的,康德的理性批判只是对独断论形而上学的批判,而不是对理性本身的批判。按照舍斯托夫的观点,只有在《圣经》"创世记"中上帝说的"知"等于"死"才是真正的理性批判。知善恶,意味着人凭借自己的理性判别善恶。这样的知识导致了人被逐出伊甸园,成为有死的。

其次,舍斯托夫批评胡塞尔的现象学最终回到了观念论和主体性,从而使理性把活生生的现实拒之门外。如果"事情本身"或现象的真实性是依靠明见性来保障的,而明见性又依赖于意识、自我或主体性,那么,所谓"事情本身"便归结为纯粹意识或先验主体性。因此,现实存在便成为不可能的。如舍斯托夫总结的:"全部现实之物,即胡塞尔所说的此时此刻存在着的东西,在理性面前是最纯粹的荒诞,不可能得到任何证明。我们还可以接受关于现实的观念,关于现实之物存在于其中的空间和时间的观念,但我们的理性不能接受现实本身。"[2] 舍斯托夫看到,在胡塞尔学说中,在观念存在与现实存在之间,或用胡塞尔的话说,在理性与现实之间,存在着不可调和的对抗,及争取自己存在权的斗争。理性争取到的越多,留给现实的位置就越少。

再次,舍斯托夫批评胡塞尔赋予理性和观念以决定宗教问题和给历史

---

[1] 胡塞尔:《哲学作为严格的科学》,倪梁康译,北京:商务印书馆,1999年,第69页。

[2] Шестов Л. Memento mori (По поводу теории познания Эдмунда Гуссерля), VI // *Сочинения в 2-х томах*. Т. 1. Москва: Издательство «Наука», 1993, С.220. 参见舍斯托夫:《钥匙的统治》,张冰译,上海:上海人民出版社,2004年,第175页。

立法的权力。"胡塞尔希望，观念使他有可能回答全部问题，不仅是描述作为文化形成物的宗教或艺术，而且解决哪种宗教是自身有意义的问题，也就是哪种宗教中发出的是上帝的声音，而哪种宗教中则是用人的声音冒充上帝的启示，或一般地说，世界上有没有上帝。但遗憾的是胡塞尔还没有写出宗教现象学，我敢说他永远也写不出来，因为他不认为自己有权在自己具有无上权威的理性面前提出宗教的意义问题，更不会去解决哪种宗教更有意义，哪种宗教中有终极真理的问题。"[1]

同时，胡塞尔不想向历史学习，他想教训历史，想给历史立法。胡塞尔批评狄尔泰的历史意识是"极端怀疑论的主观主义，使观念、真理、理论、科学都失去了绝对意义"。胡塞尔说："历史学家怎么可以决定已有哲学体系的真理，更有甚者，他又怎么可以决定一门自身有效的哲学科学一般的可能性呢？他怎么能够通过他的教诲来动摇哲学家对他的观念的信仰以及对一门真正哲学之观念的信仰呢？……从历史根据中只能产生出历史的结论。从事实出发来论证或反驳观念，这是悖谬——用所引用的一句话来说就是从石中取水。"[2]

当然，胡塞尔在理性范围内，是不可能提出宗教意义问题的，或者说，这个问题对他来说是无意义的。但在舍斯托夫看来，宗教的意义问题是超出理性和观念范围的；不应由观念来规定历史，更不应以哲学观念来教训历史。

第六节　哲学做什么：证明与批判

概括地说，舍斯托夫是从以下三种立场来批评胡塞尔哲学观的。

第一，两条哲学路线的历史对立。舍斯托夫不是在接受了理性主义的前提下，而是超出了理性范围，站在哲学史上两条思想路线根本对立的立

---

[1] Шестов Л. Memento mori (По поводу теории познания Эдмунда Гуссерля), VIII // *Сочинения в 2-х томах*. Т. 1. Москва: Издательство «Наука», 1993, С.234-235. 参见舍斯托夫：《钥匙的统治》，张冰译，上海：上海人民出版社，2004年，第187页。
[2] 胡塞尔：《哲学作为严格的科学》，倪梁康译，北京：商务印书馆，1999年，第50—51页。

场上。这不是我们熟知的唯物主义与唯心主义的对立，而是服从必然性的思想路线和反抗必然性的思想路线的对立。这也就是雅典与耶路撒冷的对立，理性主义与超理性主义的对立。理性主义"从永恒的观点下"看待世界和生活，封闭于存在和道德的理念世界，回避真正的现实（也就是人和历史非理性的一面）；具有超理性维度的思想路线则起来反抗，对必然性提出挑战，追问真理的强迫性从何而来。按照舍斯托夫的划分，从希腊哲学开始到近现代的大多数哲学家都属于第一条路线，而只有少数哲学家的思想属于第二条路线，主要有普罗提诺、彼得·达米安、克尔凯郭尔、尼采、陀思妥耶夫斯基。

舍斯托夫把胡塞尔的思想归入了第一条路线。他说，胡塞尔在解决自己的问题时是与古希腊哲学家一脉相承的。胡塞尔在论证哲学作为严格科学的时候说："对于严格科学的这样一种完全自觉的意愿，规定了苏格拉底-柏拉图的哲学革命，也规定了近代之初对经院哲学的反动，特别是笛卡尔的革命。它的推动影响到了17—18世纪的哲学，并以极大的力量在康德的纯粹理性批判中得到更新，还影响到了费希特哲学。全部研究一再指向真正的起点、决定性的表述和正确的方法。"[1] 舍斯托夫认为这段话点出了胡塞尔的思想传承谱系：从苏格拉底和柏拉图，经笛卡尔到康德和费希特。

而这条源自古希腊哲学的思想路线具有怎样的特征呢？舍斯托夫认为古希腊哲学家具有一种应当"在永恒的形式下"看待生活的信念，古希腊哲学家还确信只有在我们掌管之下的东西才是真正现实的。阿那克西曼德就有这一信念，赫拉克利特在其"一切皆流逝，无物永驻"之下隐藏的也是这一思想，巴门尼德"思维与存在是同一的"所说的也是这个意思，或许，古希腊哲学的开端的确是对人的软弱无力的意识。古希腊哲学家关于一切都争论，唯有对一点坚信不疑：世界上有不可克服的必然性，它为人设定可能性与不可能性的界限，它是宇宙的最高原则。

---

[1] 胡塞尔：《哲学作为严格的科学》，倪梁康译，北京：商务印书馆，1999年，第5页。Шестов Л. Memento mori (По поводу теории познания Эдмунда Гуссерля), II // *Сочинения в 2-х томах*. Т. 1. Москва: Издательство «Наука», 1993, C.196. 参见舍斯托夫：《钥匙的统治》，张冰译，上海：上海人民出版社，2004年，第156页。

胡塞尔的理性至上思想就是与此一脉相承的。他坚持认为没有任何权力能够与理性相当和超过理性，在逻辑和几何学上无意义的东西，在心理学和现实上也是不可能的，理性要求传唤真理到自己的法庭受审，也就是向真理要求合法根据等；因为只有在这些条件下哲学才能成为严格的科学。舍斯托夫则坚决主张，理性没有它所奢望的权力。在逻辑上无意义的东西，在心理上是可能的。真理不需要向任何人出示合法证件就可以进入生活。单个的、活的人，当他们摆脱了几百年来形成的"先验观念"的魔力之后，他们就会拥有所希望的自由，就不会去斯宾诺莎的数学公理那里寻找真理。真理不需要任何根据——难道它自己不能支撑自己吗？终极真理，哲学所寻求的真理，对活人最重要的真理，是"忽然"到来的。真理本身不知道强迫，也不强迫任何人去做什么。

　　第二，舍斯托夫从生命边界的观点批评胡塞尔主张的理性。理性在大多数人生活的正常状态下具有决定作用。理性主义者惧怕和憎恨边界。他坚守于中间地带和中心，周围分布着他所研究的点和面，他只是根据中心的需要来接受他在途中遇到的现象。但是，在存在哲学家所说的"临界境遇"，在生命的边缘，情况就大不相同了。在这里，不是从外围指向中心的向心力占据主导，而是离心力凸显出来。舍斯托夫指出，一个不争的事实是，与明显的、总是能被大家看见的向心力一道，在人的心灵中还有离心力——当然这些离心力是不那么明显的，不那么经常的，几乎是看不见的，因此是很少被发现的，少到如此程度，乃至每当它们表现出来并以自己的出现破坏甚至歪曲人们制定的生活秩序时，我们都会感到惊讶，就好像我们眼前发生了某种超自然过程一样。但事实毕竟是事实，无论理性对此怎样愤怒。柏拉图说得对：人们不仅活着和营造自己的生活，而且也在走向死亡和为死亡做准备。当死亡的气息吹临他们的时候，他们就不再力图靠近那个把他们和其他人联系在一起的中心了，而是相反，竭力挣脱中心，奔向那些昨天还认为是永恒的边界之外。他们首先会努力摧毁那关于意识统一性的幻想，摧毁这一幻想所依赖的明见性。用现代语言来讲，他们需要跨越到从实证科学和数学的事实中演绎出来的人类真理与谬误的"彼岸"。在这种状态下，哲学已经不愿意且不可能成为汇集普遍真理的严格科学了。"哲学要追求的真理不想成为所有人的真理。"尽管令所有人信服的真理被胡塞尔说成是超时空的,但在此不再被看重。"在'具体的'现实中比现象学中所发现的全部观念有更多的永恒成分。"[1]这里出现了怎样理解永恒的问题。在存在哲学家这里,永恒在时间之外,精神生命的绽放瞬间也是永恒。

虽然大多数人认为,与情感、意志、信仰相比,理性是更加稳定和可靠的。在没有到过生命边缘、没有经历过重大灾难和危机、没有体验过临界境遇的人看来,无限权力属于理性是正当的,在此没有任何可怕的和威胁人的东西。但在舍斯托夫看来,如果决定什么是可能之物和不可能之物,即决定可能之物的界限的权力完全被理性霸占了,如胡塞尔所说的,理性下命令,人应当服从,而且不仅应当服从,还要崇敬地、快乐地服从,那么,在这种情况下,则会产生更加不可克服和不可忍受的生存恐惧。

理性的绝对必要性和重要作用是无可置疑的,理性不可能决定一切。理性主义不断重复的错误是它相信理性的无限权力,"最错误的结论是:既然理性已经做了许多,那么它就能做一切。许多——不意味着一切:许多和一切是不同的,不能把一个归结为另一个"[2]。舍斯托夫认为,胡塞尔说"我们关于任何一个主观表达都可以被代之以客观表达的论断,所说的不是别的,正是客观理性的无限性"[3],这一大胆的说法就是犯了这样的错误。舍斯托夫说自己不能完全相信胡塞尔真的"敢于希望"人的理性在经过了现象学方法的培训之后,能够"为我们解决世界和生命之谜"。他认为胡塞尔虽然是这样说的,但他不是这样想的。

> 确切地说,胡塞尔还完全没有真正地想过世界之谜和生命之谜,他也像大多数忙碌的人一样,把这些问题的解决一天天地推迟。他总

---

[1] Шестов Л. Memento mori (По поводу теории познания Эдмунда Гуссерля), VII // *Сочинения в 2-х томах*. Т. 1. Москва: Издательство «Наука», 1993, С.230. 参见舍斯托夫:《钥匙的统治》,张冰译,上海:上海人民出版社,2004年,第183—184页。

[2] Шестов Л. Памяти великого философа (Эдмунд Гуссерль) // Вопросы философии. 1989 №1.С. 152.

[3] 胡塞尔:《逻辑研究》德文版,第2卷,第80页。转译自 Шестов Л. Memento mori (По поводу теории познания Эдмунда Гуссерля), IX // *Сочинения в 2-х томах*. Т. 1. Москва: Издательство «Наука», 1993, С.238。参见舍斯托夫:《钥匙的统治》,张冰译,上海:上海人民出版社,2004年,第189页。

是使自己保持在存在的中间地带，从来没有达到存在的边界，而只是根据这样一种推测来谈论边界，即由于存在的"统一性"，任何研究过中间地带的人，通过推理也可以做出关于边界的判断。在这一假定（推测）中包含着理性主义的意义和吸引力，我认为，这一假定也是哲学领域中最令人忧郁的误解的源泉，或许也是一种堕落，胡塞尔感觉到了，但不善于把它找出来。[1]

因为生命之谜的关键不在中间地带。按照舍斯托夫的说法，人的生命和世界生命的中间地带既不像赤道，也不像两极。不像到如此程度，乃至从中间地带的所见推论出边界上的一切，不但不意味着走向真理，而且意味着脱离真理，远离生命真理。

第三，舍斯托夫用生命真理来对抗胡塞尔的理性真理。日常的知识真理、理性真理是必要的，但在某些特殊时刻，人的苦难和眼泪将会战胜知识所带来的真理，而诉诸"启示真理"，只有启示真理才关心人的生命的终极需要。舍斯托夫认为，现代欧洲思想认为自己通过科学发展和人类理性已经超越了启示真理，这是错误的，在知识、理性中寻求哲学真理、形而上学真理的道路是根本错误的，用现象学方法来弥补知识论之缺陷的做法也注定是无成效的。胡塞尔屈从于强制性的真理，并把真理的普遍性和客观性最终归结为理性的明见性。然而，"人的眼泪要比明见性所揭示出来的必然性更加强有力，启示真理宣告，通往本原、源泉和生命根源的道路要通过向造物主求告的眼泪，而不是通过那追问'现实之物'的理性"[2]。

舍斯托夫用胡塞尔与克尔凯郭尔的对比来说明两种真理观的对立。"胡塞尔在把真理绝对化的时候，不得不把存在相对化，确切地说，把人的生命相对化。"[3] 胡塞尔局限于知识和理性范围内，在胡塞尔的天平上，海沙重于人的苦难，在克尔凯郭尔的天平上（和在约伯的天平上一样），

---

[1] Шестов Л. Memento mori (По поводу теории познания Эдмунда Гуссерля), VIII // *Сочинения в 2-х томах*. Т. 1. Москва: Издательство «Наука», 1993, С.233-234. 参见舍斯托夫：《钥匙的统治》，张冰译，上海：上海人民出版社，2004年，第186页。

[2] Шестов Л. Памяти великого философа (Эдмунд Гуссерль) // Вопросы философии. 1989 №1.С. 159.

[3] Шестов Л. Памяти великого философа (Эдмунд Гуссерль) // Вопросы философии. 1989 №1.С. 154.

人的苦难重于海沙。胡塞尔躲藏在"服从"、永远服从的保护之下,克尔凯郭尔则冲向那个被人的思想遗忘了的神秘难解的"命令"。

怎样看待这两种对立真理观的影响和意义?舍斯托夫不是封闭于犹太教–基督教信仰世界的神学家,而是生活于当代世界的哲学家。他关于两种真理对立的观点完全不是为了在现代生活中用宗教的启示真理来战胜理性真理,而且他也清楚地知道这是不可能的,但他通过对两种对立真理观–世界观的揭示来批评理性的霸权,凸显信仰的生命意义。这样,一方面,他不认为胡塞尔与克尔凯郭尔的对立会彻底唤醒和改造现代思想,使其走向信仰真理,因为"文明的人永远也不会到古老的、蒙昧的民族所创造的经书里寻找真理";但另一方面,舍斯托夫说,"这是否意味着,克尔凯郭尔和胡塞尔的非此即彼将永远被人类抛弃呢?是否意味着克尔凯郭尔的'荒诞'迟早要从人的意识中被根除呢?我不这样认为。在人的精神活动的总结构中,克服明见性的尝试具有自己的虽说是看不见的、但却是无可估量的巨大意义"[1]。

舍斯托夫与胡塞尔哲学观点的差异和争论完全没有影响他们之间的个人友谊。相反,正如胡塞尔自己说的:"从来没有人像他这样尖锐地攻击我,——我们的友谊就是由此而来的。"[2] 当然,我们也应当承认,舍斯托夫对胡塞尔的批评是一种外在的批评,他并没有真正进入胡塞尔的概念体系和论证逻辑内部去发现其中的漏洞与缺陷,而是从自己的哲学观出发来批评胡塞尔哲学的前提和立场,因此,胡塞尔无需也无法作出具体的反驳。舍斯托夫的批评在胡塞尔在世和之后的现象学思想史上没有产生很大影响,这是与舍斯托夫哲学的风格和特点有密切关系的。

其实,如果站在他们二人的出发立场之外,从更加广义的哲学观点来看,舍斯托夫与胡塞尔的对立并非那样绝对。胡塞尔的理性主义不是没有看到人的生命中的非理性现实,而是认为这是原始的、自发的、混沌的、昏暗的、对人的精神生长无意义的,因而对哲学思维无价值的领域,而哲学思维要做的正是克服和超越这一领域。舍斯托夫的存在哲学

---

[1] Шестов Л. Памяти великого философа (Эдмунд Гуссерль) // Вопросы философии. 1989 №1.С. 160.

[2] Шестов Л. Памяти великого философа (Эдмунд Гуссерль) // Вопросы философии. 1989 №1.С. 144.

也不是否定理性的力量和精神理想的价值，而是反抗理性的全能，反抗理性的话语霸权抹煞生命的多样性和自由。这种哲学所关注的焦点是个人生命的内在体验，是无法言说的，更不能构建出概念体系，只能提出问题，这些问题只能在个别思想家的思想边缘或话语背后找到某些共鸣。正是由于舍斯托夫在众多大思想家"灵魂中的漫游"，体现出他哲学思想深刻的批判精神。

舍斯托夫的哲学是提出问题的哲学，不是"证明"的哲学，而是"批判"的哲学。

附录　尼·别尔嘉耶夫：悲剧与日常性[1]
——舍斯托夫《悲剧哲学》与《无根据颂》书评

徐凤林 译

　　我们身边还有这样一些活人，他们的生存比被安葬的死人更加令我们不安。我们身边还有这样一些人，他们都没有世间的希望，都陷入绝望，都因生活的恐惧而发疯。拿所有这些人怎么办呢？有谁会担负起埋葬他们这一非人能担负的义务吗？[2]

　　苏格拉底、柏拉图、善、人道、理念——从前那些保护纯朴的人心不受怀疑主义和悲观主义恶魔攻击的所有天使和圣徒，都消失得无影无踪了，人面对最可怕的敌人有生以来第一次感到了一种只靠忠诚和慈爱的心不可能摆脱的可怕的孤独。悲剧哲学就是从这里开始的。[3]

---

[1] Статья убликовалась в «Вопросах Жизни», март, 1905 г. // Шестов Л. *Сочинения в двух томах.* Томск: Издательство «Водолей», 1996. Том 1(Приложение), С.467-491.

[2] Шестов Л. Достоевский и Ницше (Философия трагедии). *Предисловие* // *Сочинения в двух томах.* Т.1. Томск: Издательство «Водолей», 1996, С.319. 参见舍斯托夫：《思辨与启示》，方珊等译，上海：上海人民出版社，2005 年，第 189 页。

[3] Шестов Л. Достоевский и Ницше (Философия трагедии). Глава 11 // *Сочинения в двух томах.* Т.1. Томск: Издательство «Водолей», 1996, С.369. 参见舍斯托夫：《思辨与启示》，方珊等译，上海：上海人民出版社，2005 年，第 245 页。

良心自己作了恶！[1]

整个世界与一个人发生冲突，仿佛这是两个大小相等的力量。[2]

尊重伟大的丑陋、伟大的不幸、伟大的失败！这是悲剧哲学的最新成就。[3]

——列夫·舍斯托夫

很难写这样一个如此私人的、如此远离众人关注、远离时下普遍兴趣的题目。但我们将维护自己写有趣的、哪怕只对少数人来说是重要的问题的权利。我将完全不谈论政治，它现在虽然吸引我们的兴趣，却很难将我们根深蒂固的自发的政治热情、我们的政治憎恶、我们的政治梦想与悲剧哲学联系在一起。我很清楚，我们的政治态度与我们的理论无关，与我们致命的怀疑无关，而是以我们的亲身感受为根据的：我们不能忍受国家暴力的可恶气味，我们自发地、超理性地热爱自由，我们崇敬为权利而斗争的品德。噢，我们可以不相信建设良好幸福的人类，甚至可以不愿意有这样的人类，由日常琐事构成的整个政治斗争机制，会令我们感到厌烦和无聊，我们早就可以切断与各种类型的进步信仰和人类宗教的全部联系了，但当危机时刻到来的时候，我们全部的内在感受还将翻转过来，我们根深蒂固的习惯、几乎是超验的感觉，还将转向大众的政治关注对象。在我们对反动、暴力、背叛、剥削的可恶气味的明显憎恨面前，在纯洁的激愤面前，一切有问题的想法和隐秘的观点，一切对日常普通事物的价值的致命怀疑，都后退了。在我们对"时下"的态度中仿佛可以感觉到一种牢固的、不可动摇的根基及其与"永恒"的联系。我们可以怀疑善，怀疑进步，怀疑科学，怀疑上帝，怀疑一切崇高价值，我们可以怀疑自己和他人的存在，

---

[1] Шестов Л. Достоевский и Ницше (Философия трагедии). Глава 14 // *Сочинения в двух томах*. Т.1. Томск: Издательство «Водолей», 1996, С.381. 参见舍斯托夫：《思辨与启示》，方珊等译，上海：上海人民出版社，2005年，第259页。

[2] Шестов Л. Достоевский и Ницше (Философия трагедии) Глава 22 // *Сочинения в двух томах*. Т.1. Томск: Издательство «Водолей», 1996, С.423. 参见舍斯托夫：《思辨与启示》，方珊等译，上海：上海人民出版社，2005年，第305页。

[3] Шестов Л. Достоевский и Ницше (Философия трагедии) Глава 29 // *Сочинения в двух томах*. Т.1. Томск: Издательство «Водолей», 1996, С.463. 参见舍斯托夫：《思辨与启示》，方珊等译，上海：上海人民出版社，2005年，第348页。

但我们仍然毫无疑义地认为背叛是下流的，我们仍然不能忍受《莫斯科公报》的臭味，我们和从前一样憎恨警察的暴力，我们对自由的渴望仍然是不可消除的。政治热情在人的本性中有其超验的根源，我们对"时下"的态度是靠这些根源来保障的。所有这一切都像噩梦一样压迫着我们，包括所有这些"大众关注的事件"，这个面目狰狞的"时下"政权，这种以人的相对自由权的名义对绝对自由和创造的践踏。我们在这里遇到了某种双重反动和双重暴力，我们不幸地处于被撕裂的状态。面对死亡恐惧，我们应当挣脱已无法忍受的暴力，这使我们自发地参与"时下"的斗争，但同时我们又反抗政治斗争的一切技术的暴力，即政治斗争的斤斤计较和贪权手段对于我们的终极创造的自由和我们追求"永恒"的权利的暴力。在政治斗争的心理学和形而上学中，在不断用"手段"偷换"目的"的政治热情中，还有许多费解的东西和几乎是神秘的东西。我们所说的噩梦存在于全部革命时代，压迫过许多思想复杂的、感觉到对永恒的权利的人们。这种双重性是不可克服的和悲剧性的，但它毕竟能使我们的基本政治情感和愿望保持不可动摇。

※　　　※　　　※

人类文化在自己的根本上是二重性的，但这种二重性还从来没有像我们时代这样尖锐、悲惨和危险。在现代文化的表面上，一切都或多或少被抹平，一切都一点一点地安排好，正在进行着健康的、生命的斗争，发生着进步。当然，现代社会的文化是由"矛盾"创造的，这些矛盾甚至肉眼都看得见：无产阶级与资产阶级之间的矛盾，进步与反动之间的矛盾，实证"科学"与唯心主义哲学之间的矛盾，最后是某种"善"与某种"恶"之间的矛盾。但在这些"矛盾"中还没有任何悲剧因素，这是斗争的冲动，这样生活进行得更加热烈。

这就是"历史的大道"，人类社会在这条大道上安排生活，走向未来的幸福。在这条大道上一切都踏实可靠的，尽管有许多"矛盾"，有一切看得见的生活苦难和恐惧。安身于"大道"上,抓住这上面的某种被认为有价值的东西,也就意味着在生活中给自己找到了位置,把自己安置于日常的和普遍的"善"与"恶"的范围内。在历史的大道上找到自己故乡的人,就暂时为自己找到了免于陷入悲剧的保障。关于在深处、在地下王国里发生了什么,关于最隐秘和最重要的东西,人们在现代世俗文化的表面很少谈论,或者以十分抽象的、概括的和圆滑的、适应于"历史目的"的形式来谈论。

但是地下的小溪开始冲上地面,并带来了地下沉积的东西。现代文化把生命的悲剧问题赶入地下;在那里空前尖锐地提出了个体问题、个人命运问题,在那里发展了病态的个人主义,"善"本身被要求为单独的"自我"个人的悲剧牺牲负责。在地下发展了人的空前孤独,断绝于世界,一个人与世界的对立。这一地下工作在现代文化中表现出来,在颓废派艺术中表现出来,颓废派是一种很深刻的现象,不能将其仅仅归结为一种当代艺术流派。我们文化之中复杂的、精致的人不能容忍这样的人格分裂,他要求普遍的历史过程把他隐秘的个人悲剧放在中心,他诅咒善、进步、知识和类似的公认幸福,如果这些东西不想考虑到他被扼杀的生命、他破灭的希望和他命运的悲剧恐怖的话。在欧洲出现了尼采,在我国出现了陀思妥耶夫斯基,这是真正的革命,不是外在政治意义上的,而是最深刻的内在革命。

人经历了前所未有的新体验,脚下失去根基,崩溃了,悲剧哲学应当研究这一体验。个人命运的悲剧在一切时代都有,它伴随着全部生命,但是,深切的经验,在精微性和复杂性上都是前所未有的体验,以新的方式尖锐地提出了个体性问题。历史上有过解决个人灵魂命运问题、找到摆脱悲剧的出路的伟大尝试——这就是基督的宗教。基督教承认个人灵魂的绝对意义和其命运的超验意义。这是悲剧的宗教,它至今还统治着人们的思想,有意识的或无意识的。但企图在它的帮助下解决现代悲剧,拯救地下人和颓废者,这种企图已经被称作新-基督教。现代基督教复兴经历着任何一种复兴的命运。从前的、曾经是伟大的创造,掩盖了新的创造、新的探索。而地下的悲剧正在书写着自己的哲学。

问题是：那些被科学和道德所拒绝的人们还有没有希望？也就是说，悲剧哲学是不是可能的？[1]

※　　　　※　　　　※

这一切都是导言，我现在转到列夫·舍斯托夫，早就应该写他了。我认为忽视舍斯托夫的著作是非常不公正的，这种忽视的唯一解释是，舍斯托夫的主题和研究这些问题的方法对历史大道来说是不需要的，这是地下的小溪，只对为数不多的人是明显的和需要的。在自己的世界观中安置良好的"实证主义者"或"唯心主义者"，把自己与普遍的生活牢固地联结在一起，他们只会耸耸肩，感到困惑不解，舍斯托夫为什么提出不必要的恐慌。在我看来，正是舍斯托夫著作的这种深刻的不必要性，这些著作的不可通用性，使它们变得特别有价值和有意义。舍斯托夫是一位非常有才气、非常独特的作家，我们这些没有安置好的、永远在寻找的、充满恐慌的、理解什么是悲剧的人，应当重视这个真诚而独特的人如此尖锐地提出的问题。我认为舍斯托夫是我国文学中的大人物，是现代文化二重性的重要征候。

刚刚出版了舍斯托夫的书《无根据颂》，但我想一般地写舍斯托夫，甚至主要写他的前一本书《陀思妥耶夫斯基与尼采》，我认为这是他最优秀的著作。我感到很可惜，"无根据性"开始写自己的"结局"（Апофиоз）[2]，无根据性在此成为教条式的，尽管这本书的副标题是"非教条式思维的尝试"。丧失一切希望的无根据性变成了安心的独特体系，因为绝对的怀疑主义同样能够扼杀不安的探索，和绝对的教条主义一样。无根基性、悲剧性的无根基性，不可能有另外的"结局"，除了宗教的结

---

[1] Шестов Л. Достоевский и Ницше (Философия трагедии). *Предисловие // Сочинения в двух томах.* Т.1. Томск: Издательство «Водолей», 1996, С.328. 参见舍斯托夫：《思辨与启示》，方珊等译，上海：上海人民出版社，2005年，第197页。

[2] 别尔嘉耶夫在此似乎把舍斯托夫的《无根据颂》（*Апофиоз беспочвенности*）理解为《无根据的结局》。因为Апофиоз一词兼有"颂扬"和"庄严结局"两个意思。我们根据舍斯托夫这部著作的内容仍然倾向于理解为"无根据颂"。

局之外，而这已经是肯定的结局。悲剧的主题在"结局"中被削弱了，这也是某种悲剧性的命中注定。

首先谈谈舍斯托夫的"心理学"方法。"'理性与良知'的千年王国对人来说结束了；开始了新纪元——'心理学'时代，这个时代在我们俄国是陀思妥耶夫斯基最先开辟的。"[1] 舍斯托夫首先反对和最憎恨的是任何体系、一切一元论，一切理性对生动的、具体的和个人的现实的暴力。他渴望揭开埋在托尔斯泰、陀思妥耶夫斯基和尼采作品下面的现实，他感兴趣的不是"文学"和"哲学"，不是"思想"和"理论"，而是所有这些作家的真实感受，他们的真实灵魂和活的经验。在舍斯托夫那里过分理想主义地要求真实，无论如何的真实，真实与虚伪对他来说是最基本的范畴。在这一基础上甚至形成了一种独特的认识论乌托邦：否定概括、抽象和综合的认识论价值，最后否定一切理论，一切思想体系，把它们揭露为虚伪之物，努力争取某种新型的认识，也就是认识个人的现实，直接体验，再现活的经验。他希望写出的作品不是文学，希望其中没有"思想"，而只有感受本身，经验本身。音乐对舍斯托夫来说高于一切，他希望哲学变成音乐或至少更具有音乐性。他之所以开始写格言，也是因为害怕对自己个人体验的暴力，害怕把自己的经验理性化。

在这一切中有许多对理性主义和一元论霸权的正当反抗。心理学方法很有成果，但这里也有某种无望的、巨大的误解。

感觉只能感受，活的经验只能体验，而一切文学，一切哲学，都已经是对感受和经验的加工，这是完全注定的。格言也是人为的，也是对混乱的感觉的理性化，也是由判断句构成，虽然这些判断不是人人必须遵守的。舍斯托夫在音乐中仍然要表达他所追求的关于自己心灵的真理，而音乐是早已存在的，不是为任何人定做的，结果是，从前的认识方法被废除了，但任何新方法也没有出现。"我开始惊奇和疑惑地发现，有一种东西最终成为'思想'和'连续性'的牺牲品，这就是在文学创作中最应当维

---

[1] Шестов Л. Достоевский и Ницше (Философия трагедии). Глава 7 // *Сочинения в двух томах*. Т.1. Томск: Издательство «Водолей», 1996, C.352. 参见舍斯托夫：《思辨与启示》，方珊等译，上海：上海人民出版社，2005年，第225页。

护的东西——自由思想。"[1]在这个地方我抓住了《无根据颂》作者的矛盾。什么是自由思想，什么是思想？这已经是某种"前提"，因为任何思想都已经是用那种致命的工具来对体验进行加工的结果，我们把这种工具叫作理性，在思想中已经必然具有"连续性"。

　　人的感受，人的经验有许多种表现方式，许多种加工方法。为此有音乐，也有哲学，哲学对经验实施自己的作用必然要借助于理性，即能够抽象、概括、综合，能够制定关于我们新经验的理论的理性。这是注定的，这"在心理上"是不可避免的，这是人的本性。可以反抗各种理性主义和一元论体系，我对此深为同情，但这样我们就要注定用另外一些非理性的、多元论的体系来取代它们。这从舍斯托夫本人那里也可以看到，他那里，请他原谅我，也有许多"思想"，常常是独特而深刻的。

　　舍斯托夫借助于自己的心理学方法打开了掩盖在托尔斯泰、陀思妥耶夫斯基和尼采作品下面的可怕的新现实，说出了这些令我们内心不安的伟大作家的真实感受。舍斯托夫还是陷入了心理学的公式化，陷入了他所憎恨的抽象和概括。在舍斯托夫那里有几个心理学公式，他把这些公式运用于他所分析的作家，实际上是两个主要公式。按照舍斯托夫，在文学作品中几乎总是通过自我否定和自我辩护，反映出作家的感受。例如，尼采受到来自"善"的苦，不理睬生活，因此他高唱狄奥尼修斯的生命颂歌，反抗"善"。"命运没有容许尼采平静地研究全人类乃至整个宇宙的未来，而是给他，也像给陀思妥耶夫斯基一样，提出一个小小的和简单的问题——关于他自己的未来问题。"[2]"但当命运在尼采面前提出的已不是理论问题，而是实践问题——保存什么，是他所歌颂的人类文化奇迹，还是他孤单的、偶然的生命？在这个时刻，他就将不得不拒绝自己最珍爱的理想并且承认，如果不能拯救一个尼采，那么全部文化、整个世界都一钱

---

[1] Шестов Л. Апофиоз беспочвенноти // Сочинения в двух томах. Т.2. Томск: Издательство «Водолей», 1996, С.4. 参见舍斯托夫：《无根据颂》，张冰译，北京：华夏出版社，1999年，第4页。

[2] Шестов Л. Достоевский и Ницше (Философия трагедии). Глава 19 // Сочинения в двух томах. Т.1. Томск: Издательство «Водолей», 1996, c.407-408. 参见舍斯托夫：《思辨与启示》，方珊等译，上海：上海人民出版社，2005年，第289页。

不值。"[1]

"他在自己的著作中给我们讲述的是自己的生活。这样一种不幸的生活，它暗自破坏一切崇高与伟大之物，它为了保护自己而怀疑人类所崇拜的一切。"[2] 最后，舍斯托夫希望发现"关于人的真相，而不是令所有人厌恶和深受折磨的人的真理"，舍斯托夫渴望绝对的、超人的真理。在尼采作品中，就是这样体现了尼采的"经验"，不顺利的生活，被扼杀的希望，在自己个人命运面前的恐惧。他为了自我保护而重估一切价值，诅咒"善"，因为它不能拯救他免遭毁灭，他在自己关于强力的梦想中，在"强力意志"中否定自己的无力，自己的软弱。这是一种心理学公式，心理学抽象和概括，它无疑阐明了尼采的悲剧，展现了一小块"关于人的真相"。

舍斯托夫为列夫·托尔斯泰设立了另一种心理公式，他关于托尔斯泰说出了许多深刻而正确的思想（是的，就是思想，否则我无法称呼它）。舍斯托夫对待托尔斯泰的态度是很有特点的，他揭露了关于托尔斯泰自己的某些"真相"。托尔斯泰不让舍斯托夫安宁，舍斯托夫对他同时既爱，又恨，又怕，怕托尔斯泰不正确。[3] 显然，舍斯托夫在自己的著作中也否定自己，诅咒"道德"，因为道德妨碍他生活，以自己虚幻的权力压制他。在舍斯托夫关于托尔斯泰的话语背后，展现了他自己的血肉，他暴露了自己。

"但是能不能让自己陷入没落者的等级，让自己承受'完全被剥夺公民权'，失去受人律和神律庇护的权利呢？对此他无论如何也不能自愿地同意。无论怎样都比这样更好。最好与吉提结婚，最好务农，最好伪善，最好自我欺骗，最好像大家一样——只要不脱离人们，只要不成为'被活埋的人'。""这一斗争决定了托尔斯泰伯爵的全部创作，我们在托尔斯泰身上看到了这样一个天才人物的唯一例子，他无论如何都要力图与平凡

---

[1] Шестов Л. Достоевский и Ницше (Философия трагедии). Глава 21 // Сочинения в двух томах. Т.1. Томск: Издательство «Водолей», 1996, С.416-417. 参见舍斯托夫：《思辨与启示》，方珊等译，上海：上海人民出版社，2005年，第299页。

[2] Шестов Л. Достоевский и Ницше (Философия трагедии). Глава 21 // Сочинения в двух томах. Т.1. Томск: Издательство «Водолей», 1996, С.419. 参见舍斯托夫：《思辨与启示》，方珊等译，上海：上海人民出版社，2005年，第301页。

[3] 舍斯托夫在自己的第一部著作《莎士比亚及其批评者勃兰兑斯》中还深受托尔斯泰的影响。

的人为伍，力图使自己成为平凡的人。"[1]"托尔斯泰伯爵遇到了另一种怀疑论，在他面前展开了一个也可能吞噬他的深渊，他看见了死亡在世间的胜利，他把自己看作是活的尸体。他被恐惧所包围，他诅咒自己灵魂的一切最高需要，他开始向平凡者学习，向中庸学习，向庸俗学习，他真实地感觉到，只有用这些成分才能建立一堵墙，它即便不能永远，也能长久地挡住可怕的'真理'。他找到了自己的'自在之物'和先天综合判断，也就是知道了，怎样才能避开一切有问题的东西，建立其人可以赖以生活的坚实原则。"[2]这就是关于托尔斯泰的可怕真相。因为托尔斯泰的基督教确实是"安置好了的人类的理想"。托尔斯泰的宗教和哲学是对他自己所经历的悲剧经验的否定，是在日常性中摆脱崩溃，摆脱一切有问题之物的恐惧。在宏大的探索与这些探索带来的安慰体系之间，存在着巨大的不一致。

这就是舍斯托夫的第二个心理学公式，同样是非常成功的。他也把这样的方法运用于陀思妥耶夫斯基，在陀思妥耶夫斯基身上发现了那些至今没有被充分注意的方面。许多人谈论陀思妥耶夫斯基的上帝，但在陀思妥耶夫斯基那里更厉害的是魔鬼，魔鬼的反叛。陀思妥耶夫斯基的伟大在于伊凡·卡拉马佐夫，而不在于阿廖沙。舍斯托夫揭示了陀思妥耶夫斯基的地下王国。按照舍斯托夫的观点，陀思妥耶夫斯基是"魔鬼的辩护人"。他力图根据《地下室手记》来破解陀思妥耶夫斯基。"显然，没有另外的通往真理之路，只有通过苦役、地下室……然而，难道一切通往真理之路都是地下的吗？一切深度都在地下室吗？但是陀思妥耶夫斯基的作品如果不给我们讲这些，还会讲其他什么东西呢？"[3]在陀思妥耶夫斯基那里，地下室人说"让世界毁灭还是让我不能喝茶？我要说，让世界毁灭吧，让

---

[1] Шестов Л. Достоевский и Ницше (Философия трагедии). Глава 9 // *Сочинения в двух томах*. Т.1. Томск: Издательство «Водолей», 1996, С.360. 参见舍斯托夫：《思辨与启示》，方珊等译，上海：上海人民出版社，2005年，第234页。

[2] Шестов Л. Достоевский и Ницше (Философия трагедии). Глава 9 // *Сочинения в двух томах*. Т.1. Томск: Издательство «Водолей», 1996, С.363. 参见舍斯托夫：《思辨与启示》，方珊等译，上海：上海人民出版社，2005年，第237页。

[3] Шестов Л. Достоевский и Ницше (Философия трагедии). Глава 3 // *Сочинения в двух томах*. Т.1. Томск: Издательство «Водолей», 1996, С.340. 参见舍斯托夫：《思辨与启示》，方珊等译，上海：上海人民出版社，2005年，第211页。

我永远能喝茶"。在这句名言里，个人命运与整个世界对立起来，向"世界"发出挑战，"世界"被要求对个人毁灭做出回应。这是被驱逐到地下室的个体性的悲剧。

按照舍斯托夫的观点，陀思妥耶夫斯基自己就曾经是地下室人，在一个美妙的日子里，他突然袒露了自己内心的这样一种"丑陋和恶劣的思想"："即使理念一千次地取得胜利，即使解放了农民，即使建立了公正仁慈的法庭，即使废除了兵役——即使如此，他的内心并不会因此而感到轻松和愉快。他被迫对自己说，如果取代这一切伟大的和幸福的事件的是俄罗斯遭受不幸，那么他的感觉不会更不好，而且也可能更好"[1]……"如果有一天他少年时代的伟大理想得到实现，那么更糟糕。如果有一天人世间幸福的理想能够实现，那么陀思妥耶夫斯基会预先对此加以诅咒"[2]。"陀思妥耶夫斯基逃离了现实，但当他在路上遇到了唯心主义之后——他又转头回来：全部生命恐惧都不如理性与良知所杜撰的观念更加可怕。与其为捷乌什金流泪，还不如宣布实话：让世界毁灭吧，让我永远能喝茶……人们曾经认为，'真理'安慰人，令人坚强，使人保持精神振作。但地下室的真理完全是以另外的方式构成的。"[3] 下面我再摘录一大段，其中十分尖锐和鲜明地突出了悲剧的本质。"如果人的任务是获得世间幸福，那么这就意味着，一切都将永远毁灭。这个任务只因一个原因就是不可能实现的，这就是，难道未来幸福能够以过去和现在的不幸为代价吗？难道在 19 世纪受侮辱的马卡尔·捷乌什金的命运，会因为 22 世纪任何人也不允许侮辱自己的邻人而变得更好吗？不仅不会更好，而且将会更糟。不，如果真的这样，那么宁愿未来的马卡尔们受侮辱。陀思妥耶夫斯基现在不仅不想为未来的水晶宫的宏伟壮丽准备根据，——而且，他带着这样

---

[1] Шестов Л. Достоевский и Ницше (Философия трагедии). Глава 6 // *Сочинения в двух томах*. Т.1. Томск: Издательство «Водолей», 1996, С.360. 参见舍斯托夫：《思辨与启示》，方珊等译，上海：上海人民出版社，2005 年，第 221 页。

[2] Шестов Л. Достоевский и Ницше (Философия трагедии). Глава 6 // *Сочинения в двух томах*. Т.1. Томск: Издательство «Водолей», 1996, С.351. 参见舍斯托夫：《思辨与启示》，方珊等译，上海：上海人民出版社，2005 年，第 223 页。

[3] Шестов Л. Достоевский и Ницше (Философия трагедии). Глава 12 // *Сочинения в двух томах*. Т.1. Томск: Издательство «Водолей», 1996, С.375. 参见舍斯托夫：《思辨与启示》，方珊等译，上海：上海人民出版社，2005 年，第 251 页。

的想法仇恨地、凶狠地同时又快乐地预先庆祝,这就是,总会出现这样一位绅士,他不容许幸福在世间实现……陀思妥耶夫斯基不想要未来的普遍幸福,不想用未来辩护现在。他要求另一种辩护,与人道理想中的安宁相比,他更愿意以头撞墙直到筋疲力尽。"[1]

按照舍斯托夫的观点,陀思妥耶夫斯基"一生都在与理论上放弃'善'的人战斗,虽然在全世界文学中这样的理论家总共只有一个——陀思妥耶夫斯基自己"。陀思妥耶夫斯基同自己战斗,他为此发明了阿廖沙和佐西马长老,他想拯救自己免遭地下室的悲剧恐怖,向另外一些人传布基督的宗教,传授走出悲剧的古代经验。他努力倾听自己洪亮的布道声音并安慰自己,为自己辩护。舍斯托夫企图通过这样的途径揭露关于陀思妥耶夫斯基的真相,揭露地下室的真相。人们关于陀思妥耶夫斯基的宗教,关于他对俄罗斯的先知意义,已经说了许多,需要指出相反的方面。但舍斯托夫人为地简化了陀思妥耶夫斯基的复杂个性,通过"抽象"的途径抛弃了许多东西。

"魔鬼与上帝交战,而战场是人们的内心",米佳·卡拉马佐夫说。陀思妥耶夫斯基的内心比任何其他人都更是这场永恒战斗的战场。我愿意赞同舍斯托夫的观点,即认为在陀思妥耶夫斯基的创作中,一切有问题的、反叛的、"魔鬼的"东西,都要更加强大得多,而一切正面的、使人和解的、"神性的"东西,则都要软弱得多。他的伟大在于伊凡·卡拉马佐夫,而不在于阿廖沙。但在这一创作的背后隐藏着人性最深的、达到了最后极限的分裂。在陀思妥耶夫斯基心里也住着上帝,因此他的悲剧才这样可怕。下面我还将谈到,任何真正的悲剧都不仅要求"不",而且要求某种终极的"是",没有在"正"和"负"之彼岸的悲剧。

但我也想一般地反对舍斯托夫的心理学公式化,我想维护心理学的个人化。无论是对托尔斯泰、尼采还是陀思妥耶夫斯基,舍斯托夫都把自己投入其中,他给我们讲述了许多有意思的东西,但这些作家都要更加复杂,

---

[1] Шестов Л. Достоевский и Ницше (Философия трагедии). Глава 12 // *Сочинения в двух томах.*Т.1. Томск: Издательство «Водолей», 1996, С.376. 参见舍斯托夫:《思辨与启示》,方珊等译,上海:上海人民出版社,2005 年,第 253 页。

更加富有多面性，在这里，关于人的完全的、彻底的"真相"可能根本就达不到。应当认为，还有另外一些悲剧，人们不是通过舍斯托夫式的途径，而是通过完全另外的途径达到这些悲剧的。对舍斯托夫来说，现代人的悲剧总是面对生命、无力和崩溃的某种惊慌和恐惧的结果。但我认为，过多涌现的生命创造力，过多的勇气，对超人之物和超自然之物的积极渴望，对无限自由的愿望，这些也可能导致悲剧。在这一基础上也可能出现非日常的、超越的经验。舍斯托夫强行让一切都接受一种类型的体验，因此陷入了他所憎恨的一元论倾向的统治。[1]

※　　　※　　　※

悲剧的本质是什么？悲剧开始于人的个人命运与全世界的命运发生断裂的地方，但个人命运总是在发生断裂，甚至在那些不理解悲剧的常人那里，也会因死亡而断裂。生命本身充满死亡，希望的死亡，情感的死亡，力量的消失，疾病的降临。在客观上每个人生都是悲剧性的，但只有某些人才能在主观上感觉到悲剧，这些人自觉而尖锐地提出了关于他们个人命运的问题，他们向所有人都承认的普遍价值提出挑战。在个人之物与普遍之物彼此交织的地方发生崩塌——这就是悲剧的本质。作为活生生的个人存在的我，正在毁灭，正在死亡，虽然我是这样一种存在物：具有无限需要，希望达到永恒、无限力量和自我的终极完善；然而，人们安慰我说，存在着"善"，我们所有人都应该服从；存在着"进步"，它会给未来的人类准备更好的、更快乐的、更完善的存在，不是给我，而是给别人、外人、远人；存在着"科学"，它提供自然规律的普遍知识，这个自然是无情压迫我们的。但"善""进步""科学"，遥远世界的全部价值，都没有力量拯救我，不能还给我任何一个被消灭的希望，不能阻止我的死亡，不能

---

[1] 舍斯托夫有时用令人不快的怀疑和仿佛是揭露的语气，比如他关于梅烈日科夫斯基的文章就是用这样的语调写的，其中有一些尖锐而有道理的评论。这主要是舍斯托夫"方法"的缺点，而不是他个人的写作气质的缺点。

给我开辟永恒。不懂得悲剧且希望用日常性来掩盖悲剧的人,把人的精神渴望的无限性从个人转移到人类,提出要使自己依附于人类的历史命运。他们说:人类是不死的,每一个人只有在人类中才拥有未来。

"让世界毁灭还是让我不能喝茶?我要说,让世界毁灭吧,让我永远能喝茶",悲剧的人这样说。"善"和"进步"等的存在更糟糕,我要求它们为我的命运负责。最重要的是判明,这里所说的不是日常的"利己主义",即认定自己的利益重于他人利益。不是的,日常的"利己主义"是到处都可以遇到的,其中不包含任何悲剧,甚至常常可以保证自己不受悲剧的危害。认为让自己喝茶比让别人喝茶更重要的利己主义者,通常懂得把自己的个人生命与普遍的历史生命联系起来,善于使自己依附于公认的价值,他们常常是有益的人、被需要的人。这里关于"喝茶"的问题是一个哲学问题、伦理问题和宗教问题。这是一个"被诅咒的问题",是陷入地下之国的问题。如果每一个人的个人存在不能得到永生,他得不到最大的快乐、力量和完善,那么,未来人类的、未来无个人的世界的快乐、力量和完善就是应该受到诅咒的。这是个体性的问题,是人的生命的根本问题,是全部宗教的根源,如通常所说的,是神正论的问题。

这也是舍斯托夫的根本问题。他向"善"发出挑战,因为善是软弱无力的,善不能拯救孤独的、失去希望的、走向死亡的人生,而是残害人生的。对舍斯托夫来说最凶恶的敌人是——道德律的神化,康德的绝对命令,托尔斯泰的"善是上帝"。舍斯托夫对善进行了道德审判,令其为那些由于此善而充满历史的牺牲负责。"它(唯心主义)自己备置了绝对命令,此命令使它有权认为自己是这样一位专制君主,他可以合法地把一切拒绝服从他的人看作是应受到拷打和处死的反叛者。每当绝对命令的要求被违反的时候,它就表现出怎样的凶残!"[1] "全部生命恐惧都不如理性与良心所杜撰的观念可怕","'良心'迫使拉斯科尔尼科夫站在了罪犯一边。它的批准、它的赞同、它的同情已经不是带着善,而是带着恶。'善'和

---

[1] Шестов Л. Достоевский и Ницше (Философия трагедии). *Предисловие // Сочинения в двух томах*.Т.1. Томск: Издательство «Водолей», 1996, C.322. 参见舍斯托夫:《思辨与启示》,方珊等译,上海:上海人民出版社,2005年,第192页。

'恶'这两个词已经不存在了。它们被代之以'平凡'与'非凡',并且与前者相联系的是关于庸俗、无用、不需要的观念,而后者是伟大的同义词"[1]。"良心自己作了恶。"[2] 按照舍斯托夫的观点,"拉斯科尔尼科夫的真正悲剧不在于他决心去违法,而在于他意识到自己没有能力迈出这一步。拉斯科尔尼科夫不是杀人犯,他没有犯任何罪。关于高利贷老太婆和利扎维塔的故事是编造的,是诬告,是冤枉"[3]。"他(陀思妥耶夫斯基)的思想在自己灵魂的旷野上徘徊。它从这里带来了地下室人、拉斯科尔尼科夫、卡拉马佐夫等人的悲剧。这些没有犯罪的罪犯,这些无辜的良心谴责也就构成了陀思妥耶夫斯基多部长篇小说的内容。这才是他自己,这才是现实,这才是真正的生活。其他的一切都是'学说'。"[4] "他(拉祖米欣)也许还会建议他做好事,以这种方法来安慰不幸的良心!但是拉斯科尔尼科夫在有一点善念头的时候已经陷入愤怒。在他的思维中已经感觉到了绝望的冲动,这一冲动后来对伊凡·卡拉马佐夫悄悄说出了自己的奇怪问题:'为什么要认识这魔鬼的善恶,既然这要付出这么多代价'。魔鬼的善恶,——你知道陀思妥耶夫斯基的图谋是什么。要知道人的勇气不可能比这更进一步了。要知道我们的全部希望,不仅是在书本中的,而且是人心里的希望,至今都是依靠这样一种信念来支撑的,即为了使善战胜恶付出任何牺牲都是毫不可怕的。"[5]

魔鬼的善恶,——这样追求上帝的舍斯托夫,也像尼采一样,站在了

---

[1] Шестов Л. Достоевский и Ницше (Философия трагедии). Глава 14 // Сочинения в двух томах. Т.1. Томск: Издательство «Водолей», 1996, C.380-381. 参见舍斯托夫:《思辨与启示》,方珊等译,上海:上海人民出版社,2005年,第258—259页。

[2] Шестов Л. Достоевский и Ницше (Философия трагедии). Глава 14 // Сочинения в двух томах. Т.1. Томск: Издательство «Водолей», 1996, C.381. 参见舍斯托夫:《思辨与启示》,方珊等译,上海:上海人民出版社,2005年,第259页。

[3] Шестов Л. Достоевский и Ницше (Философия трагедии). Глава 14 // Сочинения в двух томах. Т.1. Томск: Издательство «Водолей», 1996, C.382. 参见舍斯托夫:《思辨与启示》,方珊等译,上海:上海人民出版社,2005年,第260页。

[4] Шестов Л. Достоевский и Ницше (Философия трагедии). Глава 14 // Сочинения в двух томах. Т.1. Томск: Издательство «Водолей», 1996, C.382. 参见舍斯托夫:《思辨与启示》,方珊等译,上海:上海人民出版社,2005年,第260页。

[5] Шестов Л. Достоевский и Ницше (Философия трагедии). Глава 15 // Сочинения в двух томах. Т.1. Томск: Издательство «Водолей», 1996, C.390. 参见舍斯托夫:《思辨与启示》,方珊等译,上海:上海人民出版社,2005年,第268页。

"善恶的彼岸",他为了某种比善更高的东西而反抗善。舍斯托夫要求"地下室的人权宣言",要求用悲剧的道德取代日常的道德。但舍斯托夫的非道德主义是建立在极大误解的基础上的。因为他只反对一种"善",带引号的善,"日常的"善,为的是另一种善,不加引号的善,最高的善,真正的善,悲剧的善。他反对这个"善"是因为它做了恶。甚至可以进一步说,舍斯托夫是善的幻想家,他的"非道德主义"是他的道德热忱、他的良心痛苦的产物。舍斯托夫也是人道主义者,他出于人道而保护地下室人,想写地下室人的人权宣言,他也许甚至思念基督的宗教,在他那里也许会表现出基督之光。基督教导爱和召唤悲剧的人到自己身边,但基督一点都没有说绝对命令和道德。当《无根据颂》的作者说出基督名字的时候,他的声音是颤抖和沙哑的。

舍斯托夫有自己的哲学,自己的伦理学,甚至自己的宗教,无论他怎样对我们说"思想是不需要的"。对舍斯托夫来说,悲剧哲学是真理和正义。日常的哲学是谎言,日常哲学的真理是谎言,它的善是不道德的。实证主义和唯心主义,只是日常哲学的不同形式。实证主义公开谈论这一点,它想建立人类,创造牢固的基础(无论在理论上还是在实践上),想从生活中驱逐全部有问题的东西。但唯心主义,特别是康德的唯心主义,则力图巩固日常性,创造观念和规范体系,借助这些观念和规范来组织认识、道德和人的生命。

"悲剧哲学是与日常的哲学根本对立的。在日常生活宣告'终结'和转身的地方,尼采和陀思妥耶夫斯基看到了开端并继续寻找。"[1] "悲剧哲学远离寻求普及性和成功。它不是与社会意见作斗争,它的真正敌人是'自然律'。"[2] "任何社会改革都不能从生活中驱逐悲剧,可见,已经到了不否定痛苦的时代了,不把痛苦作为这样一种虚假的现实来否认,就

---

[1] Шестов Л. Достоевский и Ницше (Философия трагедии). Глава 29 // *Сочинения в двух томах*. Т.1. Томск: Издательство «Водолей», 1996, С.462. 参见舍斯托夫:《思辨与启示》,方珊等译,上海:上海人民出版社,2005年,第347页。

[2] Шестов Л. Достоевский и Ницше (Философия трагедии). Глава 29 // *Сочинения в двух томах*. Т.1. Томск: Издательство «Водолей», 1996, С.460. 参见舍斯托夫:《思辨与启示》,方珊等译,上海:上海人民出版社,2005年,第345页。

好像用一句'它不应该存在'的咒语就可以避免，而应该接受痛苦，承认它，也许彻底理解它。我们的科学至今只会回避生命中的一切可怕之物，仿佛它完全不存在，把它与理想相对立，仿佛理想是真正的实在。"[1] "只有当人们对能够在实证主义和唯心主义学说的保护下得到拯救的现实和想象的希望全都没有了的时候，人们才能抛弃自己的永恒梦想，才能从那些有限天地的半黑暗中走出来，这种半黑暗至今还叫着真理的伟大名字，虽然它标志着保守的人类天性面对某种神秘之物的无名恐惧，这个神秘之物叫作悲剧。"[2] "哲学就是悲剧哲学，陀思妥耶夫斯基的小说和尼采的书只是在讲述'最丑陋的人'和他们的问题。尼采和陀思妥耶夫斯基跟果戈理一样，他们自己就是没有日常希望的最丑陋的人。他们企图在这样的地方找到自己的东西，在那里谁也不寻找，按照一般信念，在那里除了黑暗和混沌之外什么也找不到，在那里甚至穆勒自己都认为可能有无原因的活动。在那里，也许每一个地下室人的意义就相当于整个世界，在那里，也许悲剧的人们能够找到他们所寻找的东西……日常的人们不想为了追逐这个不可思议的'也许'而越过致命的边界。"[3]

此处，舍斯托夫仿佛在我们面前开辟了一片新天地、新光明、新创造、新真理、悲剧的善和悲剧的美的可能性。这首先是反抗"自然"，反抗"规律"，反抗必然性。人无法忍受这一软弱性，这种对"自然"的依赖性，这种不可避免的死亡。日常的"思想"只会加固人的软弱性，容忍这种依赖性，驯服妨碍人类安置和安宁的一切"暴动"。宣布善的"主权"的道德"唯心主义"是日常性霸权最鲜明的表现。

我认为，对各种实证主义、对各种日常性确认（尽管在唯心主义的面具下）的尖锐而深刻的心理学批判，是舍斯托夫的巨大功绩。与此同

---

[1] Шестов Л. Достоевский и Ницше (Философия трагедии). Глава 29 // *Сочинения в двух томах*. Т.1. Томск: Издательство «Водолей», 1996, C.461. 参见舍斯托夫：《思辨与启示》，方珊等译，上海：上海人民出版社，2005 年，第 346 页。

[2] Шестов Л. Достоевский и Ницше (Философия трагедии). Глава 29 // *Сочинения в двух томах*. Т.1. Томск: Издательство «Водолей», 1996, C.461. 参见舍斯托夫：《思辨与启示》，方珊等译，上海：上海人民出版社，2005 年，第 346 页。

[3] Шестов Л. Достоевский и Ницше (Философия трагедии). Глава 29 // *Сочинения в двух томах*. Т.1. Томск: Издательство «Водолей», 1996, C.464. 参见舍斯托夫：《思辨与启示》，方珊等译，上海：上海人民出版社，2005 年，第 349 页。

时，舍斯托夫为超验的探索提供了心理学的证明，他是自己所渴望的全部方面的形而上学家。"形而上学家颂扬超验之物，但他们小心翼翼地回避与之相遇，尼采憎恨形而上学，歌颂大地——却总是生活在超验之物的领域。"[1] 舍斯托夫鄙视理性主义者的形而上学，由范畴思维、概念演绎所创造的形而上学，但他承认形而上的经验，他感觉到了这样一些体验，向这些体验的超越意味着永远弃绝任何形式的实证主义。我认为舍斯托夫的另一个功绩是使"善"的主权的思想丧失了声望，揭露了"善"的软弱无力。当然，"非道德主义"是误解，但道德主义的世界观是应当推翻的，这一点我们时代那些最有洞察力的人都感觉到了。舍斯托夫的悲剧心理学标志着从无力的、日常的"善"转向超越力量，转向上帝。只有超越力量才能清算个人悲剧，而不是无力的"思想"，不是服从日常性的"规范"。用哲学语言来说，这应当叫作从"道德"转向"形而上学"。生命所需要的不是道德的、日常的合法性（санкция），而是形而上学的、超验的合法性，只有这样的合法性才能经得起反叛的个体性和悲剧体验的审判。"自然律"的存在不能为孩子的眼泪辩护，敏感的人已经开始明白，对因恐怖的生命悲剧而发疯的人讲"伦理规范"是羞耻的。我甚至说，在悲剧的人面前说"善"是不道德的，在此应该寻找某种比"善"更高的东西。

但舍斯托夫应当承认，任何悲剧在一定意义上都是"道德"悲剧。因为在最高意义上的善和恶之外，在"是"与"不是"之外不可能有悲剧。舍斯托夫没有站在价值的彼岸，他只是要求价值重估，使价值取向把孤独的人的个性、他的命运和悲剧体验放在世界的中心。当舍斯托夫要求"地下室人的人权宣言"的时候，他的讲话达到了道德高潮。道德主义应当通过道德革命的途径来推翻。

※　　　※　　　※

我完全赞同舍斯托夫的观点：哲学流派应该按照它们对悲剧的态度来

---

[1] 舍斯托夫：《无根据颂》，张冰译，北京：华夏出版社，1999年，第104—105页。

划分。一切来自悲剧和考虑到悲剧的哲学,都必然是超验的和形而上学的,而一切忽视悲剧和不理解悲剧的哲学必然是实证主义的,虽然它可能自称为唯心主义。超验的形而上学是悲剧哲学,它应当抛弃学院的理性主义,转向尼采和陀思妥耶夫斯基的经验,把它们作为自己最高认识的最重要源泉。一切类型和形态的实证主义都是日常性的哲学,它总是企图为人的认识和人的生命建立牢固的基础,但悲剧的存在这一事实本身就已经推翻了实证主义,面对这一悲剧它的一切设想都崩溃了。理性主义的和康德的唯心主义——同样是实证主义,同样是日常性的哲学。这听起来好像奇怪,但要深入到事情的本质。这种唯心主义建立了理性观念和规范的体系,这些观念和规范的任务是巩固生活秩序,实现日常的高尚。所有这些理性主义者和批判哲学的唯心主义者都不理解悲剧,害怕地下之国,他们的"理念"掩盖了远处的天地,固定在有限世界,限制一切无限追求。一切真正的理性主义者虽然自称为形而上学家和唯心论者,但他们的内在本质是实证主义者。我可以提出这样一种对实证主义的终极定义:这样一种思想倾向叫作实证主义,在该思想倾向下为人的意图和体验提出界限,并用这个界限创造牢固性和稳定性。从这种观点看,不仅许多唯心主义者,而且某些神秘主义者,只要他们的宗教是安慰人和限制人的,都是实证主义者。超验的形而上学——悲剧哲学——否定人的意图和体验的任何界限,否定任何彻底安慰和彻底稳定的体系。那种可以称作认识的魔鬼主义的东西,也就是否定我们在破解奥秘时有任何界限,断定没有任何被禁止的东西,断定我们从认识之树上摘取果实的行为不是不需要的和无益的——这种东西也正是超验的形而上学的心理基础。

  舍斯托夫应当承认,悲剧以自己存在的事实本身揭开了永恒之幕的一角,新的、对日常性来说可怕的经验,开启了无限性。假设的、唯心主义的边界消失了,在舍斯托夫那里已经有彼岸世界之光照进来。令人忧郁的是,这个天才的、聪明的、独特的、勇敢的人不愿意或不能够转向新的创造。要知道创造的努力也是悲剧性的,而不是日常性的,它不能被看作是安慰。破坏与创造的因素总是交织在一起的,创造的因素在舍斯托夫那里也有,但我担心他安心于终极的、不反抗的怀疑中。我希望他沿着"狭窄的、难以通过的、位于深渊之上小路",沿着那些"只为头脑不发昏的人"而准备的道路继续攀登。[1]但愿他开辟新的天地,否则的话就似乎总是原地踏步。我再说一遍:我感到很遗憾,"悲剧哲学"变成了"无根基的结局",这是不够的。我的遗憾不是因为对无根基性教导的恐惧,不是,而是因为无根基诱惑人走向更深的根基,位于大地最底部的根基。

哲学的怀疑主义很时髦,但我想反对这种时髦。我们大家都是从心理的怀疑主义开始的,从致命的怀疑、从感觉的某种混乱开始,但我们力图使心灵生活达到和谐。哲学是我们心灵生活的投影,是试图使心灵生活有序和谐,它用大的理性来加工我们的感觉体验。任何哲学都不可能完全消除我们心里原初的怀疑主义,只有宗教有这样的能力。但哲学可以成为、也应当成为我们精神生活的这样一个部分,在这一部分中不和谐变成和谐,混沌变成宇宙。在音乐中不应当有不和谐音,音乐中全都是和谐音,虽然世界充满了不和谐的音响。同样,哲学可以成为理性的王国(大的理性,不是知性),虽然我们的精神世界充满了不合理性、非理性。进行哲学思考是人的本性所固有的,为此而反对激情,就像为了创作音乐的声音和谐而反对激情一样,很少引起反对。我们不能不创造哲学假说和理论,并且在哲学上我们不可避免地不是怀疑论者,而是教条主义者,"批判的教条主义者"。是的,我愿意维护被诽谤的和遭屈辱的哲学教条主义。哲学有自己很重要的破坏性的方面,它的全部结论在一定意义上都是有问题的,但我认为哲学的怀疑主义是一个不合理的词组。哲学不是别的,正是企图通过形而上学理性的创造性努力来克服我们体验中的怀疑,哲学之所以存在,就是因为怀疑被思想所克服,因此怀疑主义永远是从哲学回到我们试图在哲学中进行加工的体验。我更能够理解宗教的怀疑主义,不接受过快建立的信仰。

最不应该说舍斯托夫站在真理的彼岸,相反,他不切实际地寻求真理,没有失去这样的希望,即如果我们直接面对地下的、发生悲剧之所的新"现实",真理就会最后展现。当然,舍斯托夫十分憎恨"先天综合判

---

[1] 舍斯托夫:《无根据颂》,张冰译,北京:华夏出版社,1999年,第170—171页。

断",否定一切"普遍规则"。在此舍斯托夫仿佛感觉到了可恨的康德-托尔斯泰式的对日常性的巩固,他机智地、苛刻地、也许具有某些根据地定义 a priori(先天),像"尼古拉·罗斯托夫"那样。舍斯托夫在否定认识论上的普遍规则时,却做出了这样的判断(因为他的话也是由判断组成的),这些判断希望成为心理学上的普遍规则,而心理主义比认识主义更加深刻。他在尼采、托尔斯泰、陀思妥耶夫斯基思想中发展出来的心理学的形而上学,必然期望成为对自己和对读者都是可信的,虽然他没有通过逻辑证明的方法和利用任何体系来说服人。如果不希望给意识中注入某种东西,如果不确信自己所写的是真理性的,甚至连《无根据颂》也不可能写出来。舍斯托夫正确地说,作家最想要和首先想要的是说服自己和证明自己的正确性,但这要求某种说服和证明的手段,要求古老和永恒的真理。舍斯托夫反对"自然"和"自然律",这是他的主要敌人。但同时他处于康德唯心主义的魔力之下,康德唯心主义把"理性"看作是自然律的来源。因此,并且仅因为如此,舍斯托夫才憎恨理性,把它作为自由的敌人。日常的哲学珍视经验的"规律性"、牢固性、稳定性;悲剧哲学则想要和期待奇迹,它的全部希望都是与河水倒流相联系的。只要有"自然"的统治和"理性"的合法性,死亡的恐惧就会控制人的生活。因为我们真正的全部希望,度过悲剧的希望,是与"自然"的不牢固性,与推翻"规律性"的可能性相联系的。战胜作为一切悲剧之基础的死亡,也就是战胜自然,改造自然。

  康德给舍斯托夫造成了十分强烈、十分沉重的印象。康德的幽灵纠缠着舍斯托夫,与托尔斯泰的"善"的幽灵一起,舍斯托夫与它们进行了艰苦的斗争,也是与自己的斗争。应当与康德斗争。康德具有很大的危险性,他的思想中包含着最无希望、同时也是最坚硬的日常哲学的种子。康德的精神之子们试图在理性基础上组织人类,确认理性的道德、理性的经验,在这样的经验中,全部超验性、全部通往无限的出路,都被永远关闭了。但康德自己是双重性的,他的"真理"不像舍斯托夫所认为的那样强大和不可战胜,向康德挑战还不是向真理挑战。

  哲学总是与"有问题的存在物"打交道。不是任何认识论和形而上学都必然是理性主义的和一元论的，否定理性主义和一元论不是否定哲学，像舍斯托夫所倾向于认为的那样。认识论可以恢复直觉主义的权利；形而上学可以不把有限的、假设的、理性化的经验作为自己的源泉，而是把超越的、无限的经验作为自己的源泉。哲学可以不是一元论的，而是多元论的，可以认为形而上学的存在和形而上学的意义是个体性的，是存在的具体多样性。在此舍斯托夫的判断又带有某些公式化，他做出了不正确的"概括"，认为一切形而上学的唯心主义必然是理性主义的，必然是一元论的，必然是"康德主义的"和"道德主义的"。舍斯托夫只给了我们悲剧"心理学"，但这种"心理学"可以翻译成哲学语言，于是我们就将得到悲剧哲学。这种哲学将不是理性主义的、安慰性的、安顿此世生活的，将不是使个人从属于整体的一元论的。对于这样的哲学、未来的哲学来说，个体性的问题将是基本的出发点和界限。我们全部哲学的和道德的世界观都应当这样来改造，使其核心问题聚焦于个人命运，使我们的内心悲剧成为基本的兴趣和动因。即便这样的世界观只针对少数人，但它也不因此而失去其真理性。我们早就应该站在超验个人主义的观点上，这是唯一的悲剧哲学的观点，而不是日常哲学的观点；我们早就应该按照这一观点重估一切道德价值。

※　　　　※　　　　※

我将在自己的正面论点上保持谦虚，也将认为自己的最后结论是有问题的，但有一点是毫无疑问的：使得个体性问题尖锐化和深刻化的悲剧，只有在存在着不死，存在着对个体性的超验确认的条件下，只有在这样的条件下，才能承认任何世界价值、"进步""善"等。实证主义者和唯心主义者则持相反的看法，他们想用对进步和普遍价值的信仰取代对不死和个体永恒生命的信仰。但是，当悲剧哲学的时代到来时，这样的取代已成为不可能的了。从此之后，人的个性要同意承认世界生活的任何价值，只能在这样的条件下，即承认个性具有绝对价值和超验意义，用个性的永恒希望来补偿他的暂时希望的毁灭。自我作为世界上唯一的、不可重复的存在物，应当参与世界普遍价值的实现，参与绝对完善，我永远也不能拒绝对自己终极力量、终极自由、终极知识和美的渴望，否则就让世界毁灭。每一个个体的自我都应当参与终极事业，只有为了这个终极性，价值才被承认。只有让我能"喝茶"，"世界"才能存在，否则"世界"就毫无价值。如果不站在个人主义的、因此是多元论的形而上学观点上，世界就将变成虚构。只有确认超验的个体性，在世界上履行自己的个体使命，才能确认世界及其价值，实现普遍存在的完满和完善。如果我们否定个体性的超时空存在，我们就注定走向否定全部存在，走向空想主义和虚无主义。

舍斯托夫对这一切都应当承认，这只是悲剧哲学（已经是哲学而不仅仅是心理学）的另外一面。因为悲剧归根到底是对非存在（небытие）的恐惧，但在对非存在的反叛本身之中已经包含着某种存在，某种确认和创造。[1] 如果某种生存经验不引向悲剧的、超验的问题，那么，悲剧的、超验的问题就永远也不可能提出来，而在这种经验中，我认为，已经包含着对超验存在的确认。如果实证主义及其幻想的那些价值，那些日常的"善"和"进步"等是正确的，那么，内在的日常性就会取得完全胜利，悲剧也永远不会对它进行超验的反抗。那样一切都将是内在的适应，一切都没有悲剧，任何地方都不会有向彼岸世界的断裂。悲剧经验存在这一事实不仅要求超验之物，而且证明了超验之物的存在。舍斯托夫不能相信不死，不想以此为根据建立哲学理论，但他必须承认他所理解的悲剧与个体性的超验存在的直接联系，否则他所提出的问题就会失去全部内容。我不想证明超验个体存在的不死，我只想确定这样一个对我来说是无疑的、基本的真理：对世界价值的承认或否认是与这种超验个人主义的命运紧密相联的，如果不在个体性面前开辟出永恒，"善"就会被彻底推翻，如果进步不为那个流泪的孩子而实现，那么进步就是不可容忍的。个体性，它的价值和

---

[1] 在基督教思想背景下，"非存在"具有"不应有"之意。反叛的正面意义不在反叛的结果，只在反叛本身、反叛活动。生命是对作为非存在的死亡的反叛，生命是过程，是对走向死亡这个不可逆转过程的阻止，所以说死的过程也就是生的过程。——译者注

使命不应当抽象地、理性主义地理解，像"唯心主义者"所理解的那样。旧的理想主义的、规范论的、对所有人都一样的、暴力性的"道德"，无论如何应当推翻，这要求我们全部文化的再生。

对哲学家来说，把善理性化并由此来确立道德律和普遍伦理规范，这是很有诱惑力的。这样的诱惑我很熟悉。而个人主义的伦理学违背了这种理性化。例如，康德竟能做到把伦理学完全形式化，把健全的个人主义变成了学院式的形式主义。逻辑规范性被引入道德问题，在探索形式的"规律性"中扼杀了它的内在本质。一切康德主义者、批判的实证主义者、理性主义-唯心主义者，都在原地踏步，都想从理性中建立道德。但哲学应当与这样一些企图彻底决裂，这些企图就是把道德问题理性主义化，强加理性的善，按照逻辑规范或法律规范的样子确立伦理规范。在所有这些理性主义和道德主义企图的背后，隐藏着现代社会根深蒂固的庸俗习气，摆脱不掉的、自足的日常性。鼓舞了德国教授唯心主义的康德的伦理规范，就是这种德国所特有的庸俗习气、市侩精神喂养起来的。从进行哲学思考的市侩的理性中可以建立日常的伦理，但道德问题是从悲剧开始的地方开始的，只有悲剧的人才有谈论善恶的内在权利。与舍斯托夫相反，我说，"日常性"处于"善恶的彼岸"，它的"规范"是无关紧要的，是只为生活富足才需要的，而"悲剧"是与善恶问题紧密相关的，它是折磨人的道德分裂，是道德体验，因此是流动在"善与恶"的范围内的。我认为，悲剧的经验是道德哲学的主要的、基本的材料；只有考虑到悲剧，才能建立伦理学。因此尼采在这些问题上比康德更明白，更有权谈论新体验中所赋予的问题本身。伦理学只有作为悲剧哲学的一部分才是可能的，它的源泉不应该是理性，而应该是经验。道德领域是在理性之外的，没有规律性，善恶问题是非理性的问题。康德臆造了"实践理性"，并想要以此来伪装自己的理性主义，自己对能够揭示出道德问题的那些体验的深刻无知。所有这些谈论伦理规范和普遍道德律的新康德主义者和唯心主义者，他们都不知晓道德经验，因为这样的经验只在悲剧中，只在对个体性问题的体验中。道德问题也就是个体性问题，这一切也就是人的个体性命运和个体性使命问题。人在道德痛苦中寻找自我、超验的自我，而不是寻找调理生活的道路,不是寻找日常的人际关系,像理性的道德主义者所确认的那样。因此道德问题只有以个体的方式才能解决,个人的道德决定不能由任何他人来负责,这里的法官只能是超人的法官。善是人与生活在他内心的超人本原的内在关系。善是绝对的,对每个人来说它都是履行自己个人的、在世界上唯一的使命,确立自己的超验的个性,达到永恒存在的绝对完满。这种善的绝对性不阻碍,而是要求否定对所有人都一样的道德规范。世界上有多少种个性,就有多少条解决道德问题的途径,虽然通过这些途径所实现的是同一种绝对的善——超验存在的完满和自由。应当特别强调的是,善不是理性的律,这是活的、总是个体性的意愿。在道德体验中总是出现无法无天,这已经是非理性领域,在这里日常的界限总是被超越。

在自己生活中体现善,这个任务是纯粹创造性的个体任务,需要以个体方式创造善,而不是刻板地履行理性的或任何其他东西的命令。善的体现不是服从外部给定的"律"、服从"规范"等,而是通过创造性的个人努力而实现的最高超验意义上的自然确立。在这种情况下就是一切都是允许的,这样就会发生混乱!——胆怯的道德家将会这样大喊:我为了善的尊严而首先反对这种警察式的提出问题的方法。如果真理导致混乱,就让混乱到来吧!在我说过的一切中,无论如何不能得出一切都是允许的,相反,个体存在的人要担负高尚与侠义的义务,人由于害怕失去自己的个性,害怕丧失自我(当然不是经验上的自我),而应当以个体方式创造善,履行自己唯一的使命。这是沉重的义务,虽然不是在日常的、庸俗的意义上。但必须警告道德的那些伪善地穿上实证主义、唯心主义、宗教等制服的警察局和检察院,善的人物不应当是保持秩序、安宁、稳定、安全等日常幸福。要做这些事,有其他机构、其他力量。

新的最高道德,经过了悲剧的道德,应当自觉地把个体性、它的命运、它的权利、它的唯一价值和使命放在世界的中心。这比康德主义者和唯心主义者所宣布的对人的个性的绝对意义和价值的抽象承认、理性主义的承认,要求更多的责任。因为这意味着在完全另外的、全新的前景中安置世界的全部内容,意味着重新评价一切。超验的个人主义可以通过法哲学为民主政治提供基础,但无论如何不能为大众化伦理学提供基础。大众化的道德为了所有其他人的个体性的幽灵而否定每个人的个体性，确切地说，对大众化道德来说，如果没有个体性本身，没有人的心灵的活历史，大众化道德必然蜕化成自满和贪权的庸俗习气，蜕化成不懂得心灵敏锐和优雅的蛮横无理，蜕化成刻板的训练和规范。在超验的个人主义的悲剧道德被接受之后，就已经不可能宣布对人们的日常的、总是伪善的道德审判了，已经不可能鄙视地下室人，已经不可能否定那些习惯于被认为是"不需要的"和"无益"的人们的价值和重要性了。需要这样一些新的感受，它们使得把人的个体性当作某种外在目的（即便是最高目的）的手段这种做法实际上成为不可能的，需要对人的内在自由、对每一个个人使命的独特性予以前所未有的尊重。主要的是，要少些指责他人，少些要求解释，少些施加责任，少些制定标准。要恭敬地对待隐藏在每个人内心的秘密，个体性的秘密。还需要承认美至少与善具有同等价值，它能使人变得高尚。也许，抽象的审美主义比抽象的道德主义的危害更小，至少不那么令人厌烦和不那么独裁。因为只能把上帝放在既高于美也高于善的地位，作为美与善的绝对完满。但是"善"根据什么认为自己是统领美、真和世间万物的某种主要的、基本的、主宰的价值呢？善的专制只能有日常的、实证的、功利的根据。从宗教的和形而上学的观点看，美的道路不次于善的道路，它也能把人引向上帝，甚至更可靠、更直接。我愿意听到的是对"道德"在世界上的特殊意义和作用进行这样的证明，即不是实证的证明，不是为生活福利的证明，而是宗教的和形而上学的证明。但愿人们不再把那些最有益的、最适应的日常生活的建设者和创造者看作是最好的人，最后，但愿那些不需要的东西、对日常生活无益的东西、但是美的和对超验个体性的永恒确立有价值的东西，但愿这些东西充分表现自己的力量。每个人都有自己在世界上的使命，不应当从普遍有益的观点来评价个人目的。在个体灵魂与上帝之间不可能也不应该有日常的过于人性的中介者和法官。

到那时，也许就会产生新的爱，就会确认个体超验存在的最高完满，但关于这种爱我现在不能说。会有许多道德家和"善"的狂热分子有兴趣关注个人灵魂的奥秘，关注地下室人的心理学（从中只能生长出他们所憎恨的"恶之花"）吗？"善"的维护者有兴趣关注的只是应当普遍遵守的规范，他们把这些规范附加在不幸的人们身上，他们所关注的只是普遍有益的和能普遍运用的东西。但是，知晓另外的、新的、黑暗的同时又令人醒悟的经验的人，只能鄙视那些运用像"规范"这样的不完善的工具来发挥作用的维护者。我说，这不是仅仅反对康德主义者这一小撮人，而是反对所有那些用人们的流血牺牲为功利主义和实证主义的生活建设献祭的人。把人的个性从必须遵守的善中、从规范中、从理性的命令中、从对最异己的抽象目的的服从中解放出来，只有这时才能正确地提出道德问题，才能开始真正的善的创造，这样的善才不会在对悲剧的恐惧面前让步、暗淡和被诅咒。这样的时代到来了，不是"善"审判人，而是人审判"善"，这是神的审判。善应当被证明无罪，但日常的善，压制我们的善，显然不可能被判无罪，应当让位于悲剧的善，不是善-神，而是神-善。让位应当是"在道德上的"，因为"在实际上"，创造了自己的不公的、伪善的法庭日常的善，还将长时间地统治，直到世界末日。它是"魔鬼的善"，是"此世之王"。日常性是内在的，实证的；悲剧是超验的，形而上的。世界生活的这两种原则在展开斗争：巩固无个性的、个性必然毁灭的此世原则，与确立个性永恒存在的新世界原则。这一斗争也可表达为两种道德的冲突，日常道德与悲剧道德。最可怕的敌人应当是那种戴着永恒性的面具、口头上为超验宗教而斗争的日常道德。而没有跨越鸿沟、没有体验过个体性悲剧的宗教的实证主义，常常加强日常性。最致命的问题是：如何使超验的东西成为内在的，如何把新的真理带给世界。

怎样在这种无序化的、有问题的道德基础上建立和巩固人类社会呢？我想，调节人际关系只能依靠法律，因为在法律背后隐藏着超验的荣誉感。可以否定理论规范，但必须承认法律规范，它能够保护人的个性。法律也是道德中可以被理性化的方面。大众化的伦理学——是一种令人厌恶的荒诞之物，在根本上是与个人主义相矛盾的，但民主的社会制度是从个人主义基础上得出的结果。但愿人们放心，神圣的、在本性上是超验的法律，不会容许混乱，会保护人们免遭暴力。拉斯科尔尼科夫不会杀人，警察，不是道德警察，而是真正的警察，将预先防止一切恶行，而且悲剧的人也不需要进行日常的、刑事的犯罪。拉斯科尔尼科夫的可怕在于，他想做出新的、具有超验意义的尝试，他想做出新的功绩，但却发生了最通常的犯罪故事。道德革命不但不会使"人权和公民权宣言"受到毁灭的威胁，而是相反，将会使它得到进一步确立。我不知道怎样建设和巩固人类幸福的大厦，但我深信，新的道德将具有解放的意义，将带来使我们与新世界接近的自由。自由是悲剧道德的价值，而不是日常道德的价值，它是不可置疑的。但是怎样避免这种根本上的二重性，我不知道……也许，新的，来自另一个世界的爱能够拯救我们免遭这种二重性，并使创造性的自由受人尊崇……

在结束的时候我想说：应当阅读舍斯托夫，应当重视他。舍斯托夫——是对我们全部文化的警告，用最高尚的、但也是最通常的"理念"来对付舍斯托夫是不那么容易的。应当接受他给我们讲述的悲剧经验，应当经历这样的体验。绕过鸿沟已经不可能了，在这个危险的跨越之前一切都失去了意义。如果忽视舍斯托夫给我们讲述的东西，忽视所谓的颓废派早已警告我们的东西，对这些东西保持沉默，如果按照"唯心主义"的鲁莽，在这种情况下就有从地下室发生爆炸的危险。让我们对舍斯托夫说"是"，让我们接受他的思想，但让我们继续登高，以便创造。

人名索引

A

阿尔基比亚德，47、48

阿奎那，130

阿廖沙，224、226

阿那克萨戈拉，43、108

阿那克西曼德，210

阿诺德，82

爱比克泰德，74、132

埃德曼，201

爱丁戈恩，200

安尼图斯，47、50、57

安提西尼，52

奥古斯丁，13、129

B

巴门尼德，65、70、71、74、75、184、185、207、210

柏拉图，18、29、41–42、46、47–48、51–53、55–69、73、75、77–78、85、117、141、144、169、189、206、210–211、216

拜因，201

比勒达，150

别尔嘉耶夫，前言2–3、3–4、6–8、17、24、156–158、160、176、216

别列佐夫斯卡娅，16

别林斯基，137–138

勃兰兑斯，17、162

伯利克里，47–48、51

博许，103

博絮埃，86

布伯，19

布尔加科夫，前言2、4、17、20

C

策勒，77

查拉图斯特拉，30、156–157、159、162、164、176–177

茨威格，前言1、26

D

达米安，83、92、210

德尔图良，92

邓肯，125–127

狄奥尼修斯，222

狄更斯，169

笛卡尔，2、5、9、12、59、61、62、81–93、107、115、135、189、206、210

第欧根尼，47、52–53

E

俄耳甫斯，123

F

费希特，107、189、210

封丹，181-182、193、200

冯特，201

弗兰克，9、11-12、14、20、157

弗洛罗夫斯基，14

G

高尔吉亚，41-42

哥白尼，87、184

H

哈姆雷特，17、70、198

哈特曼，18

海德格尔，19-20、172、199-201

赫尔岑，4

赫拉克利特，41、184-185、189、210

赫林，192、197、206

黑格尔，2、6、35、48-50、52、59、79、91-92、107、121、128-138、142、144、146、149、152、189

胡塞尔，5、16、19、107、112、115、139、180-214

霍米亚科夫，3-4、158

J

吉尔松，31、81-83

纪德，19

伽利略，190、201

捷乌什金，225

津科夫斯基，2、8

K

卡拉马佐夫，110、224、226、229

卡利克勒，41–42

康德，2–3、5–6、16、28、34、59、83、110–127、130、132、136、147、152、161、178、183、186–187、189–190、200、208、210、228、230、233、235–236、238–239、241

克尔凯郭尔，20、31–32、111、128、136–137、139–141、143–153、163、199–201、203、210、213–214

L

拉撒路，132

拉斯科尔尼科夫，228–229、241

拉瓦锡，190、201

莱布尼茨，34、82–83、93

利法，150

利普斯，201

列维纳斯，206

林德曼，162

卢克莱修，86

路德，20、92、98–99、117、119、150、152

洛夫茨基，199–200

洛斯基·弗，11、14

洛斯基·尼，前言2、1、11、14

罗斯托夫，235

M

马基雅维利，53

马齐纳，27

马塞尔，206

麦克白，125-127、166-167

梅尔森，82

梅烈日科夫斯基，17

美立都，47、50、57

米海洛夫斯基，28

密尔，201

莫特罗什洛娃，176

穆勒，204、231

N

尼采，4、17-18、21-22、32、44、97、111、119、140、154-179、210、219-223、226、229-233、235、238

O

欧律狄刻，123

欧维诺，70

P

帕斯卡尔，31-32、90-92、102、135、163

帕托契卡，206

皮格玛利翁，123

普罗提诺，46、67、92、117、135、189-190、193、210

普希金，123

S

色诺芬，46

莎乐美，42

莎士比亚，16-17、125-127、162、167

舍勒，19、120

舍斯托夫，前言 1-4、1、4、6-7、15-25、27-30、32-46、48-53、55-57、59-62、64-67、69-72、74-79、81-106、108-128、130-137、139-154、161-217、220-238、242

圣特雷莎，119

施莱尔马赫，108

施瓦茨曼，15

施维格勒，77

十字约翰，119

叔本华，18、164、173

司各脱，92

斯宾诺莎，6、13、22、26、29、31-32、34、46、48-49、79、83、86、93-103、105-109、117、129、134、136、148、150、178、185、188、211

苏格拉底，18、20、28-29、33-34、38-53、56-59、63-64、67、69-70、74-75、133-134、152、178、189、206-207、210、216

琐法，150

索福克勒斯，71

索林，前言 1

索洛维约夫，前言 2、10-11、14、104、155、158

T

泰勒斯，23-24、107

唐璜，123

屠格涅夫，169

托尔斯泰，17、28、155、162、169-172、174-175、197、221-224、226、228、235

托勒密，184

陀思妥耶夫斯基，4、6、17-18、21-22、26、28、32、110-111、113、140、147、155、160、162、170、173、175、179、200-201、210、219-222、224-226、229-231、233、235

W

瓦格纳，164、173

维特根斯坦，20

王尔德，42

维茨巴赫，162-163

X

西格瓦特，201-202

希尔，17

西塞罗，37

席勒，124-125

谢林，152、189

Y

亚伯拉罕，31-32、129、145

亚当，86、102、131、146-147

雅斯贝尔斯，25

伊壁鸠鲁，26

伊万诺夫，158

英伽登，206

雨果，169

约伯，20、32、76、104、137、140、144、149-151、163、213

Z

佐西马，226